美国国家情报法制管理研究

A Study on Law-Based Governing of
U.S. National Intelligence

胡 荟 · 著

时事出版社

图书在版编目（CIP）数据

美国国家情报法制管理研究/胡荟著．—北京：时事出版社，2017.9
ISBN 978-7-5195-0126-6

Ⅰ. ①美… Ⅱ. ①胡… Ⅲ. ①情报工作—法制管理—美国 Ⅳ. ①D771.236

中国版本图书馆 CIP 数据核字（2017）第 187449 号

出版发行：时事出版社
地　　址：北京市海淀区万寿寺甲 2 号
邮　　编：100081
发行热线：（010）88547590　88547591
读者服务部：（010）88547595
传　　真：（010）88547592
电子邮箱：shishichubanshe@sina.com
网　　址：www.shishishe.com
印　　刷：北京市昌平百善印刷厂

开本：787×1092　1/16　印张：18.5　字数：250 千字
2017 年 9 月第 1 版　2017 年 9 月第 1 次印刷
定价：98.00 元

目　　录

绪论 …………………………………………………………… (1)
　一、问题的提出 …………………………………………… (1)
　二、概念界定 ……………………………………………… (2)
　三、研究意义……………………………………………… (10)
　四、研究现状……………………………………………… (12)
　五、研究思路与研究方法………………………………… (24)
　六、创新点与难点………………………………………… (29)

第一章　美国国家情报法制管理的基本依据……………… (32)
　第一节　宪政体制是国家情报法制管理的根本………… (32)
　　一、依宪治国确立了国家情报管理的根本原则……… (33)
　　二、分权制衡确立了国家情报管理的根本方式……… (36)
　第二节　维护国家安全是国家情报法制管理的宗旨…… (42)
　　一、维护国家安全是国家情报法制管理的永恒主题…… (43)
　　二、维护国家安全的有效性是评估管理效能的重要标准 … (50)
　第三节　国家情报管理法规体系是法制管理的规则…… (53)
　　一、《美利坚合众国宪法》 ………………………… (53)
　　二、《美国法典》中涉及国家情报管理的法律 ………… (55)
　　三、总统发布的涉及国家情报管理的法令…………… (64)
　　四、国家安全委员会、国家情报主任、司法部长发布的各类
　　　　情报指令和政策………………………………… (66)

第二章　美国国家情报管理组织的建构 ……………………… (71)
第一节　设立管理职位和机构……………………………………… (71)
一、依据宪法设立最高领导人和监督方 ……………………… (72)
二、依据《1947 年国家安全法》设立最高行政管理机构、主要负责人及下属机关……………………………………… (75)
第二节　确定管理职位和机构的职能使命……………………… (79)
一、总统、国会和联邦最高法院的职能使命源自宪法…… (80)
二、国家安全委员会的职能使命源自《1947 年国家安全法》和《第 12333 号行政命令》 ………………………… (84)
三、国家情报主任及其下属机关的职能使命源自《1947 年国家安全法》和《第 12333 号行政命令》 ………… (87)
第三节　设置管理职位和机构的人事规则……………………… (90)
一、总统、国会议员、联邦最高法院大法官的人事规则依宪法设置……………………………………………… (91)
二、国家安全委员会的人事规则依《1947 年国家安全法》设置……………………………………………………… (93)
三、国家情报主任及其下属机关的人事规则依《1947 年国家安全法》和《第 12333 号行政命令》等法规设置 … (95)

第三章　美国国家情报管理机制的运行 ……………………… (99)
第一节　确定国家情报需求并进行优先排序 ……………… (100)
一、依据法律、法令、指令制订国家情报优先目标 …… (100)
二、以《国家情报战略》和《国家情报优先框架》下达国家情报优先目标 ……………………………………… (105)
第二节　投放国家情报资源并规范国家情报活动 ………… (109)
一、行政部门依法提出活动和资源申请 ………………… (110)
二、国会以年度情报授权法审核和规范活动并提供资源 …… (112)
三、总统依法签批实施 ……………………………………… (116)

第三节 组织实施国家情报活动 …………………………… (119)
一、国家情报主任依法实施行政和业务管理 ……………… (119)
二、各国家情报机构主官依法分散组织实施 ……………… (124)
第四节 评估问效并采取应对措施 ………………………… (128)
一、实施情报调查评估于法有据 ………………………… (128)
二、根据调查结果采取应对措施 ………………………… (137)

第四章 美国国家情报法制管理的动态调适机制 ………… (143)
第一节 动态调适机制的两大理论模型 …………………… (144)
一、国家情报管理组织及其运行机制与法规体系的互动模型 ……………………………………………… (144)
二、国家安全与国家情报法制管理的互动模型 ………… (148)
第二节 对两大理论模型的实证检验 ……………………… (150)
一、《1947 年国家安全法》的创立 ……………………… (151)
二、《情报监督法》与《第 12333 号行政命令》的创立 … (157)
三、《情报活动复兴与改革法》的创立 ………………… (168)
四、《第 13355 号行政命令》和《2004 年情报改革与防止恐怖主义法》的创立 …………………………… (177)
五、结论 ……………………………………………………… (184)

第五章 美国国家情报法制管理的主要特点 ……………… (190)
第一节 国家情报管理法规体系较为科学完备 …………… (190)
一、法规体系与管理层级相互映射，层次分明 ………… (191)
二、以核心法规为支柱，法规体系有机统一 …………… (195)
三、与管理实践频繁互动，推动法规体系成熟完善 …… (197)
第二节 法规体系覆盖国家情报管理全程 ………………… (201)
一、法规覆盖国家情报管理组织建构全程 ……………… (201)
二、法规覆盖国家情报管理机制运行全程 ……………… (208)

第三节　国家情报法制管理的自主革新与调适 …………… (214)
一、国家情报管理组织及其运行机制与法规体系交互助推并自主演进 …………………………………… (215)
二、法制管理可及时有效地应对国家安全形势的变化 … (217)

结束语 ……………………………………………………… (219)
一、总结与预测 …………………………………………… (219)
二、启示与建议 …………………………………………… (226)

附录 ………………………………………………………… (231)
附录1　美国法典中涉及国家情报管理的法律 …………… (231)
附录2　美国行政命令中涉及国家情报管理的法令汇总表 … (251)
附录3　涉及国家情报管理的历届总统指令名称汇总表 … (253)
附录4　国家情报主任发布的情报法规范例 ……………… (254)
附录5　国家情报管理组织及其运行机制与法规体系的互动模型图 ………………………………………………… (258)
附录6　国家安全与国家情报法制管理的互动模型 ……… (259)
附录7　美国国家情报管理组织及其运行机制主要调整情况及其法理依据汇总表 ………………………………… (260)

参考文献 …………………………………………………… (265)

绪　论

一、问题的提出

美国是当今世界唯一的超级大国，其情报机构规模最大，经费最多。为了管理和利用好这股庞大的力量，美国于二战后不久颁布了《1947 年国家安全法》（National Security Act of 1947），并以此为基础建构了一套较为高效的现代国家情报管理制度。其后，美国政府和国会不遗余力地创设和完善其国家情报管理法规，在保证国家情报管理制度大体稳定的情况下，以修改法规的形式进行管理制度的渐进式改良。直到“9·11”事件再次触动美国人的神经，令美国政府和国会下决心对国家情报管理制度进行一次较为彻底的改革。2004 年，美国国会通过了《2004 年情报改革与防止恐怖主义法》①（Intelligence Reform and Terrorism Prevention Act of 2004），再次运用法规的力量将其国家情报管理制度进行了战后以来最彻底的改革，令其得以顺应国家安全形势的变化，有效应对当前的各类挑战。

从历史发展的角度审视，我们发现美国国家情报管理组织的创建以法规为基础和前提，国家情报管理组织的变革以法规为依据和保障。归根结底，其国家情报管理组织的发展演变离不开各项法规的完善。因此，从纵向的历史角度看，美国国家情报管理组织的创立和发展是以法规为基础。而当我们从美国国家情报管理机制的运

---

① 《2004 年情报改革与防止恐怖主义法》中关于情报改革的部分条款是对原《1947 年国家安全法》的重要修正。这些条款现已经成为新修正后《1947 年国家安全法》的重要组成部分。出于表述上考虑，下文中除特别说明外，关于两部法律中重复和相同的法条，都引自修正后的《1947 年国家安全法》。

行这一横向视角审视时，我们发现各个管理层级都依法制定和颁布了本层级的法规以实施管理，而且各项管理活动都以法规为重要权力来源和管理工具。从整体上看，美国国家情报管理机制的运行也是以法规为根本。

因此，无论是纵向考察，还是横向思考，我们发现美国国家情报管理本质上就是一种以法规为基本规则和根本方式的法制管理。而美国为什么在国家情报管理上会选择法制管理？为什么美国能够在其国家情报管理中实现较高程度的法制？其法制管理又是如何紧跟时代的变迁而不断演进？其中究竟蕴藏着什么样的原理和规律？这些问题激发了笔者极大的研究兴趣。而这些原理和规律不仅是美国国家情报管理的一大特色，也是其能够长期保持高效的重大奥秘。以此为切入点，就可管窥美国国家情报管理发展演变的基本原理，并找到国家安全与国家情报管理之间的互动规律。而这些原理和规律不仅可以让我们更好地理解和把握美国国家情报管理发展和建设的方向，也可以为我国家情报管理提供有益的参考和借鉴。

综上所述，为了实现以上目的，本书将从以下关键问题入手进行破解：

1. 美国国家情报法制管理的基本依据是什么？

2. 法规在美国国家情报管理组织的建构和机制的运行中到底发挥了什么样的作用？又是如何发挥作用的？

3. 国家情报法制管理与国家安全之间到底存在着什么样的关联和规律？而法规又在其中扮演着什么样的角色？

二、概念界定

在开始研究之前，有必要对本书所研究的对象进行清晰的界定。这样不仅可以让读者知道哪些内容属于本书的研究范畴，还可以让读者辨明相似概念之间的区别和联系。这也令读者在接下来阅读本书时不至于失去航标而迷失方向，陷入思维的混沌。

（一）国家情报与国家情报管理

1. 国家情报

早在1929年，美国就有人提出了国家情报的概念，并呼吁建立国家情报机构。[①] 不过那时这一观念并没有得到官方的认同。在之后的一段时间里，美国专家和学者常用“中央情报”或“跨部门情报”这些术语代指国家情报。

直到1948年1月，美国国家安全委员会发布《国家安全委员会第3号情报指令》（National Security Council Intelligence Directive 3，NSCID3）时，才明文规定，国家情报指的是“有关多个部门或机构，超过单一部门能力，涵盖国家政策与国家安全诸多领域，经融合过的部门情报”。[②]

几经修订的《1947年国家安全法》中对国家情报的界定是：“从美国内外经各种途径搜集到并与总统指示相一致的多部门情报。其涉及对美国及其人民的财产和利益的威胁；涉及研发、扩散和使用大规模杀伤性武器；以及涉及国家安全和国土安全的其他事宜。”[③]

《第12333号行政命令》中对国家情报的界定与《1947年国家安全法》中的定义较为相似，其指出国家情报是：“从美国内外经各种途径搜集到，并与总统指示相一致，或与国家情报主任依据本命令所提出的需求相一致的，涉及美国政府多个机构的情报。其包括对美国及其人民的财产和利益的威胁；涉及研发、扩散和使用大规

---

① 1929年，美国海军上校约翰·盖德（Captain John Gade）就划时代地提出了国家情报的概念，并呼吁成立国家情报局统管全美情报工作的大胆设想。但是当时的美国总统胡佛对美国情报机构的发展壮大毫无兴趣。而且陆军和海军也无心组建国家情报机构。因此，盖德的提案被束之高阁。据史学家托马斯·特洛伊（Thomas Troy）所言：“盖德的提案之所以失败，是因为情报首长不赞成此事，而他们的消极态度也反映了当时各情报机构不愿协调和整合的心态。”参见T. F. Troy, *Donovan and the CIA: A History of the Establishment of the Central Intelligence Agency*, Washington, DC: Center for the Study of Intelligence, 1981, p. 4.

② National Security Council Intelligence Directive, 1947 – 1950. Available at http://www.milnet.com/nie/nie 47 – 50.

③ Office of General Counsel, *Intelligence Community Legal Reference Book*, Office of the Director of National Intelligence, Winter 2012, p. 28.

模杀伤性武器；以及涉及国家安全和国土安全的其他事宜。”①

由此可见，参照美国“情报分析之父”谢尔曼·肯特的观点，从知识的角度上看，美国国家情报指的是为维护美国国家安全和国家利益而由军事、外交和安全等多个政府部门共同融合而成的情报。并且其主要用户是总统等国家决策者。从组织角度看，美国国家情报指的是生产国家情报的整个国家情报体系，即广义上的美国情报界。而从活动角度看，美国国家情报指的是国家情报组织为生产国家情报而从事的活动。

2. 国家情报管理

管理本身就是一门博大精深的学问。在国内，管理学与哲学、法学和军事学等一道并列为我国重要的几大学科门类之一。对于管理的概念，学术界尚未完全统一。不同的机构和不同的专家对管理的理解各不相同。

例如，有国内学者将管理定义为“通过一个秩序使人力、物力和财力有机地结合起来的目标行为过程。”② 它包括五层含义：第一层含义是管理活动围绕人力、物力和财力资源而开展；第二层含义是要建立一个秩序；第三层含义是只有通过一定的秩序，才能充分发挥人力、物力和财力资源的作用；第四层含义是管理是以目标设置为起点，以目标实现为终点的一个行为过程；第五层含义是实现组织目标是管理者与被管理者共同劳动的结果。③ 而国外的学者也从不同角度提出了自己的看法。例如“科学管理之父”泰勒（F. W. Taylor）对管理的定义是：“确切地知道你要别人去干什么，并使他用最好的方法去干。”④ “现代经营管理之父”亨利·法约尔（H. Fayol）将管理定义为“所有的人类组织都有的一种活动，这种活动

---

① Office of General Counsel, *Intelligence Community Legal Reference Book*, Office of the Director of National Intelligence, Winter 2012, p. 751.

② 沈维凤、章喜为、周发明：《管理学》，国防科技大学出版社，2001 年版，第 8 页。

③ 同上。

④ 郭小平、廖志江：《管理学原理》，兰州大学出版社，2005 年版，第 1 页。

由计划、组织、指挥、协调和控制五项要素构成。"[①] 斯蒂芬·罗宾斯（Stephen Robbins）和玛丽·库尔塔（Marry Coultar）对管理下的定义是："管理是和其他人一起并且通过其他人来切实有效完成活动的过程。"[②]

无论各位学者、专家从哪个角度去定义管理这个概念，他们共同的认识是：第一，管理是个多人的有目标导向的活动；第二，管理活动离不开资源；第三，管理活动是许多活动和程序的有机组合；第四，管理的目标是使组织效能效率双丰收。[③]

综合国内外专家学者的认识，本书对管理的定义为：管理是在特定环境下，围绕组织成员，通过有效规划、组织、领导、协调、监督和控制以配置内外资源，达成特定组织目标的活动。[④] 该概念中，"组织"一词，作为名词时，指的是为完成特定目标而结合在一起的人的集合；作为动词时，指的是安排分散的人或事物使之具有一定系统性或整体性。[⑤] 而"资源"不仅仅指的是人力资源，它还包括非人力资源，如物力、财力等。"规划"指的是个人或组织制订的比较全面长远的发展计划，是对未来整体性、长期性、基本性问题的思考和考量。"领导"指的是通过某种方式和方法，激励所属成员实现特定目标的过程。"协调"指的是为有效实现既定目标和提高组织整体效能，对组织内外各成员或各机构的工作活动和人际关系进行协商、调节，化解矛盾，使之相互配合、相互适应的行为。[⑥] "监督"是管理的一种形式，主要是指通过内外部调整纠正组织活动中的偏差，检查组织活动的进展与原定计划是否相符，一旦发现问

---

① 郭小平、廖志江：《管理学原理》，兰州大学出版社，2005 年版，第 2 页。

② 同上，第 1 页。

③ 黄顺春、章征文：《管理学教程》，经济日报出版社，2004 年版，第 2—3 页。

④ 参见王京朝、方宁：《军队管理学教程》，军事科学出版社，2000 年版，第 2 页；郭小平、廖志江：《管理学原理》，兰州大学出版社，2005 年版，第 1 页。

⑤ 申华：《美国国家情报管理制度研究》，军事科学出版社，2010 年版，第 8 页。

⑥ 陈振明、孟华：《公共组织理论》，上海人民出版社，2006 年版，第 170 页。

题即找出原因，采取纠正措施予以调节，以达到预期目的的管理活动。[①]“控制”是管理的核心内容，是指创造条件以使机构在符合特定规则的前提下顺利运行。

结合上文国家情报和管理的概念，本书中的国家情报管理指的是为提供满足国家安全所需的跨部门情报而对国家情报组织体系及其活动进行的管理。[②] 从层次上看，国家情报管理指的是美国对其情报界进行的宏观管理。因此，实施国家情报管理的主体包括总统、国会、联邦最高法院、国家安全委员会、国家情报主任及其下属办公室等不同层次的管理者和管理机构，而国家情报管理的对象是美国情报界。[③]

（二）法制与法制管理

1. 法制

“法制”之说虽然古已有之，但是到了今天人们对法制概念的认识和理解仍然各不相同。纵观各路大家之说和人们约定俗成的惯例，“法制”一词可有狭义和广义的理解。如李伟民先生在《法学辞典》中将“法制”定义为：“（1）法律和制度；（2）统治阶级按照民主原则把国家事务制度化、法律化，并严格依法进行管理的一种方式。”[④] 1996 年的《现代汉语词典》中将“法制”定义为：“统治阶级按照自己的意志，通过政权机关建立起来的法律制度，包括法律的制定、执行和遵守，是统治阶级实行专政的方法和工具。”[⑤] 2009 年版的《辞海》在吸收以上二者观点的基础上结合专家学者的研究成果，认为“法制”具有三重含义：“最广义的泛指国家的法律与制度，法律包括成文法与不成文法，制度包括依法建立起来的政治、

---

① 沈维凤、章喜为、周发明：《管理学》，国防科技大学出版社，2001 年版，第 132 页。

② 申华：《美国国家情报管理制度研究》，军事科学出版社，2010 年版，第 9 页。

③ 同上，第 2—23 页。

④ 李伟民：《法学辞海》，蓝天出版社，1998 年版，第 1874 页。

⑤ 中国社会科学院语言研究所词典编辑室：《现代汉语词典》，商务印书馆，1996 年版，第 343 页。

经济、文化等方面的各种制度，其中也包括法律制度。较狭义的指统治阶级按照民主原则把管理国家事务制度化、法律化，包括法律制度与法律秩序。最狭义的仅指法律制度，即法律制度的简称。在我国，通常以较狭义的用法为主。”①

结合各种定义，本书的法制采用其较狭义的定义，即法制指的是统治阶级按照民主原则把管理国家事务制度化、法律化，并严格依法进行管理的一种方式。由此可见，法制包含两个要素：第一，需要有一套管理国家事务的规则体系；第二，需要严格依照这套规则体系进行管理。

而随着法制概念的不断拓展和延伸，人们容易将其与“法治”一词混为一谈。但是从以上定义上看，“法制”和“法治”之间还是存在着一定的区别和联系。李伟民先生在《法学辞海》中将“法治”定义为：“（1）以法治国的简称，中国古代法家的政治主张；（2）资产阶级法治主义的政治主张，应包含两重意思，即已成立的法律得到普遍的服从，而大家服从的法律又应该本身是制定得良好的法律。”② 1996 年的《现代汉语词典》也有类似的表述：“（1）先秦时期法家的政治思想，主张以法为准则，统治人民，处理国事；（2）根据法律治理国家。”而 2009 年版的《辞海》也基本吸纳了以上二者的观点，认为“法治”与“人治”相对，指的是“按照法律治理国家的政治主张。在中国，战国时代法家大力提倡，韩非集法家学说之大成，把法治和术治、势治相结合，形成系统的法治理论，明确提出‘以法治国’、‘以法为本’、‘治强生于法’、‘刑过不避大臣，赏罚不遗匹夫’等观点。古希腊亚里士多德在《政治学》一书中论述了法治胜于人治，认为‘法治应包含两重意义：已成立的法律获得普遍服从，而大家服从的法律又应该本身是制定得良好的法律’。资产阶级启蒙思想家也倡导法治，主张法律面前人人平等，反对任何组织和个人享有法律之外的特权。现代社会的法

---

① 夏征农等：《辞海》，上海辞书出版社，2009 年版，第 560 页。

② 李伟民：《法学辞海》，蓝天出版社，1998 年版，第 1875 页。

治则更强调法律与所在社会的互动、个人与社会的和谐、人类与自然的和谐。”①

从这些定义中我们发现，“法治”一词指的是按照法律治理国家的一种政治主张。其实质是依法治国的管理思想和管理理念。从层次上看，“法制”更强调法律和制度本身，属于器物层面，而“法治”更偏向于理论与观念，属于思想层面；从内容上看，“法制”更加强调依法实施管理，探讨的是依法行政的问题，内容范围更加狭窄，而“法治”不仅关注依法行政，同时也覆盖科学立法、公正司法和全民守法，内容范围也更加宽泛；从程序上看，“法制”更加强调管理的行为，而“法治”更加偏向于管理的结果，是一种法制的最终状态。

当然，“法制”和“法治”也具有一定的联系，简单地说，“法制”是“法治”的基础和前提，即要实现“法治”必须具有完备的“法制”；而“法治”是“法制”的立足点和归宿，即“法制”的最终目标是实现“法治”。

鉴于本书研究的重点是美国国家情报的管理规则与管理组织及其运行机制之间的互动关系和运动规律，因此，本书中更适合采用器物层面的“法制”，而不采用思想层面的“法治”。当然，由于“法制”是“法治”的基础和前提，所以本书的研究成果也可为日后的“法治”研究铺平道路。

2. 法制管理

按照上文对法制的界定，实施法制首先需要一套规则体系。而从法制最广义的定义上看，法制泛指国家的法律与制度，法律包括成文法与不成文法，制度包括依法建立起来的政治、经济、文化等方面的各种制度。其中法律一词有广义和狭义之分。按照《辞海》的定义，“最广义的法律与法同义。较狭义的法律专指宪法性法律与普通法律。最狭义的法律专指普通法律。”② 结合法制定义的上下文，

---

① 夏征农等：《辞海》，上海辞书出版社，2009年版，第560页。

② 同上，第556页。

此处的“法律”应采用该词的广义概念，即“法律＝法”。而“制度”一词，指的是“（1）在一定历史条件下形成的政治、经济、文化等方面的体系；（2）要求大家共同遵守的办事规程或行动准则”。[①] 在法制定义中，无论是“政治、经济、文化等方面的体系”还是“办事规程或行动准则”，其都是依法建立起来的。归根结底，制度是法的衍生物。因此，即使从广义上看，法制的实质指的就是法本身。综上所述，实施法制所需要的规则体系实质上指的就是法本身，即“由国家制定或认可，并由国家以强制力保证其实施的行为规范的总和。与最广义的法律通用。包括宪法、法律（狭义）、行政法规、规章、判例、惯例、习惯法等各种成文法与不成文法。”[②]

其中，宪法（constitution）是国家的根本大法，规定了国家的政治制度。狭义上的法律指的是普通法律（act），在美国普通法律主要由国会制定。行政法规（administrative regulation）是行政机构发布的管理国家事务的重要规范性文件。而在美国的行政法规中，总统发布的各类法令[③]具有最高的法律效力，行政机构的其他行政法规不得与其相抵触。规章（rule）指的是部门内部管理本领域内相关事务的规则。以上这四类法构成了成文法（written law）的主要组成部分。判例、惯例、习惯法等则属于不成文法（unwritten law）。总的来看，在国家情报管理中，不成文法的作用和重要性都不如成文法，且其对我国的借鉴意义和研究价值都比不上成文法，因此本书中不予探讨。而宪法、法律、行政法规和规章组成的成文法成为了本书的主要研究对象。这四类法也构成了管理国家事务的主要规则体系。

按照2009年版《辞海》的定义，宪法、法律、行政法规和规章

① 夏征农等：《辞海》，上海辞书出版社，2009年版，第2949页。

② 同上，第551页。

③ 法令单指“政府机关颁布的命令。与政令一词同义，不包括法律。”在本书中法令即英文中的“directive”或“order”。参见夏征农等：《辞海》，上海辞书出版社，2009年版，第556页。

也可以统称为“法规”[1]（laws and regulations），因此，这套管理国家事务的主要规则体系在本书中也统称为法规体系。

结合上文对管理的界定和美国的实际，本书中所探讨的法制管理实质上指的是以法规体系为基本规则和根本方式的管理。它不仅是一种依法管理的方式，更已成为一套依法管理的制度。

（三）国家情报法制管理

参考上文对国家情报和法制管理的定义后，本书认为，国家情报法制管理指的是在国家机器内，为提供高质量的国家情报，而以法规体系为基本规则和根本方式对国家情报组织及其活动实施宏观管理的制度。该制度既要求依法建构国家情报管理组织，也要求建构后的管理组织依法运行。

三、研究意义

美国是世界情报领域的重要强国，其情报界也是我国情报工作的主要竞争对手和重要关注目标。因此，美国如何依法管理其情报界？其管理的本质和规律值得我们深入研究和探索。这不但可以深化我国对美国国家情报法制管理的了解和认识，更精准地预测其国家情报管理组织及其运行机制的发展演变趋势，还可以在参考借鉴的基础上，为我国相关体制机制建设提供启示和建议。因此，本论题具有较深远的理论意义和较重大的现实价值。

（一）深刻认识美国国家情报法制管理的本质和规律

当前，美国已经建构起来一套较为科学完备的国家情报管理法规体系，同时其也打造了一套较为高效的国家情报管理组织及其运行机制。二者之间相互呼应，共同演进，存在着频繁的互动关系。

---

① 法规指的是“国家机关在其职权范围内制定的要求人们普遍遵守的行为规则文件。是法律规范的表现形式，具有法律规范的一般约束力。各种法规中，宪法具有最高法律效力，宪法以外的其他法律（亦称普通法律或简称法律）的效力仅次于宪法。行政法规以宪法和法律为依据，不得与它们相抵触。”参见夏征农等：《辞海》，上海辞书出版社，2009 年版，第 553 页。

同时二者还与国家安全环境构成了一套较为科学的动态调适机制，确保美国国家情报法制管理能够始终保持较高的管理效率，并迅速弥补各类疏漏和不足之处，有效维护美国的国家安全。而本论题可以帮助人们厘清国家情报管理组织及其运行机制与法规体系之间的内在联系，找到二者之间的互动规律，破解美国国家情报管理组织及其运行机制能够始终保持较高管理效率，并迅速应对国家安全形势变化的奥秘之所在。因此，从学理上看，研究本论题可以加深我们对美国国家情报法制管理本质和规律的深刻认识，丰富和拓展军事情报基础理论的研究领域，具有重要的理论意义。

（二）更加精准地预测美国国家情报管理组织及其运行机制的发展趋势

研究本论题，除了可以更加深入地了解和认识美国国家情报法制管理的本质和规律，还可以依靠本研究成果，预判美国国家情报管理组织及其运行机制的未来发展趋势，为我相关部门及时制订各类应对预案提供了理论依据和决策参考。这不仅能令我国在制订中长期发展战略上保持主动地位，更能令我国相关机构更好地维护我国的国家安全。

（三）吸收和借鉴美国的先进经验和可取之处

虽然中美两国的基本国情并不相同，但是国家情报管理的一些基本规律和基本原理是共通的。尤其是依法管理国家情报这个问题，两国存在着很多共识。总的来看，美国政府为了实现国家情报管理的高效和有序，不惜花费大量的时间和精力，也进行了各种有益的尝试。到目前为止，美国已经打造了一套较为规范正式的国家情报管理法规体系，并运用该法规体系实施国家情报管理。与此同时，其还在国家情报法制管理内外构建了动态调适机制。利用动态调适机制实现国家情报管理组织及其运行机制对国家安全形势的动态调适。这表明美国国家情报管理的法制水平已经达到了一个较高的层次。

而我国在国家情报管理的法制之路上也有了新的进展。2015 年 7 月，我国重新制定了《国家安全法》，也使我国国家情报管理有了新的法理依据。但是与之配套的其他情报管理法规尚有欠缺，还未能建构起一套较为科学和系统的法规体系。且《国家安全法》自身对于国家情报管理还有许多问题缺乏清晰地规范。因此，在深入了解和参考借鉴的基础上，结合我国、我军的实际情况，本书可为完善我国国家情报管理法规体系提供参考和支撑。同时，本书还可帮助我国在国家情报管理领域更好地贯彻和落实各类法规政策，切实做到情报领域的依法行政。此外，本书还可帮助我国构建一套具有我国特色的国家情报法制管理动态调试机制，实现我国国家情报法制管理的自主演进与革新。

总的来看，美国国家情报法制管理中科学的管理理论、丰富的管理经验、超前的管理理念和规范的管理方式都是我们可以吸收和借鉴的宝贵财富。这可以进一步提高我情报管理者的管理艺术，完善我情报管理制度，丰富我情报管理方式。因此，从实践应用上看，美国国家情报法制管理问题也具有重要的研究价值。

四、研究现状

美国国家情报法制管理研究是美国情报管理研究的核心问题之一，也是美国情报基础理论研究的重要组成部分。它属于军事学、管理学和法学的交叉研究领域，而对于该问题的探讨国内外呈现了不同的特点。

（一）国外研究现状

第二次世界大战之前，美国情报工作基本采用的是“战时建、平时撤”的做法，其情报组织规模小，活动少，工作也时断时续。在战时人们更多关注发展和运用情报力量，获取战争胜利，而有意无意忽视了情报管理问题。而在和平时期，由于情报力量建设不被重视，情报机构被裁撤，情报活动也较少，其管理问题更难以引起公众的关注。偶尔出现个别的情报管理活动，也是基于道德准则的考虑，而非法律法规的限制。[1] 因此，在这一时期，对于情报管理的研究都甚为罕见，更遑论法制管理问题。

直到第二次世界大战之后，美国情报机构的规模迅速膨胀，活动更加频繁，为了进一步规范情报活动，推进情报改革，美国通过颁布法律的方式建构起了国家情报管理制度。其国家情报管理的法制进程也迈出了重要的一步。当然，由于美国国会于 1947 年通过的《1947 年国家安全法》、1949 年通过的《1949 年中央情报局法》和 1959 年通过的《1959 年国家安全局法》都只是从组织制度层面对美国国家情报机构的职权进行规范，对于国家情报活动的管理并不严格，而美国国家情报机构也继续延续战时的作风，不断产生各类丑闻，贪污腐败现象也较为严重。媒体和公众对美国国家情报机构的无法无天逐渐产生不满，直至 20 世纪 70 年代中期，美国中央情报局的“家庭珍宝”事件引爆了这一积累已久的火药桶。美国国家情报管理的法制进程也进入了快车道，美国国会对于国家情报的立法逐渐频繁，管理的力度也越来越大，而以总统为首的行政机关，对于国家情报的管理也逐渐加强，出台了一系列的行政命令和指令。而“9·11”事件之后，美国又迎来了国会立法和政府出台规章制度的一次高潮，国家情报首脑也公开发布了各类指令政策以规范国家情报机构的行为。美国国家情报管理组织及其运行机制也进一步得到了完善。而随着美国国家情报管理组织及其运行机制的发展与完善，美国学术界对国家情报法制管理的研究也经历了一个由浅入深，由慢到快的过程，涌现出了一批研究成果。其中一些成熟的研究成果为美国政府和国会所采纳，上升为各类法规，用以完善国家情报管理组织及其运行机制；还有一些成果则成了公众普遍接受的价值准则，影响了公众对情报的看法和认知。直至今日，在每次情报丑闻和情报失误的背后都必然伴随着对各项规章制度的反思和总结，而以此为契机美国国家情报管理的法制进程也得以加快，这也成为

---

① 如一战结束后，时任美国国务卿的亨利·史汀生就以“君子不偷看他人信件”为由解散了美国著名的信号情报机构“美国黑屋”。

美国国家情报法制管理研究的一个突出特点。

笔者通过查阅国家图书馆、国防大学图书馆、军事科学院图书馆和其他专业图书馆等国内各大图书馆，并对互联网各类电子资源和专业数据库进行调查研究后发现，在美国各类情报研究文献中，涉及情报管理问题的文献汗牛充栋，但是从法制角度考察国家情报管理问题的文献则相对有限。例如，笔者查阅了《情报与国家安全》《国际情报与反情报》《美国情报杂志》《世界情报评论》以及中央情报局定期出版的《情报研究》等各类探讨情报问题的专业期刊后，发现其中虽然经常登载涉及情报管理的专栏文章，但是从法制层面对国家情报管理问题进行剖析的则相对有限。以《情报与国家安全》和《国际情报与反情报》这两本最著名的情报研究期刊为例，自20世纪90年代中期到2014年，它们刊登的论文中与情报管理有关的就多达数十篇，但是从法制角度研究国家情报管理的论文则属凤毛麟角。此外，笔者查找诸如美国国会研究处（CRS）、中央情报局情报研究中心（CSI）、兰德公司以及2049研究所等官方和民间情报研究机构后，仅发现数十篇论文和报告与本论题直接相关。而互联网上各类数据库和电子资源等文献资料中涉及情报管理研究的材料虽然不少，但直接与本论题相关的文献资料也是寥寥之数。仅以Proquest公司提供的“数字国家安全档案”（Digital National Security Archives）数据库为例。该数据库8万多份有关国家安全的解密档案中有1300多份涉及国家情报管理的文献，但仅有百余份解密文档直接与本论题相关，例如国会制定的各类国家情报管理法律、总统发布的管理国家情报的行政命令、国家安全委员会情报指令、中央情报主任指令、情报界指令、情报界政策指南、情报界政策备忘录等一手解密文献。

下面仅列出一些有代表性的文献资料：

1. 著作

关于本论题的国外研究著作大体可分为以下几类：

（1）情报管理法规文献选编

虽然从研究的角度上看，各类法规文献本身都只是研究素材，但是从文献的遴选和归类中还是可以反映出编者的观点和态度。再加上这些文献选编对于研究本领域具有十分重要的学术价值，因此，这些文献选编也值得我们仔细梳理和归纳。总的来看，这一批文献主要是编撰了各类涉及国家情报管理的法规和政策，令读者在研究本论题时可以较为有效地查阅一手原文资料。如《美国情报界法律原始资料集：国家安全法律与政策文献汇编》（The U. S. Intelligence Community Law Sourcebook：A Compendium of National Security Related Laws and Policy Documents，作者：Andrew M. Borene）。该书是由与国家安全相关的法规和政策文献编撰而成的原始资料集，主要陈述了各相关文献的纲要，为本领域的研究者提供了搜集资料的方向。《情报与法律：案例与材料》（Intelligence and the Law：Cases and Materials，作者：Allan N. Kornblum）。该书汇总了有关美国情报工作的各项法规文献以及各类审判案例，对于从事国家情报法制管理研究具有较大的参考意义，尤其是该书中的第1卷、第4卷和第6卷对于本书的撰写具有重要研究价值。《情报界法律参考书》（Intelligence Community Legal Reference Book，作者：美国国家情报主任办公室总顾问）。该书汇总了美国情报界所需遵循的各类法律、行政命令和指导方针，是美国官方正式颁布的一手参考资料，是从事国家情报法制管理研究的权威文献。《美国反间谍法摘要集：间谍与惩治叛乱法（修正版）、与敌通商法、惩治破坏活动法、选征兵役法、护照法、移民法、敌对外侨条例、战争条款、美国刑事法典相关条款及战时限制个人行为的其他联邦法律》（Counter-Espionage Laws of the United States：A Condensed Summary of the Amended Espionage and Sedition Act，the Trading-with-Enemy Act，the Sabotage Act，the Selective Service Law，the Passport Act，the Immigration Act，the Alien Enemy Regulations，the Articles of War，Relevant Sections of the United States Criminal Code and Other Federal Laws Restricting Personal Conduct in Time of War，出版单位：American Protective League）。该书汇集了美国国内关于反谍报的各类法规文献的摘要，是指导反情报工作的重要法律参考文献，对于本书的研究具有一定的参考价值。《国家安全法律》（National Security Law，作者：Stephen Dycus，Arthur L. Berney，William C. Banks，Peter Raven-Hansen）。该书梳理了涉及国家安全的法律文献，令专家学者在从事情报法制管理研究时拥有较为完整的法律类文献素材。通过归纳总结各类法律文献，人们可以发现哪些研究成果已转化为规章制度，哪些仍然还处于学术探讨之中。

（2）情报管理法规创设和修正情况研究

该文献对较为重要的单一法规或相近法规进行了文本研究和解读，梳理法规本身的发展和完善的历程，对于了解国家情报管理法规的发展和壮大具有一定的参考价值。如《对外情报监控法：概览和修正》（The Foreign Intelligence Surveillance Act：Overview and Modifications，作者：Elizabeth B. Bazan）。该书是针对《对外情报监控法》的专题研究，作者主要从整体上对该法案及其修正案进行了介绍和分析，对各项法律条文的创立流程进行了梳理，对于了解和研究该法的发展历程具有较大参考价值。《反恐法律》（Counterterrorism Law，作者：Stephen Dycus，William C. Banks，Peter Raven-Hansen）。该书以反恐为切入点，梳理了与其相关的各类法律文献，并在对其进行摘要介绍的同时，介绍了各法的立法流程和修正情况。该书对于本论题的研究也具有一定的参考价值。《平衡自由和安全：美国对外情报监控伦理研究，2001—2009》（Balancing Liberty and Security：an Ethical Study of U. S. Foreign Intelligence Surveillance，2001 - 2009，作者：Michelle Louise Atkin）。该书是从社会伦理道德的角度，对《对外情报监控法》进行的专题研究，作者从维护公民自由和保护国家安全的两难困境出发，梳理了 2001—2009 年该法案的各项修正案，并提出了对二者进行统筹考虑的主张。该研究也从侧面描绘了美国国家情报管理法规的创设与修正程序。

（3）情报管理体制和管理机制研究

该文献主要从政府和国会实施情报管理的角度研究国家情报法制管理问题，探讨政府和国会实施国家情报管理的主要方式，并对国家情报管理中面对的有效性和合法性的两难困境进行了探讨。如《国会的情报监督》（Congressional Oversight of Intelligence，作者：Bruce D. Berkowitz）。本书详细阐述了国会在美国情报监督中发挥的重要作用。对其监督机构的设置和监督活动的一般流程进行了较为详细的梳理和解读，对于了解国会如何实施国家情报管理具有一定的参考价值。《情报机构的民主监督》（Democratic Oversight of Intelligence Services，作者：Daniel Baldino）。该书介绍了美国情报机构的主要监督方式，对于行政监督、立法监督和司法监督都进行了较为详细的论述。其对于了解美国国家情报管理活动的主要实施方式具有一定的参考价值。《国会监管美国情报界：1947—1994》（Congress Oversees the United States Intelligence Community，1947—1994，作者：Frank J. Smist，Jr.）。该书从历史的角度梳理了国会在国家情报管理问题上的发展演变，并解释了造成这一发展变化的深层次原因。作者把国会监督分为体制性监督（institutional oversight）和调查式监督（investigative oversight）两种模式，并对国会历次国家情报立法活动进行了仔细梳理，对于了解美国国家情报法制管理具有较大参考价值。《美国的秘密力量：民主社会中的中央情报局》（America's Secret Power：The CIA in a Democratic Society，作者：Loch K Johnson）。该书指出，只有国家情报机构的存在才可以保证民主社会的稳固，但是需要将国家情报机构置于法律监督之下，这样才能保证情报机构不会滥用职权，为所欲为。虽然有时需要通过一些违反伦理道德的行为开展情报工作，但是这并不代表情报机构可以任意违反民主理论和道德哲学。作者还将国会对中央情报局的监督划分了四个阶段：国会对中央情报局完全信任时期（1947—1974 年）；国会全面调查中央情报局时期（1974—1976 年）；相互怀疑的合作时期（1976—1986 年）；怀疑、不信任和重建信任关系时期（1987—1990 年）。《规范美国的情报行动》（Regulating US Intelligence Operations，作者：John M. Oseth）。作者梳理了美国国家情报活动所需遵循的准则，并在此基础上介绍了福特、卡特、里根三届政府在国家情报管理上的具体措施。本书从行政管理的角度为后人窥探美国国家情报法制管理的发展演变奠定了基础。《规范隐蔽行动：美国国际与国内法中海外隐蔽强权的实践、背景和政策》（Regulating Covert Action：Practices, Contexts, and Policies of Covert Coercion Abroad in International and American Law，作者：W. Michael Reisman, James E. Baker）。本书从国际法和美国国内法的角度审视了美国历次隐蔽行动，并对其各项指导原则、活动方式和主要内容进行了深入分析，最后作者提出美国的隐蔽行动需要在国会和政府的双重监督下，依照相关法律的授权有序开展。《20 世纪 70 年代的情报压制与国内恐怖主义》（Intelligence Constraints of the 1970s and Domestic Terrorism，作者：Sorrel Wildhorn, Brian Michael Jenkins, Marvin M. Lavin）。本书以美国 20 世纪 70 年代的情报大调查为背景，在仔细梳理 70 年代国会对情报的历次监督案例后，探讨了美国情报力量发展受限与美国国内恐怖主义不断壮大之间的联系。作者在书中提出情报是反恐的第一防线，并积极呼吁国会从法律层面为情报机构松绑。该书对研究美国国家情报法制管理具有较大参考价值。《情报控制》（Controlling Intelligence，作者：Glenn P. Hastedt）。本书选取了有代表性的专家学者在国家情报法制管理方面的重要论文，并探讨了美国行政、立法和司法部门在国家情报管理中的主要做法和管理效果。对于研究国家情报法制管理具有较大的参考价值。

2. 论文和研究报告

关于本论题的论文和研究报告数量较多，种类也较为繁杂，在此无法一一阐述，仅列出有代表性的研究成果，并对其进行大致分类：

（1）情报管理法规研究

该类文献资料数量较为丰富，主要通过研究法规及其修正，透视美国情报管理法规体系的发展历程。该类文献对于了解美国情报管理法规体系的丰富与成熟具有较大的参考价值。如《经众议院通过的电子监控现代化法》（Electronic Surveillance Modernization Act, as Passed by the House of Representatives，作者：Elizabeth B. Bazan）。本文的主要研究对象是美国众议院通过的《电子监控现代化法》，作者介绍了该法的形成背景，梳理了该法的具体条文，并对该法在反恐中的重要作用进行了详细阐述，本文对于了解和研究该法具有较大参考价值。《情报身份保护法》（Intelligence Identities Protection Act，作者：Jennifer K. Elsea）。本文主要探讨了《情报身份保护法》的出台原因，主要内容和重要作用，并对相关案例进行了梳理和介绍，对研究本论题具有一定的参考价值。《确保安全与自由法（H. R. 1526）与强化安全与自由法（S. 737）：逐条分析》（Security and Freedom Ensured Act（SAFE Act）（H. R. 1526）and Security and Freedom Enhancement Act（SAFE Act）（S. 737）：Section By Section Analysis，作者：Charles Doyle）。本文主要对美国众议院与参议院分别通过的《确保安全与自由法》和《强化安全与自由法》进行了深入研究，通过逐条解读法律条文，作者提出这两个法案是对《对外情报监控法》的有力制约，是国会平衡民主与安全的又一次有益尝试，对研究情报管理法规体系的发展与完善具有一定意义。《对外情报监控法修正案重新授权法》（Reauthorization of the FISA Amendments Act，作者：Edward C. Liu）。本文以2012年美国国会通过的《对外情报监控法修正案重新授权法》为研究对象，梳理了美国国内对外监控的主要法律法规，并对比研究了在监控美国人和非美国人时，其监控程序上存在哪些不同，对深入了解《对外情报监控法》及其历年的修正案具有重要的参考价值。

（2）情报管理体制机制研究

该类文献主要是关于美国国家情报管理体制的建构和发展及机制运行和完善中的相关问题进行的研究。例如，《情报改革五年回顾：国家情报主任的角色》（Intelligence Reform After Five Years：The Role of the Director of National Intelligence，作者：Richard A. Best Jr.）。本文回顾了国家情报主任设立后五年的历史，阐述了美国国家情报管理体制的变化情况，提出国家情报主任仍然权责不相符，需要进一步加强其管理权力的意见。该文对了解美国国家情报管理体制的变迁具有一定的参考价值。《众议院情报特别委员会：领导与任务的局限》（House Select Committee on Intelligence：Leadership and Assignment Limitations，作者：Judy Schneider）。本文对众议院常设情报特别委员会的组织和运行情况进行了深入研究，指出其有限的领导能力和对情报业务的管理能力与其职责尚不相符，提出了扩大国会情报管理权的建议。其对了解美国国家情报管理体制具有一定的参考价值。《国会情报监督：当前架构和选择》（Congressional Oversight of Intelligence：Current Structure and Alternative，作者：L. Elaine Halchin & Frederick M, Kaiser）。本文对国会实施情报监督的两大委员会进行了详细剖析，明确了其组织架构和职责使命，并提出改进其管理效力的意见和建议。《情报授权法：现状与挑战》（Intelligence Authorization Legislation：Status and Challengers，作者：Marshall Curtis Erwin）。本文对情报授权法的制订流程进行了较为详细的介绍，并对其未来的发展趋势做出了预测。其对于了解美国国家情报资源分配和活动审批具有重要的参考价值。《将情报授权和拨款置于单一委员会："9·11"委员会的建议和选择》（Consolidating Intelligence Appropriation and Authorization in a Single Committee：9/11 Commission Recommendation and Alternatives，作者：Sandy Streeter）。该文对"9·11"委员会提出的情报授权和拨款置于单一委员会的提议进行了可行性研究，并建议国会将这两个权限进行合并。该文对研究美国国家情报资源分配和活动审批也具有重要的参考价值。

美国总统和国会对美国情报机构发起的历次调查活动也都是了解和认识其国家情报法制管理的良机。这不仅对于了解美国人如何创设和修正法律具有重要意义，同时对研究其国家情报管理组织及其运行机制的变迁也具有重要参考价值。该类文献中比较有代表性的资料除了历届委员会报告，如"施莱辛格报告""丘奇委员会报告""阿斯平－布朗委员会报告""'9·11'委员会报告"等，还包括对该委员会本身的研究论文和研究报告。例如，《不幸的酢浆草：

丘奇委员会对国家安全局的调查回忆录》（Unlucky SHAMROCK：Recollections from the Church Committee's Investigation of NSA（作者：L. Britt Snider）。作者斯奈德曾是丘奇委员会成员之一，参与了对美国国家安全局的调查活动。本文既是他的回忆录，也是一个比较详细的案例研究，文中以美国国家安全局的“酢浆草”项目为例，讲述了美国国会开展情报调查和提交调查报告的具体情况。对于了解调查委员会的具体工作流程具有重要的参考价值。《寻找野象：派克委员会的调查行动和中央情报局》（Looking for a Rogue Elephant：The Pike Committee Investigations and the CIA，作者：Gerald K. Haines）。本文以派克委员会对中央情报局的调查为例，探讨了该委员会的成立目的、调查的具体步骤、所遇到的各种困难以及与福特政府关于调查权的争夺情况。该案例对于研究本论题也具有重要的参考价值。《阿斯平－布朗委员会情报质询：不为人知的特选委员会》（The Aspin-Brown Intelligence Inquiry：Behind the Closed Doors of a Blue Ribbon Commission，作者：Loch K. Johnson）。本文介绍了阿斯平－布朗委员会的组建过程和运行情况，并运用一手的各类访谈、官方文献和亲身经历介绍了整个委员会在对美国情报界进行评估时采取的各类方法和步骤，该案例对于了解国家情报法制管理的动态调适具有重要的参考价值。

3. 官方的公开和解密文献及其他研究材料

美国政府和国会公开发布的各类法律、法令、规章、战略、政策等原始文献材料都是研究本论题必不可少的一手材料，其内容丰富，数量众多，可以通过这些官方文献了解美国国家情报法制管理各方面的情况。除此之外，本论题还有一大部分重要研究文献源自美国政府和国会解密的各类文献，包括历届总统的总统指令、国家安全委员会指令等法规文献。当然，其中绝大部分解密材料源自各类电子数据库。以 Proquest 公司“数字国家安全档案”数据库为例，该数据库在以下七个文件专辑中包含了百余份解密文档直接与本论题相关：“中央情报局家庭珍宝”“关于国家安全的总统指令，第一部分：从杜鲁门到克林顿”“关于国家安全的总统指令，第二部分：从杜鲁门到乔治·布什”“恐怖主义与美国政策，1968—2002 年”“美国间谍和情报部门”“美国情报机构：组织、运作和管理，1947 年—1989 年”“9·11 事件后美国情报机构”。这些解密文献对于本论题的研究具有重大价值。它们不仅令笔者对美国国家情报管理法规体系的认识更加完整和深入，而且对于研究美国国家情报管理体制机制都具有重要的参考价值。

除美国学者外，英国、加拿大、印度等其他国家的学者也对美国国家情报法制管理问题偶有涉及，例如乔杜里（R. L. Chaudhary）于 2009 年在新德里编撰出版的《国际情报、恐怖主义法与安全百科》（International Encyclopedia of Intelligence, Terrorism Laws and Security）就包含了世界各国关于情报管理法律条文及其法规体系的摘要介绍。除了以上提到的各类研究文献外，还有一些诸如课程讲义、演示文档、工作手册等文献中也偶有间接涉及本论题，此类文献数量庞杂，碍于篇幅所限，就不一一列举。

4. 总结

整体上看，国外关于美国国家情报法制管理研究主要以法规文献整理选编、法规创设及修正情况研究、国家情报管理体制机制研究为主。这些研究成果可以令本领域的研究者迅速掌握本论题的基本情况，充分厘清各类数据和资料，透视法规与管理之间的相互关系，为发现原理和规律提供了重要的学术积淀。例如，其可以帮助研究者充分熟悉各法规条文的具体内容，了解法规本身是如何发展与成熟的，明确法规在国家情报管理中到底发挥了哪些作用等问题。当然，这些研究成果本身较为琐碎，虽然其对表象的研究较为丰富，但是缺乏对本质和规律的精粹和提炼，存在继续深入钻研的空间和领域。而这一现象又与美国人的实用主义思想密切相关。对美国人来说，其理论研究的重点在于对具体法规条文的解读和法规条文的实际运用，至于国家情报法制管理这样的基础理论研究其重要性则位居次席。

（二）国内研究现状

在国内，军事情报学是一门新兴学科，研究的重点主要集中于情报体制、情报改革、情报分析、情报失误等领域，对于国家情报法制管理虽然有所涉猎，但是研究的程度还有待深入。在21世纪之前，唯一表面上涉及情报管理的是胡昌平先生所著的《情报控制论基础》，可惜该书谈论的是控制论在图书馆情报学上的应用，与本论题研究的内容相差甚远。除此之外，研究情报管理的著述甚为罕见，更无研究国家情报法制管理问题的著述。

可喜的是，进入21世纪，国内有些学者开始关注情报管理问题，并陆续取得了一些成果。其中部分成果直接或间接涉及本论题。

1. 著作

以著作为例，解放军外国语学院申华教授撰写的《美国国家情报管理制度研究》从美国国家情报管理制度的构成、创立与演变、影响因素、基本模式和未来发展等方面研究了美国国家情报管理制度的宏观问题，从宏观层面对美国国家情报管理制度进行了全方位的勾勒和探索。这对本论题具有全方位的参考价值。解放军国际关系学院高金虎教授撰写的《美国战略情报与决策体制研究》则从美国战略情报与决策体制的起源与演变、影响美国战略情报与决策体制运转的主要因素、改善情报与决策关系的主要途径等问题上对美国国家情报管理问题进行了深入探讨。这对本论题也具有重要的参考价值。华东政法大学黄爱武副教授撰写的《战后美国国家安全法律制度研究》全面梳理了美国建国以来，特别是二战后颁布的各类国家安全法律，探讨了美国国家情报体制和法律职能的演变过程，总结了美国国家安全法律建设的规律和特点。这对本论题研究法规体系具有较大的参考和借鉴意义。解放军外国语学院汪明敏博士等撰写的《美国情报监督机制研究》、中国人民公安大学刘涛副教授编译的《美国涉外情报监控与通信截取法律制度》等著作都是本研究领域的重要参考文献。解放军外国语学院张晓军教授的《美国军事情报理论研究》中也有专门的一章涉及了本论题。以上这些著作对本论题理清思路，探索规律具有启示作用。

2. 学术论文

除了上述著作外，还有一些学术期刊论文也涉及了本论题，如汪明敏在《解放军国际关系学院学报》刊登的《从文化传统看美国情报监督思想》（2007 年第 4 期）和《美国情报监督机制的内在困境探析》（2011 年第 1 期）；杨小敏在《当代法学》刊登的《反恐背景下美国监视和情报制度的新发展——以〈爱国者法〉标题 II 下的条款为分析对象》；杨传东在《外国法制》刊登的《简评美国〈情报自由法〉1996 年修正案》、黄德林在《法学评论》刊登的《略论美国〈情报自由法〉之形成与发展》等。这些学术论文也从不同角度探讨和解读了本论题的不同侧面和部分相关领域，对于本论题的研究也具有较为重要的参考价值。

在仔细考察国内涉及本论题的研究成果后，笔者发现国内各学者主要关注的是情报管理体制机制建设、管理活动本身以及情报管理历史等问题，偶有涉及国家情报法制管理研究的成果主要以法律文件的翻译或单一法规文本解读为主。这些研究成果虽然数量不多，但都是研究本论题的重要参考文献和研究资料，对于本论题的深入研究具有重要的参考和启示作用，是难能可贵的学术积淀。

通过仔细梳理国内研究现状后我们发现，国内尚无人全面系统地考察美国国家情报管理法规体系的现状、美国国家情报法制管理的动态调适规律等问题。而运用法制手段管理情报不仅是美国情报工作的一大特色，也是其情报建设制度化和正规化的重中之重，更是其情报力量能够保持蓬勃生机，实现可持续发展的重要保证。因此，本研究不仅重要，而且必要。

五、研究思路与研究方法

（一）研究思路

美国国家情报法制管理研究的研究思路大体可以包括以下两类：

1. 法规角度

该研究思路主要从美国种类繁多的国家情报管理法规入手，一般采取法律条文文本研读的方式，逐一研究各条文所对应的国家情报管理功能。通过整体梳理和综合归纳的方式，可大体上厘清国家情报管理法规对国家情报管理体制机制的影响和作用，找出美国国家情报法制管理的内在逻辑和演变规律。总体上看，这一研究思路较为繁琐，需要对法规条文逐一梳理，最终也容易成为法规条文的单纯翻译和汇编，缺乏研究深度。再加上有些法规条文仍属美国的核心机密，尚未解密。而这些核心研究材料的缺失势必造成研究结论失之偏颇，故此研究思路利弊参半，需要整体权衡考虑。

除了整体梳理法规条文的思路外，还可采取案例研究的方式，通过对单一代表性法规的研究，演绎国家情报管理法规的一般创设流程及其对国家情报管理的一般功用。该思路一般从法规的创设入手，研究该法规创设的背景、创设的原因、创设的历程及其运行效果。通过研究有代表性的法规，挖掘该法规对美国国家情报管理组织及其运行机制的影响，可管窥国家情报管理法规体系与国家情报管理组织及其运行机制之间的内在互动规律。这种解剖麻雀的方式具有很多优点，可将研究的视角聚焦于一点，采取一点突破全面开花的方式，深入挖掘内在规律。但是，该研究思路也有先天的局限性，由于选择的视角过窄，容易陷入以偏概全的困境，得出的研究结论说服力也不够。

2. 管理角度

除了从法规本身入手外，还有另一种研究思路，即探寻国家情报管理组织的创立、发展和变革的历程中，国家情报管理法规是如何产生影响的；探寻国家情报管理机制的运行过程中，国家情报管理法规是如何发挥作用的。通过纵向的时间顺序和横向的逻辑顺序，采取经纬交织的方法，探寻美国国家情报法制管理的内部规律和基本原理。这种研究思路与第一种研究思路相比思维更缜密，逻辑更严密。更不容易陷入材料的旋涡，落入法规条文的翻译或汇编的窠臼之中。而且国内学者对于美国国家情报管理体制机制的研究已经有所涉猎，具备一定的前期研究成果。因此，从管理的角度入手，可以在吸收借鉴前人成果的基础上进一步丰富创新，起点也更高，有利于走得更远。除此之外，该研究思路的指向性也比第一种研究思路更强，其研究结论也更有利于在国家情报管理实践上推广应用。当然，该研究思路也存在一定的弊端，比如对美国国家情报管理法规体系的梳理较为欠缺，对于国家情报法制管理的内在重视有余，表象描述不足。这容易使得结论过于深奥，晦涩难懂，不易于理解和操作。

综合考虑以上两种研究思路，本书将以第二种研究思路为主，以第一种研究思路为辅。通过两种相结合的方式研究本论题。这种做法可将两种研究思路的优点和长处相结合，避免各自的缺点和不足。最终研究结论将既有深度的理论牵引，又有较为浅显易懂的对策建议。这种做法理论性和操作性皆赅，更加适合本论题。基于以上考虑，本书将分为以下几部分：

“绪论”部分主要探讨问题的提出、概念界定、研究意义、研究现状、研究思路与研究方法以及研究的创新点和难点等内容。通过探讨问题的提出，明确来龙去脉；通过界定核心概念，规范研究对象；通过论证研究意义，揭示研究价值；通过梳理研究现状，发现研究空白；通过阐述思路和方法，勾勒研究轨迹；通过总结创新点和难点，彰显研究特色。

第一章“美国国家情报法制管理的基本依据”提出美国国家情报实施法制管理的基本依据在于以下三点：第一，宪政体制是国家情报法制管理的根本。由于美国是以法立国的国家，情报机构作为政府的有机组成部分，自然而然在其管理原则和管理方式上反映出了依宪治国和分权制衡的特色；第二，维护国家安全是国家情报法制管理的宗旨。一方面，维护国家安全是国家情报法制管理的永恒主题；另一方面，维护国家安全的有效性也是评估管理效能的重要标准。因此，维护国家安全成为了美国国家情报法制管理的起点和归宿；第三，国家情报管理法规体系是法制管理的规则。在实施国家情报管理的过程中，美国人依靠一套较为科学完备的法规体系进行管理。这套法规体系主要包括宪法、国会颁布的法律、总统发布的法令以及国家安全委员会、国家情报主任和司法部长发布的各类情报指令和政策。

第二章“美国国家情报管理组织的建构”提出美国国家情报管理组织的建构以法规为基础，具体体现在以下三点：第一，国家情报管理组织中的各管理职位和机构都是依宪法和《1947 年国家安全法》设立；第二，各管理职位和机构的职能使命也都源于宪法、《1947 年国家安全法》及《第 12333 号行政命令》；第三，各管理职位和机构的人事规则也都依照各类法规设立。由此可见，美国国家情报管理组织的建构以法规为基础。

第三章“美国国家情报管理机制的运行”从四个方面论述美国国家情报管理机制的运行以法为根本：第一，依法确定国家情报需求并进行优先排序；第二，依法投放国家情报资源并规范国家情报活动；第三，依法组织实施国家情报活动；第四，依法评估问效并采取应对措施。从制订和下达目标到授权和规范国家情报活动；从组织实施国家情报活动到开展效能评估，国家情报管理机制的运行中处处都体现着法规的身影。归根到底，国家情报管理机制的运行以法规为根本。

第四章“美国国家情报法制管理的动态调适机制”提出了两大理论模型：一是国家情报管理组织及其运行机制与国家情报管理法规体系的互动模型；二是国家安全与国家情报法制管理的互动模型。前一个模型体现了国家情报管理组织及其运行机制与法规体系的动态循环完善，而后一个模型体现了以法规为媒介，国家情报法制管理对国家安全形势的动态调适。这两个理论模型揭示了美国国家情报法制管理能够始终保持高效，并及时应对国家安全形势变迁的重要奥秘。为了检验这一动态调适规律，笔者从历史中选取有代表性的 4 个案例对这一调适规律进行了实证。

第五章“美国国家情报法制管理的主要特点”总结归纳了三个美国国家情报法制管理中的突出特点：一是国家情报管理法规体系较为科学完备；二是法规体系覆盖了国家情报管理全程；三是国家情报法制管理可实现自主革新与调适。这三个特点不仅是美国国家情报法制管理的重要特色，也是其在国家情报法制管理方面的突出优势。

最终“结束语”部分进行了总结和预测，提出美国国家情报管理法规体系是美国国家情报法制管理的基础和根本；美国国家情报法制管理仍然存在不足和短板；美国国家情报法制管理将以动态调适规律为基础不断发展完善。同时，本书还结合我国实际，有针对性地提出了三点启示和建议。

（二）研究方法

1. 文献研究法

在梳理美国国家情报管理法规体系时，笔者将采取文献研究法，对各类法律条文、行政命令、国家安全委员会指令、国家安全委员会备忘录、中央情报主任指令、情报界指令、情报界政策指南、情报界政策备忘录和其他官方报告等一手原文文献进行全面搜集、仔细梳理、深入分析和细致解读，并以此为基本立足点构建美国国家情报管理法规体系。

2. 模拟法

在自然科学研究中人们常常运用模拟方法从事科学研究。该方法概括起来就是“根据相似的理论，先设计与自然事物、自然现象及其发展变化过程相似的模型，然后，通过对模型的实验和研究，间接地去实验和研究原型的性质和规律性。”① 这一方法同样可以适用于抽象的社会科学研究。在论述国家情报法制管理的动态演进时，本书建构了国家情报管理组织及其运行机制与国家情报管理法规体系的互动关系模型，同时也建构了国家安全与国家情报法制管理的

---

① 栾玉广：《自然科学研究方法》，中国科学技术大学出版社，1986 年版，第 89 页。

互动关系模型。通过较为简单和直观的模型示意图解释国家情报管理组织及其运行机制与法规体系之间较为复杂的动态循环过程，并在此基础上解释了国家情报法制管理是如何以法规为媒介，实现对国家安全的动态调适。这两套关系模型直观演示了国家情报法制管理的动态调适机制，揭示了美国国家情报法制管理得以长期保持高效，并及时应对国家安全形势变化的重要奥秘。

3. 案例研究法

在论述美国国家情报法制管理的动态演进规律时，本书以《1947 年国家安全法》的创立、《情报监督法》与《第 12333 号行政命令》的创立、《情报活动复兴与改革法》的创立以及《第 13355 号行政命令》和《2004 年情报改革与防止恐怖主义法》的创立这 4 个案例检验该动态演进规律。通过历史实证可以较为客观公正的得出研究结论，增加论证的说服力。

六、创新点与难点

（一）创新点

1. 开拓了新的研究范围

本书专注于研究美国国家情报法制管理问题。其研究领域横跨军事学、管理学与法学三个学科门类。本书不仅勾勒了现今美国国家情报管理法规体系的全貌，而且仔细探寻了法规体系在国家情报管理中的地位和作用。本书既拓展了情报管理研究的深度和广度，又突破了传统的文献汇编或单一法规文本解读的研究层次，具有弥补国内外学术空白的作用。

2. 采用了新的研究资料

本书在研究过程中，积极吸收利用近些年美国官方解密和学者编撰的各类一手材料，力求从前人已经掌握的基础上更进一步，防止最终研究结论因材料不足而失之偏颇，努力在求全的基础上求真。例如，本书从 Proquest 公司提供的“数字国家安全档案”数据库中筛选出上千份美国官方近期陆续解密的相关原始材料，这些一手文献为本文的研究奠定了坚实的基础。

3. 提出了新的研究观点

本书在研究过程中不断探寻美国情报管理的奥妙之处。经过不断的反复求证，本文提出美国国家情报管理的核心内容就是奉行法制，揭示了国家情报管理组织及其运行机制与法规体系以及国家情报法制管理与国家安全之间的动态调适规律。该规律正是美国情报管理可以长期保持高效和活力的重要奥秘。除了提出这一论断，本书还提出美国国家情报管理法规体系科学完备、其法规体系较好地覆盖了国家情报管理全程、美国依法和以法相结合管理国家情报等观点。这些观点也都具有一定的创新性。

（二）难点

1. 需要搜集和梳理海量的外文研究资料

美国国家情报法制管理问题在国内研究较少，中文研究资料十分匮乏，因此本论题的主要研究资料都是外文文献。虽然外文文献可以保证研究材料绝大部分属于一手材料，但是梳理和整理如此庞大的资料库需要花费较大的力气。例如，从“数字国家安全档案”数据库 8 万多份解密材料中梳理出上千份相关材料就耗费了大量的研究时间和精力。另外本研究的核心参考资料很大一部分都是官方文献和法规文本，其内容深刻晦涩而且专业术语较多，这对阅读理解能力和综合概括能力提出了较高要求。

2. 需要储备较深厚的背景知识

中美两国政治制度和文化传统差别较大。中国数千年的儒家思想与美国贯彻的法制理论相去甚远。甚至两国在人性善恶的哲学观点上还存在着深刻的对立。在从事国家情报法制管理研究中不可避免的需要涉及美国三权分立的宪政体制、分权制衡的哲学思想以及依法治国的管理观念。这需要研究者对美国的政治、文化和法律等问题具有较深的钻研，具备相应的知识储备和深厚的研究功底。

3. 需要在扬弃的基础上推陈出新

总体上看，国外对该领域的研究也存在一些间接相关的前期研究成果。在积极吸收借鉴前人研究成果的基础上，还需要大胆开拓，涉足前人未曾涉足的领域，从事前人未曾从事的思考，解决前人未曾解决的难题。这些活动无一不需要一往无前的学术勇气和源源不断的研究动力。而推陈出新不仅是一个有没有勇气的问题，更是一个有没有智慧的考验。如何破解这些难题需要进一步的思索和考量。

第一章　美国国家情报法制管理的基本依据

法国启蒙运动的先驱孟德斯鸠曾在其名著《论法的精神》一书中指出："从最宽泛的意义上讲，法是事物的性质中产生出来的必然的关系。在此意义上，所有存在之物均有自己的法。"① 对美国而言，其实施国家情报管理时也拥有一套独特的规则。这套规则概括起来就是美国国家情报管理法规体系。以这套较为成熟和科学的法规体系为基础，美国情报界才能够顺畅、有序的运转，实现各情报力量的有效聚合。这也让美国能够较为从容地应对各类威胁和挑战。这套规则本身并非神授或天赐，其产生和发展不仅源自美国独特的政治体制，也源自美国对维护国家安全的不懈追求。

第一节　宪政体制是国家情报法制管理的根本

自立国以来，美利坚民族都认为自己是上帝的选民，自己的国家是自由国度。这种民族心理折射到国内政治生活领域，就形成了限制政府权利、保护公众知情权、不干涉公民自由的民主传统。在构建自己的政府时，美国人不断实验欧洲资产阶级的各种思想。"不论是哈林顿还是洛克，也不论是孟德斯鸠还是卢梭，其思想漂洋越海，牢固立足于美国人的价值观念和思想体系之中。"② 当然，美国人也不是简单地实行拿来主义。他们的思想虽然根植于欧洲，但是

① 查理·路易·孟德斯鸠：《论法的精神》，曾斌译，京华出版社，2000 年版，第 33 页。

② 王人博、程燎原：《法治论》，广西师范大学出版社，2014 年版，第 49 页。

却也有自己的思考和创新。这些新观念和新思想也最终体现在《独立宣言》和《美利坚合众国宪法》等法律文献中，并成为管理政府的重要指导原则。而美国情报界作为美国政府的有机组成部分，情报作为政府维护国家安全的重要职能领域，也都自然而然地被打上了依法管理的烙印，走上了法制道路。

一、依宪治国确立了国家情报管理的根本原则

美国之所以在国家情报管理上实施法制，与其依宪治国的思想紧密相连。而美国走上依宪治国的道路，源自“天赋人权论”和“社会契约论”。在美国宣扬“天赋人权论”和“社会契约论”的重要代表是托马斯·潘恩。他从自然法的思想出发，宣扬自由主义和个人主义。当然，潘恩也认为人性存在天然缺陷，人的思想和道德容易被邪恶浸染。因此人和人之间无法始终真诚相待。在自然状态下，人类无法切实保障自己的天赋人权。因此，人们开始建立政府，以求保障自己的福祉。由此可见，政府是由于人性的软弱而不得不采用的治理方式。潘恩认为，“许多个个人以他自己的自主权利互相订立一种契约以产生政府；这是政府有权利由此产生的唯一方式，也是政府有权利赖以存在的唯一原则”。[①] 而原本作为保障人权的政府，其成立源于人类的邪恶，且自身又具有对权力的无限追求。再加上政府中的官吏也具有人性的弱点。因此，政府的权力必须接受某种规则的约束，需要一种力量对其加以限制和调节。而这种规则就是宪法及依宪而创的法律。

潘恩提出，“宪法是一样先于政府的东西，而政府只是宪法的产物。一国的宪法不是其政府的决议，而是建立其政府的人民的决议。这是法规的主要部分，可以参照或逐条引用；它包括政府据以建立的原则、政府组织的方式、政府具有的权力、选举的方式、议会——或随便叫别的什么名称的这类团体——的任期、政府行政部

① 王人博、程燎原：《法治论》，广西师范大学出版社，2014 年版，第 145 页。

门所具有的权力，总之，凡与文官政府全部组织有关的一切以及它据以行使职权和受约束的种种原则都包括在内。”① 简言之，宪法是政府的圣经。政府如果没有宪法授权，则成为一种无规则和无理由的权力。因此，人民通过创立宪法而管辖政府，宪法也成为了人民管辖政府的根本规则。而拥有至高权力的好宪法既是人民本身的护身符，又是人民管理政府的法律保障。由此可见，潘恩提出的宪政理论为其天赋人权在实践中找到了可靠依托，也为美国政府走上依宪治国的道路打开了大门。

美国另一位重要的政治家托马斯·杰斐逊也和潘恩一样，信奉洛克的“天赋人权论”。为了保障这些天赋权利，杰斐逊认为人们必须组建政府。而政府本身必须受命于宪法，接受宪法的管理，不得违反宪法，即宪法拥有至高性。他提出，人民有权以法律管理自己的事情，但是同时，人民也需要严格遵守各类法律。热爱秩序和遵守法律是美国公民最显著的特征，也是美国国泰民安的可靠保证。②

在这些思想家和政治家的强烈呼吁下，美国走上了依宪治国的道路，其不仅颁布了人类历史上的首部成文宪法，而且各国家机构也按照宪法规定行使国家权力。而其行使国家权力的主要方法也是颁布和施行各类法规。这就为美国政府依法治国和以法执政打下了较为坚实的基础。

此外，主张在依宪治国的基础上实现依法治国和以法执政的代表人物还包括美国宪法学之父汉密尔顿。他也是自然法观念的信奉者之一。他认为：“美利坚帝国的建筑物应该奠立在人民的同意的牢固基础上。国家权力的河流应该直接来自一切合法权力的洁净的原始的泉源。”③ 而人民才是所有权力的唯一合法泉源。人民掌握着制定宪法的权力，从而人民的权力高于政府的其他管理权力。虽然他

① 王人博、程燎原：《法治论》，广西师范大学出版社，2014 年版，第 146 页。

② 同上，第 61 页。

③ 理查德·汉密尔顿等：《联邦党人文集》，程逢如等译，商务印书馆，1980 年版，第 113—114 页。

在《联邦党人文集》中指出美国需要建立一个强大的联邦政府，以维护国家统一和国家繁荣，但是联邦政府必须以宪法和法律为基础。宪法和法律的最高权威是实现其政治构想的重要保障。他认为建立自由政体必然导致法典成为浩瀚巨著，而服从法律也成为政治清明的重要标志。在汉密尔顿看来，政府权力就是法律权力，即实施宪法赋予政府各部门和各级官员的各种权力必须依靠制订“必要和适当的法律”。“法律顾名思义包括最高权力。”[①]也就是说，法律本身就是执行权力的适当手段。

在这些思想的指引下，美国政府确立了依法管理和以法管理相结合的国家管理方式。而情报作为一项重要的政府职能，情报机构作为政府的有机组成部分，也天然继承了依法管理和以法管理的管理原则。不过虽然依宪治国确立了国家情报管理的根本原则，但是美国人在国家情报管理上真正实现高度的法制还是经历了一个较为漫长的过程。

众所周知，情报是维护国家安全的重要工具，同时又具有较强的隐秘性，且美国建国初期情报工作规模小，活动少，因此在建国后相当长的一段时间内，美国对情报领域的法制管理较为放任。人们的注意力大都集中在发展情报力量以获取战争胜利和决策优势，而有意无意地忽视了对情报的法制管理问题。这一时期，情报管理法规的数量较少，法规层次较低，缺乏法律效力较高的核心法律，难以形成真正的法规体系。而且各情报机构也对各类情报管理法规重视不足，经常有意无意地行使法外特权。

直到1947年，美国国会颁布了《1947年国家安全法》才令美国的国家情报法制管理有了较为坚实和具体的法理依据，并正式打开了通过国会立法管理国家情报事务的大门。不过在这之后的二十多年里，美国国会虽然陆陆续续颁布了一些国家情报管理法律，但是总体来看，国家情报管理法规体系仍然不够健全，各项法规之间

---

① 理查德·汉密尔顿等：《联邦党人文集》，程逢如等译，商务印书馆，1980年版，第158—160页。

的配套性不强，难以形成整体合力。同时，由于情报工作的特殊性和隐秘性，在国家情报管理活动中，很多法规难以真正落到实处。美国情报界各机构仍然以国家安全为由享受法外特权。由此可见，美国上下对国家情报法制管理问题还没有形成足够的重视。这一情况直到20世纪70年代中期才开始出现明显变化。由于当时各类情报丑闻此起彼伏，整个美国社会都开始关注国家情报管理事务，而政府和国会也对美国情报界实施了大规模情报调查活动。之后不久，美国国会和政府都出台了大量国家情报管理法规，开始严格落实各项法规制度。这也令美国国家情报法制管理驶入了快速发展的轨道。而“9·11”之后，美国政府和国会又再次密集出台了各类国家情报管理法规，令美国国家情报管理的法制程度达到了新的高度。当前，各项国家情报管理法规已成为了一套规模庞大、层次分明的法规体系。而且整个法规体系也能够较好地得到贯彻和落实。从美国国家情报管理的发展历程上看，这套法规体系不仅是管理国家情报的必要规则，也是国家情报管理活动的必然产物。而这种依法和以法管理国家情报的做法也体现着较为鲜明的宪政特色。

二、分权制衡确立了国家情报管理的根本方式

美国政体最大的特色就是分权制衡。这包括两个层次的分权：第一个层次是纵向分权，即国家权力分为州权和联邦权两部分。各州行使本州的管理权，联邦不得插手和干涉，同时各州还可以创设本州的宪法，组建本州的最高法院；而联邦政府则代表各州行使国家管理权，处理各类跨州事务，同时对外行使外交和军事权等。第二个层次是横向分权。即不管是在联邦内部还是在州内部，行政权、立法权和司法权相互分立，彼此制衡。这种国家管理权的分立也直接导致了国家情报管理权的分立。

（一）国家情报管理权的横向分权

从横向上看，情报作为一项政府职能，国家情报机构作为政府的有机组成部分，自然而然属于行政机构中的一员。而总统作为行

政机构的最高领导和最重要的情报用户，自然而然成为了国家情报机构的最高领导者。但是它只拥有对国家情报机构的使用权和行政领导权，国家情报机构的立法权、预算权、监督权和部分人事权都掌握在国会手中。国会通过制定国家情报管理法律规范了国家情报管理组织的建构，并通过各种方式监督国家情报管理机制的运行。而这种制度设计本身也符合宪法对于国会的定位，即充当政府的监督者。因此，国会也成为了仅次于总统的重要情报管理力量。而联邦最高法院作为司法部门的代表在国家情报管理上也具有一席之地。通过违宪审查权，它可以废除国会通过的国家情报管理法律和总统发布的各类法令。它还可以通过司法判例形成有法律效力的判例法约束国家情报机构的相关活动。这也符合宪法对于司法部门的职能定位。

当然，从历史发展上看，国会和联邦最高法院在国家情报管理中的影响力曾在较长时间里处于较低水平。尤其是 20 世纪 70 年代之前，在国家安全大于一切的思想下，国会和联邦最高法院对行政部门独享国家情报管理权几乎毫无异议。人们的注意力都集中在如何获得更多的情报能力以更好地辅助国家安全决策这个问题上，谁也不会过分地盯住情报机构或其活动情况。人们都相信情报机构会做出合适的决定。[①] 自 1947—1974 年，国会几乎从不过问情报事务，这一时期也被学者们称为“互相信任期”或“善意忽视期”。[②] 以中央情报局为例，当时只有国会两院的武装部队委员会和拨款委员会下设的国防分委员会负责中央情报局的管理和拨款事务。由于情报工作的机密性，真正了解其运作和管理情况的人员仅限各委员会主席和委员会的资深议员。绝大多数国会议员并不关心情报事务，甚至担心牵涉国家安全容易在政治上承担风险而刻意对此予以规避。对此，参议院军事委员会和拨款委员会主席理查德·拉塞尔（Rich-

① 约翰·兰尼拉格：《中央情报局》，中国社会科学出版社，1990 年版，第 222 页。

② Loch K. Johnson, “The Contemporary Presidency: Presidents, Lawmakers, and Spies: Intelligence Accountability in the United States”, *Presidential Studies Quarterly*, Vol. 34 No. 4, 2004.

ard Russell）甚至曾提出："如果政府部门当中有一个机构我们必须要完全信任，不需要固定的方法与资源来调查它，我相信它一定是中央情报局。"[①] 与此同时，以联邦最高法院为首的司法部门在20世纪70年代之前也一直避免牵扯情报事务，几乎不参与美国国家情报管理。以中央情报局为例，1947年至20世纪70年代间，"美国各级法院只做出了7个与中央情报局直接有关的司法判决，而且其中没有一个裁决对中央情报局的活动有实质性影响。"[②] 而20世纪70年代之前，联邦最高法院仅有的几个涉及情报活动的判例也都仅仅关注情报机构实施国内监控的程序和正当性问题，对于其他情报事务几乎没有关注。例如，1928年的"奥姆斯特德诉美国案"（Olmstead v. United States）、1937年的"纳登诉美国案"（Nardone v. United States）、1942年的"戈德曼诉美国案"（Goldman v. United States）、1961年的"西尔弗曼诉美国案"（Silverman v. United States）等。[③]

但是，这一情况到了1974年出现了变化。1974年4月，美国国会参议员哈罗德·休斯（Harold Hughes）和众议员里奥·瑞安（Leo Ryan）向美国国会提交议案，要求对美国国会于1961年颁布的《对外援助法》（Foreign Assistance Act）的第622条进行修正。其目的在于进一步规范美国中央情报局实施隐蔽行动时的审批和监督程序。由于该修正案在规范美国情报活动方面具有重要作用，因此也被单独命名为《1974年休斯－瑞安法》。该法规定，中央情报局在实施任何隐蔽行动时必须获得总统的授权，且总统还需及时以书面形式上报国会六大委员会[④]。在得到委员会的审批同意后，中央情报局才

---

① Frank J. Smist Jr., *Congress Oversees the United States Intelligence Community* 1947－1994, Knoxville: The University Press, p. 6.

② 汪明敏、谢海星、蒋旭光：《美国情报监督机制研究》，光明日报出版社，2013年版，第59页。

③ 刘涛：《美国涉外情报监控与通信截取法律制度》，中国政法大学出版社，2014年版，第2—4页。

④ 这六大委员会包括武装部队委员会、拨款委员会等关键机构，现今已增加至八大委员会，分别增加了参议院情报特别委员会和众议院常设情报特别委员会。

可获取实施隐蔽行动所必需的经费。这就标志着除总统外，美国国会也第一次真正参与到国家情报管理工作中。

1975 年，在总统的授意下，时任中央情报主任的威廉·科尔比向国会两院拨款委员会提出追加拨款的要求，以支援在安哥拉开展的隐蔽行动。然而国会出人意料的拒绝了再次拨款的请求，“并禁止美国对任何直接或间接参与安哥拉事务的行动提供援助”。[①] 这是美国国会历史上第一次真正切断情报机构在实施隐蔽行动上的资金来源。这也反映出国会在国家情报管理上具备了一定的发言权。

而 20 世纪 70 年代后，以联邦最高法院为首的司法部门在国家情报管理上的态度也开始转变。在“五角大楼文件案”[②]“美国诉联邦地区法院案”（United States v. United States District Court）、“前中央情报主任赫尔姆斯伪证案”中，司法部门开始强调遵纪守法的重要性，并通过判例间接参与国家情报管理事务。这一时期，司法部门认为，情报机构不得再以国家安全为借口，为所欲为，践踏法律。其通过运用司法解密权和司法审查权形成的判例间接参与国家情报管理。如在美国诉联邦地区法院案中，联邦最高法院的 9 名大法官以 9∶0 的一致投票结果认定：美国政府曲解了《1968 年综合犯罪控制与街道安全法》第 2511 条 c 款的规定。该条款并未授权美国总统在未获得法院判令（order）的情况下可以实施电子监控，即使国家安全正面临威胁。因此，该案中美国政府实施的窃听行为违反了

---

① 约翰·兰尼拉格：《中央情报局》，中国社会科学出版社，1990 年版，第 739—740 页。

② “五角大楼文件案”源于肯尼迪政府时期国防部长麦克纳马拉于 1967 年 6 月下令进行的一项研究项目。该项目的最终报告《美国的越南政策制定过程史》梳理了自二战至 1968 年美国是如何逐步卷入越战的全过程。越战期间，《纽约时报》和《华盛顿邮报》搞到该报告的副本后对此进行了分析研究，并写出了摘录。1971 年两报先后发表相关摘录和社论。尼克松总统授意司法部以危害国家安全为由，禁止两报发表相关文章。最后政府和两家报社分别打起了官司，并上诉至联邦最高法院。最终联邦最高法院裁定，政府违反美国宪法第一修正案，报社具有言论自由的权力，联邦政府不得对新闻出版实施事先审查。这也标志着美国政府以国家安全为由牺牲公众民主权利的年代一去不复返。

美国宪法第四修正案，是一种严重的违宪行为。[①] 这一判例具有里程碑意义，它不仅对窃听的合法性和规范性进行了重新界定，同时也表明司法部门已经运用司法审查权间接干涉国家情报管理事务。

1977 年 11 月，联邦地区法院对“赫尔姆斯伪证案”做出宣判。法官巴林顿·帕克在判词中提到：“你认为自己有义务保护你曾经管理过的中央情报局，认为把实情讲出就是有辱你庄严的誓词。假如执行公务的官员由于某种误入歧途的不正确想法和信念，认为早有先例和考虑，他们必须遵守，而有意识地走上不服从或忽视我国法律的道路，我国的前途就会处于危险中。我国情报安全机关雇用的某些人员……觉得他们有在国家法令范围以外自由行事的特许，不然就以自己认为恰当的方式无法无天进行活动。任何一级的国家官员，地位不论多高，都应当像任何普通人那样尊重美国宪法和法律。”[②] 从这份判词中我们发现，司法部门已经依照宪法和法律开始认真审查美国的各项情报活动，其审查的对象甚至包括中央情报主任，而美国情报界也不再享有任何特权，也需要依法办事。这一判例也表明司法系统一改过去放任和迁就的做法，开始真正成长为国家情报管理的重要力量。

如果说过去司法部门还是依靠判例间接参与国家情报管理事务，那么自《1978 年对外情报监控法》颁布实施后，司法部门则具备了组建特殊法院直接参与国家情报管理的能力。这也令美国国家情报管理法制进程再次往前迈进了一大步。由于《1968 年综合犯罪控制与街道安全法》中只规范了联邦调查局在国内反情报调查时实施的窃听行为，而对涉及国家安全和对外情报方面的监控行为则规定的比较模糊，所以为了避免总统滥用权力，美国国会于 1978 年 10 月通过了《1978 年对外情报监控法》。该法第 103 条 a 款明确规定：“(1) 联邦最高法院首席大法官应公开从 7 个以上的美国司法巡回区

---

① 刘涛：《美国涉外情报监控与通信截取法律制度》，中国政法大学出版社，2014 年版，第 6—7 页。

② 约翰·兰尼拉格：《中央情报局》，中国社会科学出版社，1990 年版，第 746 页。

中选出11名地区法院法官组成一个法院。该法院有权对美国国内经合法程序提出的电子侦察申请举行听证，并依法颁布判令。”[①] 该条b款还规定：“联邦最高法院首席大法官应公开从美国地区法院或上诉法院中指派3名法官组成上诉法院，并从这3人中挑选1人担任首席法官。该法院将依据本法的相关规定对被拒绝的申请进行复核。”[②] 从这些规定中我们可以看出，司法系统通过颁发电子侦察申请判令的方式掌握了部分情报搜集活动的审批权。这可以确保美国情报界在执行相关情报搜集活动时遵守相关法律规定。当然，以该法为依据，司法部门可以组织“对外情报监控法院”（FISA court）直接参与国家情报管理事务。这也确定了其在国家情报管理中的重要地位。

（二）国家情报管理权的纵向分权

而除了横向分权外，美国国家情报管理权还存在纵向分权的情况。从纵向上看，除中央情报局外，美国各家情报机构都分别隶属不同的行政部门，其隶属关系上接受本行政部门首脑的直接领导，而业务活动上接受国家情报主任的指导。同时，其自身也拥有较大的自治权。整个美国情报界呈现出联邦式的结构方式。即国家情报主任作为美国情报界的首脑和负责人，统一管理情报界内的跨机构事务，而情报界各成员单位各自管理自己分内的各类事务。国家情报主任并不直接领导各情报机构，而各情报机构接受本行政部门首脑和国家情报主任的共同领导。[③] 这种“双轨领导制”也是美国国家情报管理中的一大特色。而其中也凸显了美国宪政体制中的分权制衡的思想。因此，也有学者提出，无论美国国家情报管理制度如何发展变化，美国国内也永远不会创建一个独立和统一的国家情报部掌管全美的情报工作，也绝对不会设立一个国家情报部部长。

---

① Office of General Counsel, *Intelligence Community Legal Reference Book*, Office of the Director of National Intelligence, Winter 2012, pp. 421 –422.

② Ibid..

③ 由于中央情报局并不隶属于任何行政部门，因此，该机构只接受国家情报主任的领导，但是中央情报局局长也拥有较大的自治权。

综上所述，无论美国是创设中央情报主任，还是国家情报主任，在国家情报管理上，美国只可能不断趋近于中央集权，但永远不可能实现真正的中央集权。这一现象的根源就在于美国宪政体制中分权制衡的思想。因此，从根本上说，美国国家情报管理奉行的是多元化分权领导下的中央集权，而美国国家情报管理权的分立源于分权制衡的管理思想，也与三权分立的宪政体制息息相关。而宪政体制中的分权式管理方式不仅是美国政府管理的重要方法，也成为了美国国家情报管理的重要手段。

第二节　维护国家安全是国家情报法制管理的宗旨

美国在大多数历史时期，除本土外没有太多的海外利益，所以美国自建国以来长期奉行“孤立主义”。美国人认为，依靠大西洋和太平洋这两洋屏障可以保证自己的国家安全。由于得到英国的默许，美国的国家安全在较长的一段时期里并没有遭遇直接的威胁。除了国外缺乏敌国威胁，美国国内也相对安全。除南北战争时期外，美国国内也缺少对政府充满敌意的反对派。在国内和国外这两重安全因素的影响下，美国的情报力量长期在低水平阶段徘徊。但是“珍珠港事件”打破了美国人的安全迷梦。它证明大洋已不再是国家安全的有力屏障。唯有积极打造坚不可摧的强大情报力量才能够从根本上保证国家的安全。因此，自 20 世纪 40 年代开始，情报越来越得到美国政府高层决策者的重视。为了充分利用好美国的情报力量，实现国家情报力量的有效聚合，同时保证国家情报管理的规范化和制度化，美国颁布了《1947 年国家安全法》，利用法律的力量创建了一套现代化的国家情报管理制度。以该制度为基础，美国人积极运用情报力量服务于其国家安全，这也让情报成为了维护国家安全的第一道防线，并变成了美国政府诸多职能中最重要的职能之一。

一、维护国家安全是国家情报法制管理的永恒主题

情报服务于国家利益，尤其是国家安全利益是一个人尽皆知的事实。2014 年，美国国家情报主任办公室发布了第三版《美国国家情报战略》。在该战略的开篇就明确提出，制订该战略的目的就是为了实现《美国国家安全战略》中关于国家安全的各优先目标。而纵观《美国国家情报战略》报告全文，我们发现“国家安全”一词在文中反复出现，出现频率高达 29 次之多。由此可见，情报与国家安全密切相关，维护国家安全也是国家情报的根本目的。而运用法制手段管理国家情报，归根结底在于通过法制的规范性和强制性提高并维持国家情报机构的工作效能，令国家情报机构得以更快、更好地生产出高质量的国家情报，帮助国家高层决策者们获取决策优势①，并据此做出明智而又正确的国家安全决策。因此，归根结底，维护国家安全也是国家情报法制管理的永恒主题。

（一）支援国家安全决策是国家情报的出发点和归宿

《美国国家情报战略》指出，美国情报界的使命是提供及时、深入、客观和相关的情报，以支援国家安全决策。② 由此可见，国家情报的根本目的在于支援用户决策，它是国家高层决策者在制订国家安全决策时必不可少的重要依靠和有力保障。换句话说，国家情报的最终目的是通过支援国家安全决策而促使国家更加安全。这一观念也已经成为美国上下的广泛共识。而具体来说，国家情报在国家安全决策领域可以发挥如下重要作用：

---

① 2008 年，时任国家情报主任的迈克尔·麦康奈尔在《展望 2015》一文中指出，情报界的使命是向决策者提供“决策优势”。所谓“决策优势”指的是决策者获得情报后，获得超过对手的知识优势，让其做出决策时更加自信，获得更大的成功概率。该理念最早由情报学者詹尼佛·西姆斯首先提出。

② J. R. Clapper, *The National Intelligence Strategy of the United States of America*, Washington D. C.: Office of the Director of National Intelligence, September 2014.

1. 国家情报是重要的预警工具

美国是一个超级大国，其国家利益遍布全球。由于其长期推行霸权主义政策，导致其全球树敌。在这一大背景下，国家行为体和以暴力极端组织为代表的非国家行为体对美国的国家安全构成了最严峻的挑战。对此，美国前参联会主席邓普西将军在2015年《美国国家军事战略》的开篇中就感叹到："今天的全球安全环境是我服役40年来充满最多不确定性的战略环境。"① 为了在这充满不确定性的安全环境中维护国家安全，美国亟需情报发挥重要的预警作用。

对于这一职责，《美国国家情报战略》中也明确指出，美国情报界的任务包括"感知并预测即将出现的各种条件、趋势、威胁和机遇，为国家安全迅速调整任务重心提供可靠的预警"。② 以此为目标，美国情报界不断加强其预警能力建设，打造全球动态扫描系统，积极评估各类新兴事物，发现其对美国国家安全的影响。与此同时，美国情报界还积极深化对各类大事要事的理解，预测各类事件的发展变化及其运动规律，探究其对美国国家安全的影响，并对安全威胁及时向政府发出警报。在近期一系列大事和要事面前，美国情报界的预警工作越来越高效，准确率也不断上升。由此可见，国家情报已成为了国家安全决策者手中越来越有价值的决策工具。

2. 国家情报是制订决策的知识基础

国家情报是国家安全决策者最重要的信息来源，它提供的各类信息让决策者能够对事务的全貌有较为完整和深刻的了解，也是决策者破除各类决策迷雾，认识世界和了解世界的重要工具。具体来说，国家情报提供给国家安全决策者的知识包括"国家和非国家行为体的历史、语言和文化，它们主要领导人的相关情况，以及它们

① Joint Chiefs of Staff. *The National Military Strategy of the United States of America 2015*, June 2015, p. i.

② J. R. Clapper, *The National Intelligence Strategy of the United States of America*, Washington D. C.: Office of the Director of National Intelligence, September 2014.

的自然资源、技术和其他方面的事宜”。[①] 美国情报界通过研究所搜集到的各类情报，旨在为国家安全决策者提供深层次的背景知识，为其正确决策铺平道路。

当然，除了提供背景知识外，国家情报还能够提供深入客观的分析和准确全面的评估，并在此基础上找到各类机遇和挑战，帮助国家安全决策者做出明智的选择。最有代表性的做法就是提供“机会分析”。所谓“机会分析”可以用一句话来高度概括，那就是“分析人员要像用户一样思考，但要像情报生产者一样回答问题”。[②] 即情报生产者提供的情报产品能够有效契合用户的需求，使他们完全能够依此来做出国家安全决策，但是情报产品本身又不显露出任何政策建议[③]。具体来说，情报生产者要“努力帮助用户澄清可资利用的机会和当前（潜在）政策可能存在的弱点，而且要把这种支持落在实处，并提供可行性评估”。[④] 情报生产者不仅要对形势发展趋势提供评估，而且要密切关注对国家安全利益产生重要影响的机会和阻碍，并且要及时提醒国家安全决策者考虑他们能够在什么时候、什么地点、以什么方式增进美国的安全利益。依靠“机会分析”，美国国家安全决策者可以更加直观地理解各类决策方案的潜在风险和实施效果，并进而获得决策优势，为顺利制订决策奠定基础。

而《美国国家情报战略》在其任务目标中也明确提出，美国情报界应“提供涉及国家安全的战略情报，加深国家情报用户对国家

---

① J. R. Clapper, *The National Intelligence Strategy of the United States of America*, Washington D. C.: Office of the Director of National Intelligence, September 2014.

② Office of Training and Education, *Analytic Thinking and Presentation for Intelligence Producers: Analysis Training Handbook*, p. 62. See: http: //www. scip. org/files/resources/analytic-thinking-cia. pdf.

③ Office of Training and Education, *Analytic Thinking and Presentation for Intelligence Producers: Analysis Training Handbook*, pp. 62 – 63. See: http: //www. scip. org/files/resources/analytic-thinking-cia. pdf.

④ Ibid., p. 61.

安全事务的理解并保证其决策优势”。[①] 而该任务目标也排在了所有任务目标的首位。由此可见，美国官方在这个问题上也已经形成了一致意见，即为国家情报用户提供必要的决策知识以支援国家安全决策是美国情报界各项任务中的重中之重。而按照《1947 年国家安全法》的相关规定，国家情报主任是美国总统和国家安全委员会的首席情报顾问，在绝大部分情况下都必须列席国家安全委员会会议。[②] 这一安排也体现了国家情报在国家安全决策中的重要地位。

3. 国家情报是检验决策效果的重要手段

当国家安全决策制定完成后，其实施的效果也需要国家情报提供反馈信息，并成为下一次决策的重要参考。因此，决策效果的评估也是国家情报的重要内容之一。例如，美国国家安全委员会下达用无人机击毙某恐怖组织领导人的命令后，对于整个行动的最终效果，美国情报界相关单位需要进行综合评估。如果行动失败，那么评估内容还需要包括行动失败的原因和由此产生的后续影响，并提出相应的解决方案。而以此为基础，国家安全委员会需要决定是否再次进行新一轮的袭击。如果国家安全委员会经过综合考虑后，仍然决定再次实施打击，那么对于袭击的方式和时间也需要重新审定。当然，如果袭击行动引发了外交纠纷或者其他不利影响，国家安全委员会还需以情报界的评估为基础拟定各项善后措施。因此，总体上看，国家情报可以及时评估国家安全决策的实施效果，并为后续决策活动提供重要支援。

（二）优化国家情报机构的效能是法制管理的重要目的

管理的目的在于实现组织机构效能的最优化，并以此提高生产效率，生产出高质量的情报产品。而国家情报法制管理则是依靠法

---

① J. R. Clapper, *The National Intelligence Strategy of the United States of America*, Washington D. C.: Office of the Director of National Intelligence, September 2014.

② Office of General Counsel, *Intelligence Community Legal Reference Book*, Office of the Director of National Intelligence, Winter 2012, p. 32.

制手段优化国家情报机构效能的一种管理方式。它通过优化国家情报机构的效能以提高其生产效率，并在此基础上更好地支援国家安全决策。该管理方式可以充分保证国家情报机构又好又快地提供国家情报产品，并通过高质量的情报产品维护国家安全。具体来说，法制管理可以在以下几个方面发挥重要作用：

1. 以法规的强制力保证生产效率

从管理效果上看，法制手段具有最高强制力，各项法规规定必须刚性落实。例如，各情报机构如何设置，每个管理岗位的职能如何确定，各情报机构如何运行、情报产品质量标准如何拟定等问题都需要严格依照法规规定落到实处。而一旦出现违法行为，无论违法者是情报机构还是机构中的个人，都需要接受严厉的处罚。这些处罚除了内部的纪律处分外，甚至可以处以罚金或者追究刑责。因此，在法规的约束下，情报界各单位不得不依法创设并依法运行，最终以法规为规则从事情报生产活动。只要保证法规自身科学合理，则可保证情报管理高效有序，并最终令国家情报机构能够以较高的生产效率生产出高质量的国家情报产品。

2. 以法规的全面性覆盖情报生产各个环节

从情报生产活动上看，无论是对整个情报界的行政管理，还是对情报流程各阶段的业务管理，整个情报生产活动都处于法规的不间断管理之下。情报生产活动处处都体现着法制的精神。例如，美国国家情报主任就依据国家情报管理法律和行政命令，分门别类地制订了相应的情报界指令。并且安排国家情报主任办公室的高级领导各自负责相应的管理领域。这样一来，法规得到进一步的细化，有利于其落到实处，而且各情报界指令也通过上级法规授权拥有了相应的法理依据。当前，美国国家情报主任发布的情报界指令依主题可分为九个系列，每个系列都拥有顶层指导文件，具体细节都依据顶层文件层层铺开，确保整个情报活动处处都有规可循，不会出现法制的空白地带。

表1—1 国家情报主任发布的情报界指令汇总表

系列	主题	主管官员
100	业界管理	负责行政管理的国家情报副主任
200	情报分析	负责分析的国家情报副主任
300	情报搜集	负责搜集的国家情报副主任
400	用户反馈	负责用户反馈的国家情报副主任
500	信息管理	兼任首席信息官的国家情报主任助理
600	人力资源	兼任首席人力资源官的国家情报主任助理 兼任国家情报大学校长、主管教育训练的国家情报主任助理
700	反情报	国家反情报执行官和主管安全的国家情报主任助理
800	科学技术	主管科学技术的国家情报主任助理
900	任务管理	依主题而定

从表1—1中可以看出，国家情报主任在国家层面已经建构了一套科学完善、覆盖面较全的法规体系。相比法律和行政命令的宏观规定，这些情报界指令更为具体，操作性和针对性也更强。以此为基础，美国国家情报机构能够更好更快地生产出高质量的国家情报产品，为支援国家安全决策做出更大的贡献。

3. 以法规的持久性规范情报生产活动

法制管理的另一个重要优势是法规的管理效力较长，不会在短时间内出现太大的变化和波动，并且也较少受到领导人的人事变迁和主观意志的影响。这样有利于形成稳定、规范的情报生产秩序，便于提供高质量的情报产品。以美国情报管理中最重要的法令——《第12333号行政命令》为例，该法令自1981年里根总统颁布施行以来直到今天仍然拥有重要的法律效力，在30多年的时间里只经历了三次重大修订。[①] 总体上看，该法令的内容在较长时间内相对固

① 这三次重大修订分别是2003年的《第13284号行政命令》、2004年的《第13355号行政命令》和2008年的《第13470号行政命令》。

定，这也保证了美国情报生产活动的长期稳定性。此外，《1947 年国家安全法》《1949 年中央情报局法》《1959 年国家安全局法》和《1978 年对外情报监控法》等法律自创设以来都经历了数十年的时间。虽然时间较为久远，但是直到今天，这些法律仍然具有较高的法律效力，是美国国家情报管理的重要基石。除《1947 年国家安全法》在半个多世纪的时间里几经修正外[①]，其他情报管理法律总体上都较为稳定，出现法律修正时也多是增补法条，扩充法律的管辖范围，或者对概念、职位等内容进行重新界定和规范。部分已经过时的法条在经过仔细权衡后才会将其废除，而且废除的手续也较为繁琐。而废除整部情报管理法律的现象极为罕见。而情报管理法律的创设和修正之所以如此严谨，是因为法律本身的严肃性和稳定性。而其他法规的创设和修正也与之相似。因此，以相对稳定的法规为管理规则，情报产品的质量标准和运作程序都可以在较长时间内保持相对固定，受人为干涉的情况较少，有利于维持较高的生产效率。

综上所述，支援国家安全决策是国家情报的出发点和归宿，也是其实现自身价值的重要途径。国家情报只有进入了国家安全决策流程才能发挥应有的作用，成为维护国家安全的重要工具。换言之，国家情报通过支援国家安全决策实现其维护国家安全的最终目的。而国家情报法制管理的主要目的是通过法制手段促使国家情报机构更好、更快地提供高质量的国家情报。因此，从本质上说，国家情报法制管理通过优化国家情报机构的效能，更好地支援决策者制订国家安全决策，并最终实现维护国家安全的根本目标。

当然，在追求管理效率的同时，美国人还较为重视国家情报活动的合法性和可控性，避免国家情报机构以国家安全的名义为所欲为，甚至侵害其理应保护的民主和自由。因此，法制管理的另一个

① 《1947 年国家安全法》是美国情报管理的重要宪章，也是所有情报管理法规的母法，因此，历史上对该法的修正较为频繁。目前为止，该法已经经历了大大小小数十次修正。总体上看，历次修正主要以增设法条为主，或对不适用的法条进行修改和完善，完全废止法条的情况较为罕见。

重要目的是保证国家情报的可控性和合法性。不过，当国家情报机构以提高工作效能为名，侵害公民的合法权力和自由时，其也已经背离了维护国家安全的目标而变成了无效和失效之举。因此，归根结底，维护国家安全始终都是国家情报法制管理的永恒主题。

二、维护国家安全的有效性是评估管理效能的重要标准

由于国家情报法制管理的永恒主题是维护国家安全，所以维护国家安全的有效性也成为了评估管理效能的重要标准，即是否有效，甚至高效地维护国家安全成为了评估国家情报法制管理效能的重要标准。由于国家情报机构维护国家安全的主要方式是提供国家情报产品以支援决策，所以国家情报产品质量的优劣也成为了评估法制管理效能的重要标尺。再加上管理本身的功效难以直接衡量，其功效也需要通过产品加以体现，所以国家情报产品的优劣也名正言顺地成为了检测国家情报法制管理效能的重要标准。

具体来说，当国家情报机构能够及时提供准确的情报产品时，国家情报法制管理的效能就较高；当国家情报机构提供的产品不够及时或不准确时，国家情报法制管理的效能就较低。换句话说，国家情报产品的准确性和时效性成为了评估国家情报法制管理效能的重要指标，也成为了改进法制管理的重要参考和依据。

（一）国家情报的准确性是法制管理效能的重要指标之一

当国家情报机构最终提供的国家情报产品能够准确反映客观实际，并较好的支援用户制订国家安全政策，那么这说明各国家情报机构都较好地履行了其法定职责，并有效形成了合力，共同完成了支援决策的工作。这也表明了当前法制管理的效能较高，可以有效肩负其维护国家安全的职责。因此，整个国家情报管理体制机制不需要进行大幅度的调整。

而当国家情报机构最终提供的国家情报产品未能如实反映客观实际，那么这就意味着国家情报机构出现了情报失误。而之所以出

现这样或那样的情报失误，归根结底在于整个情报生产过程中存在管理漏洞或瑕疵。如果存在管理漏洞或瑕疵，那么最终生产出来的情报产品必然存在不足和偏差，难以准确反映客观实际。这也必将导致国家情报产品难以进入国家安全决策流程，甚至直接导致决策失败引发灾难性后果。以伊拉克战争的情报失误为例，小布什政府以伊拉克拥有大规模杀伤性武器为借口发动了伊拉克战争。战后搜遍伊拉克全境也没有发现大规模杀伤性武器。这是一起典型的由于情报不准确而导致的情报失误。虽然造成情报不准确的原因很多，但是国家情报管理上的瑕疵和漏洞首当其冲。该失误也暴露出美国国家情报管理的效能不高，需要做出调整和改革。这一次情报失误加上“9·11”事件的恶劣影响，美国国会终于下决心颁布了《2004年情报改革与防止恐怖主义法》，再次运用立法的方式推动了美国国家情报管理制度的大幅度改革。这一举措也大大加快了美国国家情报管理的法制进程，令其法规体系得到了丰富和完善，也令国家情报管理的法制程度进一步加深。

综上所述，只有当国家情报法制管理效能较高时，各机构才能有效履行其职责使命，才能保证情报产品客观准确地送到决策者手中。而当国家情报法制管理效能较低时，各机构难以充分发挥应有的作用，最终情报产品的质量难以得到保证。因此，国家情报的准确性是衡量国家情报法制管理效能的重要标尺。

（二）国家情报的时效性是法制管理效能的另一个重要指标

如果国家情报想要胜任支援国家安全决策的工作，那么它不仅需要具备准确性，还得具备时效性。无论情报产品本身多么准确，如果未能及时送到情报用户手中，那么再准确的情报也无法发挥应有的效用。情报既然无法进入决策流程，就更谈不上实现维护国家安全的目标了。由此可见，国家情报的时效性也是衡量情报质量优劣的重要因素，因此也成为了衡量法制管理效能的一个重要指标。

当国家情报产品能够及时送到用户手中并有效支援其决策时，这说明国家情报的优先目标设定较为正确，各类情报资源的投放也较为科学合理，并且整个国家情报生产流程运转良好。此时，各情报机构能够各司其职，情报生产过程中没有遇到太大的阻力。而且各部门之间的配合较为得力，各部门情报能够较为有效地融合为国家情报，并成为国家安全决策的知识基础。在这一情况下，国家情报法制管理的效能较高，可以较好地胜任维护国家安全的职责。当然，这并不是说当情报产品能够及时送到用户手中时，整个国家情报管理体制就真正达到了完美状态，不再存有改善的空间。一方面，及时只是一个相对概念，情报机构永远在追求用更短的时间完成情报生产工作，并尽量在最快的时间内把情报送到决策者手中。因此，时效性成为了情报机构的永恒追求，没有完美的一天；另一方面，国家情报能够及时送到用户手中也只表明当前状态下国家情报管理中的各类瑕疵和不足暂时被克服或掩盖，管理中的各类矛盾未被激化，并不能表明日后这些问题不会影响到生产效率。因此，当国家情报产品能够及时送到用户手中并有效支援其决策时，这只表明当前状态下，国家情报法制管理的效能较高，基本实现了其预设目标，其法制管理体制不需要进行太大的调整，但不表明其管理体制在日后没有进一步改善的余地。

而当国家情报产品未能及时送到用户手中时，情报用户只能凭借自身的直觉和经验盲目决策。这样必将使得国家安全遭遇严峻威胁。甚至有时候由于国家情报产品未能及时预警，而导致国家安全遭遇重大威胁或蒙受重大损失。这类情报失误的例子也不胜枚举。因此，当国家情报产品失去时效性时，这说明整个国家情报生产流程中存在重大问题。而这些问题的根本原因还是在于管理效能低下，未能满足国家安全的需要。例如，“珍珠港事件”中迟到的情报导致美国太平洋舰队几乎覆灭，而“9·11”事件中情报的缺失更是令美国伤亡惨重。这两次严重的情报失误中，国家情报都未能及时送到关键情报用户手中，事后经过专家多方研讨和分析后，发现美国情报管理制度上存在重大不足。“缺乏协调”“沟通不畅”“融合不足”等问题归根到底都是管理效能低下的重要表现。因此，事后美国人都运用立法的方式对其国家情报管理制度进行了深刻变革，以期改变其管理效能低下的状态，适应国家安全形势的变迁。

综上所述，只有当国家情报法制管理效能较高时，各国家情报机构才能各司其职并有效形成合力，克服情报生产流程中的各类阻力和困难，并最终及时将国家情报产品送到决策者手中。而当国家情报法制管理效能较低时，这必然导致各机构缺乏协调和沟通，或情报生产目标不明确，或资源分配不合理，或情报生产效率低下，而最终必然导致国家情报产品未能及时送到决策者手中。因此，国家情报的时效性也是衡量国家情报法制管理效能的另一把重要标尺。

第三节　国家情报管理法规体系是法制管理的规则

拥有一套国家情报管理法规体系是施行法制管理的内在要求。这套法规体系也是美国国家情报法制管理的重要规则和基本依据。依照美国国家情报主任办公室负责法律事务的总顾问罗伯特·李特（Robert S. Litt）于2012年冬代表国家情报主任发布的《情报界法律参考书》和国家情报主任办公室负责信息共享事务的信息共享执行官科林·斯通（Corin Stone）发布的《美国国家情报概览2013》以及国家情报主任历年发布的相关指令和政策的规定，美国国家情报管理法规体系依照法律效力的不同包括以下几个主要组成部分：《美利坚合众国宪法》；《美国法典》（United States Code）中涉及国家情报管理的法律；总统发布的涉及国家情报管理的法令；国家安全委员会、国家情报主任和司法部长发布的各类情报指令和政策等。

一、《美利坚合众国宪法》

1776年，北美殖民地虽然获得独立，但是临时组建的邦联政府在对内和对外管理中毫无作为。为了加强中央集权，1887年，汉密尔顿等联邦党人积极倡议各州选派代表召开制宪会议。在本次会议中，汉密尔顿等人提出，“为了组建一个更完善的联邦，建立正义，保障国内安全，提供共同防御，提升大众福祉，并将自由的恩赐泽于自身和子孙后代，特制定和创设美利坚合众国宪法。”①

这部宪法是人类历史上首部成文宪法，也是美国的根本大法。在美国的法体系中位于顶层，拥有最高的法律效力。虽然宪法法律效力最高，但是其法条较为宏观和笼统，并没有直接规范国家情报管理事务的条文。即使如此，宪法中不少条款还是成为了其他国家情报管理法规的重要法理依据。例如，根据宪法第一条第一款的规定：“本宪法授予的全部立法权，属于由参议院和众议院组成的合众国国会。”② 因此，美国国家情报管理的各项法律都必须交由国会制定，而美国国会制定的各类国家情报管理法律理所当然地成为了管理国家情报事务的根本依据，具有仅次于宪法的法律效力。此外，依据美国宪法，在情报界的高层人事安排上，总统有权选择候选人，但最终任命还须征求参议院的同意；在情报界的年度预算安排上，总统负责提出预算申请，但国会有权对其进行修改和补充。在宪法第四条修正案中，更是规定“公民的人身、住宅、文件和财产不受无理搜查和扣押的权利，不得侵犯。”③ 这一规定成为日后保护公民隐私不受情报机构非法监控的重要法律武器。

当然，宪法中第二条第一款还规定，“行政权归属美利坚合众国总统”④。而情报作为国家的一项基本职能，情报机构作为国家政府的天然组成部分，自然而然归属总统领导和管控。可以说，宪法中的这一规定也为日后总统独霸国家情报管理权，将情报视为私人权力禁地留下了隐患，也为日后总统和国会为争夺国家情报管理权而开展激烈斗争埋下了伏笔。

---

① Office of General Counsel, *Intelligence Community Legal Reference Book*, Office of the Director of National Intelligence, Winter 2012, p. 1.

② Ibid. .

③ Ibid. , p. 13.

④ Ibid. , p. 7.

二、《美国法典》中涉及国家情报管理的法律

而法律效力位于第二位的是《美国法典》中涉及国家情报管理的法律。不过从严格意义上看，虽然法律由国会制订，但是也需要总统签署才能生效，因此这些法律也可被看成是立法和行政部门共同创造的管理规则。1926 年，国会正式开始制定《美国法典》。《美国法典》是美国除宪法外，全部联邦法律的官方汇编。国会制定的所有法律最终都会分门别类地编撰进入法典的各个条目。① 涉及国家情报管理的法律也不例外。至今，美国已有大约 60 部涉及国家情报管理的法律，而其中大约 33 部为情报年度授权机制产生的年度情报授权法。② 这也从侧面表明美国年度情报授权机制在国家情报管理中发挥了举足轻重的作用。

根据各法律的功能和作用，这些法律大致可分为以下几类：

（一）建立和改革整个美国国家情报体制的法律

在这数十部法律中，地位最高，作用最大的两部法律分别是《1947 年国家安全法》和《2004 年情报改革与防止恐怖主义法》。其中《1947 年国家安全法》奠定了战后美国国家情报管理制度的基础。该法对战后美国众多情报组织和情报机构进行了重新整合和洗牌，并在破除早期情报体制的基础上，重新建构了美国的现代情报

① 当前，《美国法典》共划分为 51 卷，它们依次是总则、国会、总统、国旗、国玺、政府部门和联邦各州、政府组织与雇员、担保债务（现已废除）、农业、外国人与国籍、仲裁、武装力量、破产、银行与金融、人口普查、海岸警卫、商业与贸易、资源保护、版权、犯罪与刑事程序、关税、教育、食品与药品、对外关系、公路、医院与收容所、印第安人、财政收入、麻醉性酒精、司法和司法程序、劳工、矿藏和采矿、货币与财政、国民警卫、航运与可航运水域、海军（现已废除）、专利、宗教习俗、规则行业薪金与津贴、退伍军人救济、邮政事业、公共建筑、公共合同、公共卫生与福利、公共土地、国家印刷品与文献、铁路、航运、电报、电话和无线电报、领土与岛屿所有权、交通、战争与国防。国会制定的每条法律最终都会分门别类得收录进《美国法典》。

② 具体情报管理法律体系参见文后附录。

体制。[①] 而《2004年情报改革与防止恐怖主义法》则是法律地位仅次于《1947年国家安全法》的另一部重要法律。该法将已经建立半个多世纪的国家情报管理制度进行了最大幅度的一次改组。该法将过去的中央情报主任与中央情报局局长这两个法定职位进行拆分，新设置了国家情报主任一职，负责过去中央情报主任的全部情报管理工作，统管美国情报界16家情报机构。而中央情报局局长不再兼任中央情报主任后，其地位有所下降，中央情报局也随之变为和其他15家情报机构一样的情报任务执行机构，不再拥有特殊地位。而为了辅助国家情报主任完成工作，美国政府特别组建了国家情报主任办公室，并建立各类情报管理协调中心综合协调和整合处理相关业务领域的情报，如国家反恐中心、国家防扩散中心等。

（二）设置国家情报机构职能权限的法律

该类法律主要用于规范国家情报机构的职责、使命、任务和管理权限等问题。其数量最多。下面仅列举最有代表性的3部法律进行阐述：

1.《1949年中央情报局法》。该法几经修正后共24条，其明确规定了中央情报局的职能权限，如第3条“采购权力”；第5条“中央情报局的一般权限”；第6条“保护中央情报局职能特性的规定”；第7条“接纳外侨入籍的数量限制”；第8条“拨款权”；第13条“禁止滥用中央情报局名称、缩写和印章的规定”；第15条“中央情报局内部场所安保人员的规定”；第17条“关于监察长活动汇报的规定”、第20条“关于中央情报局总顾问的岗位职责”等。

其中该法关于中央情报局财务权力的规定中指出：“申请经费开支可以不用考虑政府财务支出的法律和规章的规定；对于涉密及特别紧急的项目，其经费申请只需局长的授权证明；此外，局长的授

---

① S. C. Sarkesian, J. Mead Flanagin, R. E. Friedman, *U. S. Domestic and National Security Agendas: Into the Twenty-First Century*, Greenwood Press, 1994, p. 260.

权证书应被认定为所需款项的有效法律文件。”① 这为中央情报局开展各类情报行动在申请经费支持上大开绿灯。

为了保护情报来源和手段的安全，《1949 年中央情报局法》更是在第6 条“保护该局职能特性的规定”中写明：“出于保护美国对外情报活动的利益及美国法典中本卷第403 –1（i）条款的规定，国家情报主任应负责保护情报来源和手段不被非法披露。此外，对于1935 年8 月28 日法案中第1 条和第2 条条款的规定（49 Stat. 956，957；5 U. S. C. §654），该局拥有豁免权，而且对于以后任何其他法律中要求该局发表或披露其组织、职能、名称、官方职位、薪金及该局雇员数量的要求，该局都拥有豁免权。”② 这也为中央情报局特工开展情报活动提供了法律保障。

为了吸引和策反国外目标人物，《1949 年中央情报局法》第7 条更是大开方便之门，指出：“无论何时，只要中央情报局局长、司法部长和移民归化局局长认为赋予某名外国人在美国的永久居留权符合美国安全利益或可以促进美国国家情报任务的完成，那么该人及其近亲将可获得美国的永久居留权，哪怕该人并不具有移民资格或此举违反了其他法律和法规的规定。”③ 这项规定为美国情报机构吸收外国代理人提供了很大的便利，也解除了很多情报特工的后顾之忧。

2.《1959 年国家安全局法》。1959 年5 月，美国参众两院通过了《1959 年国家安全局法》，几经修改，该法现在共有15 条④。这

---

① S. D. Breckinridge, *The CIA and US Intelligence System*, Westview Press, 1986, p. 257.

② Office of General Counsel, *Intelligence Community Legal Reference Book*, Office of the Director of National Intelligence, Winter 2012, p. 265.

③ Ibid..

④ 该法原本20 条，但第2. 3. 4. 6 和17 条已经被合并或废止。具体修正如下：1）SEC. 2. Repealed. Pub . L. 104 –201, SEC. 1633, Sept. 9, 1996, 110 Stat. 2751；2）SEC. 3. Amended section 1581（a）of Title 10, Armed Forces；3）SEC. 4. Repealed. Pub . L. 104 –201, SEC. 1633, Sept. 9, 1996, 110 Stat. 2751；4）SEC. 7. Repealed. Pub. L. 89 –554, SEC. 8（a）, Sept. 6, 1966, 80 Stat. 660；5）SEC. 17. Repealed. Pub. L. 103 –359, SEC. 806, Oct. 14, 1994, 108 Stat. 3442.

15 条法律对国家安全局的职能使命、人事安排、运作模式、财政经费、薪资待遇、教育训练等职能和权限进行了基本的规范。

例如，该法第 10 条 c 款对国家安全局预备役机构设置规定如下:“在征求国防部长同意后，为了运作军方密码破译预备役单位并保留必要的外语技能和国家安全局的其他相关技能，国家安全局局长可组建密码破译语言预备役单位。”① 该法第 19 条规定:“需组建国家安全局新兴技术委员会，该委员会为国家安全局常设机构，其成员由国家安全局局长选定，并直接对局长负责。委员会负责探索和评估新兴技术的研发与应用，并定期向局长汇报。”② 该法第 12 条 a 款还对国家安全局人事体制做出如下规定:“国防部长及其代表可通过法规依法在国家安全局内为高级文职密码破译人员设置人事体制，该机构名为高级密码破译执行处。”③

对于运作模式问题，该法第 13 条 a 款规定:“国家安全局局长可以允许私人或私企从事密码破译研究工作。但私人或私企申请从事该项研究工作时必须获得国家安全局局长的同意，且该研究工作必须与美国国家安全高度一致。”④

可以说，《1959 年国家安全局法》涉及国家安全局工作的方方面面，不仅划定了国家安全局的职责权限，还赋予了美国国家安全局各方面的特权，规范了美国国家安全局的各类活动，是美国国家安全局得以顺利运转的重要法律基础。

3. 《1978 年监察长法》。1978 年，美国国会为加强对各内阁部门的管控，防止各部门的贪腐行为而颁布了《1978 年监察长法》，并在各内阁机构设立了监察长办公室。美国情报界作为政府机构的重要一员，也属于该法管辖的范围之内。该法共 12 条，⑤ 其第 3 条

---

① Office of General Counsel, *Intelligence Community Legal Reference Book*, Office of the Director of National Intelligence, Winter 2012, p. 299.

② Ibid., p. 307.

③ Ibid., p. 303.

④ Ibid., p. 304.

⑤ 《1978 年监察长法》原本共 13 条，其第 10 条现已被删除，第 8 条 k 款也已被废止。

规定了各机构监察长任命和解职的一般流程，并规定监察长下辖两名助理监察长，分别负责审计和调查事务。该法第 4 条和第 5 条也分别规定了监察长的一般职责和权限，及其负责和汇报的对象。该法第 8 条 h 款专门针对美国情报界做出了规定："国防情报局、国家地理空间情报局、国家侦察办公室和国家安全局的雇员及承包商如果想向国会提出控诉或出于紧急情况而向国会提供信息，那么他们可以将其情况汇报给国防部监察长；联邦调查局的雇员及承包商如果想向国会提出控诉或出于紧急情况而向国会提供信息，那么他们可以将其情况汇报给司法部监察长；总统依法授权组建并从事对外情报和反情报事务的其他雇员、承包商、执行机构及相关单位如果想向国会提出控诉或出于紧急情况而向国会提供信息，那么他们可以将其情况汇报给相应机构的监察长。"① 该款还规定，在接到控诉或信息后，监察长必须在 14 天内确定控诉或信息是否可信，并向该单位领导汇报；单位领导接到汇报后，必须在 7 天内将该控诉或信息上报参众两院的情报特别委员会。

总体上看，该法是美国情报界各机构设置监察长办公室的法律依据，对防止美国情报机构滥用职权具有十分重要的作用，为情报机构雇员维护自己及他人的合法权益也提供了可靠的法律保障。

（三）审批和监督国家情报活动的法律

该类法律主要用于规范各级国家情报管理者对各类国家情报活动的审批和监督。其中包括对审批层级的设置、对审批权限的限定、对审批流程的规范和监督机制的创设等。尤其是对隐蔽行动和各类情报搜集活动进行了较为详细的规范和限制。该类法律也为数不少，其中年度情报授权法的主要内容都属于该类法律。下面仅列举最有代表性的 4 部法律进行阐述：

1.《1968 年综合犯罪控制与街道安全法》。该法是专门规定窃

---

① Inspector General Act of 1978, http://www.cornell.edu/uscode/html/uscode05a/usc_ sup_ 05_ 5_ 10_ sq2. html.

听行为的一部法律，对窃听的条件、程序、方式和保护当事人权利等问题进行了较为详细的规定。该法规定，为保护无辜民众的合法权利，在未经通信当事人同意的情况下，实施窃听时必须获得具有司法管辖权的法官颁布的判令。该授权行为还需接受法院的其他监督和控制。当然，该法也给予美国总统一定的自由裁量权，即当美国国家安全遭遇威胁，为应对外国情报机构开展的敌对活动，美国总统有权采取必要的措施保护美国。由于该法表述较为模糊，所以导致行政和立法部门对此具有不同的解读。表面上看，美国总统在特殊时期可以在没有得到法院判令的情况下实施监听行为，但是立法部门认为这一点涉嫌违反宪法第四修正案。因此，该法颁布不久就增加了新的修正案。在该修正案中明确规定，在紧急情况下可以先采取监听措施，但必须在48小时内向法院补交申请，如果申请被否决，那么相关机构必须立即停止监听活动。此外，最高法院也在1972年通过判例否决了总统的特权条款。在之后的法律修正中，该条款也被删除。由此可见，该法对审批和监督对内情报搜集活动具有重要的指导意义。

2.《2001年美国爱国者法》。“9·11事件”后，美国对恐怖主义异常敏感，对自身的本土安全越来越重视。为了捍卫本土安全和打击恐怖主义，美国国会于2001年10月颁布了《2001年采取有效措施截断和阻止恐怖主义以联合和加强美国法》即《2001年美国爱国者法》[①]。该法从提交国会审议到最终总统签字生效只用了短短的4天时间，这是所有美国国家情报管理法律中立法效率最高的一部法律。[②] 但是，这部法律也招致了各类反对和争议。该法最大的争议

① 该法以其正式法律名称的首字母缩写而被简称为《2001年美国爱国者法》。

② 2001年10月23日，美国众议院议员弗兰克·森森布伦纳（Frank Sensenbrenner）将该法案草案提交美国众议院审议，经国会司法委员会、常设情报特别委员会、财政委员会、国际关系委员会、能源与商务委员会、教育与劳工委员会、技术与基础设施委员会以及武装部队委员会审议，该法案于10月24日以357票对66票在众议院获得通过，并提交参议院审议。10月25日，参议院以98票对1票通过了该法案。10月26日，该法案经美国总统小布什签字后生效。这创造了情报管理法律立法所需时间最短的历史记录。

在于其对《1978 年对外情报监控法》进行了大幅修正，为美国国家情报机构搜集与恐怖主义相关情报大开方便之门。在反恐的大旗下，以联邦调查局为代表的美国国家情报机构可以对包括美国公民在内的任何人和美国国境内任何可疑目标实施秘密监视和搜查。甚至在没有得到法院判令许可的情况下，联邦调查局也可调查私人电话、教育记录、电子邮件和银行账户等个人隐私信息。例如，该法第 507 条“披露教育记录”、第 508 条“披露全美教育统计中心调查信息”和第 905 条“在犯罪调查中向中央情报主任披露涉及对外情报的信息”等条款。[①]

3.《2005 年美国爱国者修改和再授权法》。2006 年 3 月，时任美国总统的小布什签署了《2005 年美国爱国者修改和再授权法》。该法对《2001 年美国爱国者法》中的相关条款进行了修改和再度授权，延长了该法案的法律期限。《2001 年美国爱国者法》中对《1978 年对外情报监控法》中 16 条条款进行了临时性修改，以增加国家情报机构的监控力度并赋予情报机构诸多特权。而在反恐大业仍然没有完成的情况下，《2005 年美国爱国者修改和再授权法》将这 16 条条款中的 14 条进行了永久性修改，对于第 206 条（对外情报监控法院关于任意窃听的规定）和第 215 条（对外情报监控法院关于获取商业记录命令的规定）则将其法律期限延长至 2009 年底。因此，该法大大增强了美国情报界实施监控的力度，并为其开展监控活动扫清了法律障碍。在该法的纵容下，美国国家情报机构滥用权力的风险大大增加，因此，该法也引起了美国国内部分民众的不满。但鉴于反恐仍为美国国家安全的第一要务，这些反对声音并未获得美国政府和国会的重视。

4.《2007 年保护美国法》。2007 年 8 月，美国国会通过了《2007 年保护美国法》。该法作为《1978 年对外情报监控法》的重要修正案对美国国家情报机构实施电子监控活动进行了进一步规范。

---

① Office of General Counsel, *Intelligence Community Legal Reference Book*, Office of the Director of National Intelligence, Winter 2012, pp. 511 – 547.

该法最重要的一条是如果情报机构“有理由相信”目标位于美国境外，那么国家情报机构将可不需要获得法院的许可，就能够任意实施电子监控活动。该法解除了加诸国家情报机构身上的种种限制，大大加强了美国国家情报机构的监控能力，为其实施电子监控大开方便之门。

（四）规定国家情报保密和信息共享事务的法律

该类法律主要用于规范国家情报机构的保密措施和信息共享事务，其目的在于保证国家情报秘密不会被非法披露，同时，还要最大限度地保证政府活动的公开性和透明性，保证其接受公众的合法监督。此外，该类法律还为情报界内的情报共享奠定了较为坚实的基础。该类法律的数量相比前两类更少一些，下面列举最有代表性的3部法律进行阐述：

1. 《信息自由法》。该法于1967年正式生效，主要目的在于强制美国政府全部或部分解密各类政府秘密文献档案以供公众了解和监督。该法详细列举了哪些信息需要公开，其公开的主要方式和方法。依照该法，国家情报机构也应公布其相关政策、文献记录、行事准则和指令规程等内部文献。当然，该法也对哪些信息可以保密进行了规范。依据该法相关规定，先后共有九类信息不得公开，包括涉及国家安全的秘密信息、涉及个人隐私的信息等等。如果有机构或个人申请要求情报机构公开某项涉密信息，那么具有管辖权的地区法院可以依法对该申请进行听证，并最终决定该信息是否可以被公开。

2. 《机密信息程序法》。1980年，美国国会通过了《机密信息程序法》。该法共16条，详细规定了在危害国家安全的案件中如何开展预审、审判和上诉工作。通过详细规定各类程序和规程，该法确保了各类机密信息在整个诉讼过程中不会被泄露。当然，该法仅适用于涉及机密信息的刑事案件。由于该法明确禁止在法庭审判中披露各类政府内部的秘密情报，但这并不是说一切秘密信息都不得公布。一般情况下，在开庭前，政府有权知道被告人掌握了什么样的秘密信息，这样就可以有效评估该信息对国家安全有何影响。同时，这也可以有效避免犯罪分子以公布国家秘密要挟政府，与政府讨价还价，开展各类诉讼交易。

3.《2002 年国土安全信息共享法》。该法是《2003 年财年情报授权法》的第 7 章，由于该章对国土安全情报的共享具有重要指导意义，因此也单独命名为《2002 年国土安全信息共享法》。该法创立的主要目的是促进联邦政府、州政府以及各基层单位之间实现情报共享，以应对各类恐怖主义威胁。该法指出，联邦政府各机构不应以涉密为由拒绝提供各类信息以帮助其他机构打击恐怖主义。依照该法规定，联邦政府可向相关机构和个人颁发涉密许可证，共享各类涉密信息，以共同应对恐怖主义威胁。该法对于如何实施共享，如何依法授权以及如何开展协调工作都进行了较为详细的阐述，因此，对于规范情报共享具有重要指导意义。

（五）管理国家情报其他事宜的法律

还有一些涉及国家情报管理其他事宜的法律，该类法律数量不多，主要规范的都是情报领域的其他杂项事务。下面仅列举最有代表性的 2 部法律进行阐述：

1.《1996 年战争罪法》。美国国会于 1996 年通过该法。该法的主要目的是惩治犯有战争罪的罪犯。不过该法中有关条款也对防止国家情报机构滥用职权具有重要指导意义。依据该法，国家情报机构不得刑讯逼供，不得违反人权，不得开展生化试验，不得从事谋杀活动等等。如果国家情报机构或相关人员犯有战争罪，则应依法对其判处罚金及监禁，如果致人死亡，则最高可判处死刑。

2.《2005 年囚犯待遇法》。美国国会于 2005 年 12 月通过该法，主要目的在于防止国家情报机构对各类囚犯实施酷刑和刑讯逼供。该法第 1002 条规定，未获得相应的授权和许可，无人可对国防部管辖下的囚犯实施刑讯逼供。该法第 1003 条还规定，囚犯在囚期间，禁止美国政府内任何人对其实施不人道的体罚和残忍的虐待。但是对于合法的刑讯逼供，该法也特意网开一面，并特意偏袒和保护美国政府及所属人员。该法第1004条规定，当美国政府特工或军方情报人员获得合法授权后，可依法对恐怖分子嫌疑人进行刑讯逼供。其刑讯逼供行为可免于被起诉。此外，该法还规定，在实施刑讯逼供时，相关人员应遵循陆军野战手册的相关规定，不应超出该规定的范围实施刑讯逼供。而美国上诉法院也有权接受相关申诉，审查各刑讯逼供行为是否合法合规。

三、总统发布的涉及国家情报管理的法令

法律效力位于第三位的是总统发布的行政命令及其他各类总统指令①。从历史上看，行政命令是总统最重要的行政工具之一。虽然自首任总统乔治·华盛顿就已经开始颁布行政命令的雏形，但是当时的行政命令既没有编号，也不会留有记录。这一惯例直到1907年才被打破。至今总统发布的行政命令已编有1万多号，其中涉及国家情报管理事务的行政命令也成为美国国家情报管理法规体系的重要组成部分。② 而除了行政命令外，美国总统还颁布了其他指令，其中不少也涉及国家情报管理事务，不过由于这些指令大都属于涉密文件，因此从公开来源渠道无法获取这些指令的详细情况，本书中只列举出这些法令的具体类型和名称（具体情况参见表1—2）。

表1—2　涉及国家情报管理的历届总统指令名称汇总表③

时间	总统任期	名称
1947—1961	杜鲁门－艾森豪威尔时期	国家安全委员会文件（NSC）
1961—1969	肯尼迪－约翰逊时期	国家安全行动备忘录（NSAM）

---

① 本书中的总统指令如表1—2所示，不仅包括各类总统指令，也包括各类正式备忘录等具有指令性效果的文件。

② 具体行政命令的颁布情况参见文后附录。

③ 自尼克松总统开始，历届美国总统都会发布两类总统指令，这两类总统指令名称虽然多变，但是历届总统基本都将其保留了下来。另外，自小布什总统开始，美国总统新增加一项国土安全总统指令。

续表

时间	总统任期	名称
1969—1977	尼克松－福特时期	国家安全研究备忘录（NSSM）
1969—1977	尼克松－福特时期	国家安全决策备忘录（NSDM）
1977—1981	卡特时期	总统审查备忘录（PRM）
1977—1981	卡特时期	总统指令（PD）
1981—1989	里根时期	国家安全研究指令（NSSD）
1981—1989	里根时期	国家安全决策指令（NSDD）
1989—1993	老布什时期	国家安全审查（NSR）
1989—1993	老布什时期	国家安全指令（NSD）
1993—2001	克林顿时期	总统审查指令（PRD）
1993—2001	克林顿时期	总统决策指令（PDD）
2001—2009	小布什时期	国家安全总统指令（NSPD）
2001—至今	小布什－奥巴马时期	国土安全总统指令（HSPD）
2009—至今	奥巴马时期	总统研究指令（PSD）
2009—至今	奥巴马时期	总统政策指令（PPD）

总体上看，历届总统对于国家情报管理的法令数量较多，种类也纷繁复杂，仅以最具代表性的行政命令为例，进行阐述说明。目前已经解密的行政命令中至少有 33 份涉及国家情报管理。而其中最重要的一份行政命令是《第 12333 号行政命令》。该法令虽然早在 1981 年就由里根总统颁布实施，但是直至今日，该行政命令仍然有效，并未被废止。此外，在该法令颁布后的二十多年时间里，该法令始终未被修正，直到进入 21 世纪，小布什总统才对其做出一定程度地修正。总体上看，该法令的法律地位不但没有随着时间的推移

而不断减弱，相反，其法律地位反而不断提升。在美国情报界内，该行政命令的实际效用和指导意义甚至只略逊于《1947 年国家安全法》，在美国国家安全委员会、国家情报主任和其他国家情报管理者发布的各类情报指令和管理政策中，《第 12333 号行政命令》都成为其实施管理的重要授权来源和法理依据。由此可见，总统发布的各类法令也属于规范国家情报管理的重要法规。

四、国家安全委员会、国家情报主任、司法部长发布的各类情报指令和政策

法律效力位于第四位的是国家安全委员会、国家情报主任、司法部长发布的各类情报指令和政策。美国国家安全委员会作为美国国家安全最高决策咨询机构，其主要成员也都是非常重要的国家情报用户。因此，该委员会本身也成为了最重要的国家情报用户之一。在国家情报管理领域，其地位和重要性也不言而喻。其发布的各类情报指令对美国情报界的工作重点、任务分派和长期规划也具有较强的指导意义。例如，根据《1947 年国家安全法》的授权，美国国家安全委员会发布了一系列情报指令，先后把协调全美情报搜集、对外人力情报活动及反情报活动的部分权力交给了中央情报局。其中于 1947 年 12 月发布的第 1 号情报指令“任务与职责”（NSCID No. 1：Duties and Responsibilities）就规划了美国情报机构之间的协调和统一问题，该指令还进一步细化了情报协调政策的制定和落实程序。[①] 而同期颁布的第 5 号情报指令更是明确赋予了中央情报局实施对外人力情报活动的权力。这些指令都是国家安全决策层对情报界的重要指导，对国家情报管理具有重要的指引和规范意义。

但是今天，国家安全委员会已经不再公开发布情报指令，这一职能已经转交给国家情报主任，由其发布各类情报指令、战略和政

① National Security Council Intelligence Directives No. 1：Duties and Responsibilities. Available at http：//www. state. gov/www/about_ state/history/intel/422_ 435. html.

策指南等法规管理整个美国情报界。如历年的国家情报战略、情报界指令（Intelligence Community Directives，简称 ICD）、情报界政策备忘录（Intelligence Community Policy Memorandum，简称 ICPM）和情报界政策指南（Intelligence Community Policy Guidance，简称 ICPG）等。这些由美国国家情报主任颁发的指令和政策针对性较强，同时与日常工作紧密相关，也是实施国家情报管理的重要章程和规范。例如，2006 年 5 月，国家情报主任颁布的第 1 号情报界指令："情报界领导体制的政策指令"（Policy Directive for Intelligence Community Leadership）就援引《第 12333 号行政命令》的相关条款，创设了数位情报主管，统一管理特定业务领域的国家情报事务。其中，中央情报局局长担任人力情报主管，统管全美人力情报；国家安全局局长则负责全美信号情报；国家地理空间情报局局长则负责全美地理空间情报等。

司法部长针对情报事务发布的各项指导方针也是国家情报管理法规体系的重要组成部分。美国司法部长地位比较特殊，他不仅是内阁成员，而且是美国政府的总监察长和政府首席律师。他的主要职责包括代表政府向最高法院提出诉讼并处理涉及政府的法律事务。此外，他还负责为总统和其他部门首脑提供法律咨询建议。2002 年以后，为了进一步规范和管理好情报机构，司法部长发布了一系列指导方针。例如，《联邦调查局对外情报与反情报调查情报共享程序》《披露大陪审团及电子、无线电和口头截获信息所属人身份的指导方针》《关于向中央情报主任和国土安全官员披露在犯罪调查中查获的对外情报的指导方针》《关于迅速处理对外情报源可能参与犯罪活动的指导方针》《司法部长针对联邦调查局国内行动的指导方针》《确保在发展与使用信息共享环境下保护美国公众信息隐私与合法权力的指导方针》等。这些指导方针不仅规范了联邦调查局的相关情报活动，同时对于整个情报界也具有较大的约束力。

当然，除了上文提到的四类国家情报管理法规外，还存在其他的情报管理法规。如国务卿、国防部长等政府首脑针对部分情报机构颁发的各项指令、指针等，以及军方颁布的各类条令条例，甚至情报界各机构内部的规章规范等。这些情报管理法规与上文提到的四类法规相比，其法律效力略低，适用范围也较窄，都属于部门性质的法规，例如国防部长指令只适用于军方的各家情报机构、国务卿发布的各项指令也只适用于国务院下属的情报与研究局等。这些法规并不属于国家层面的情报管理法规，因此就不一一探讨。而司法部门通过判例形成的各类判例法，大多涉及具体的情报管理行为和管理活动，与成文法相比，不够宏观和规范，影响力也不如成文法，在此不再另行赘述。

总之，这四类法规共同构成了国家情报管理法规体系。且各类法规之间层次分明，体系严密。例如，各部国家情报管理法律在开篇都会写明，制定该法的授权依据源于宪法授权成立的参众两院；以行政命令为代表的各类总统法令在开篇也都会写明，制定该法令的授权依据源于宪法和各类法律；国家安全委员会、国家情报主任和司法部长发布的各类情报指令和政策也都会在开篇写明，其授权依据源于各类法律和行政命令等法规。

1947年国家安全法

1947年国家安全法

（公法第235号 1947年7月26日：参议院议案第496号）

本法为了促进国家安全，特设立国防部长、国家军事机构、陆军部、海军部和空军部，同时本法还对国家军事机构与政府内其他国家安全部门之间的协调活动进行了规范。

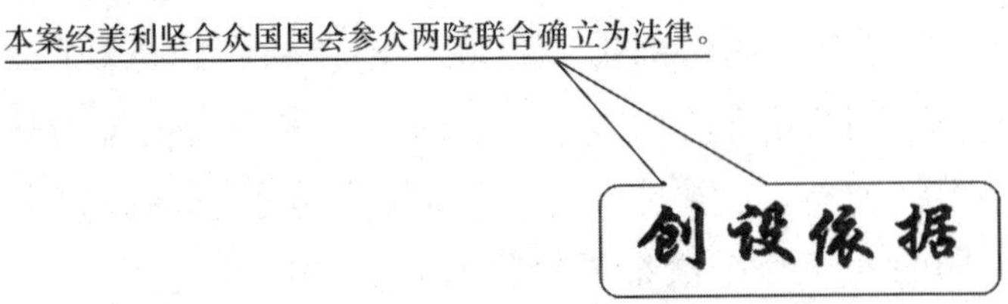

图1—1 《1947年国家安全法》的创设依据

第12333号行政命令

第12333号行政命令
美国情报活动

（联邦公报第40册 第235号，1981年12月8日，经2003年第13284号行政命令、2004年第13355号行政命令、2008年第13470号行政命令修正）

序言

有关外部国家、外部组织、外部人员及其代理人的活动、能力、计划和目的的及时、准确和深刻的信息对美国的国家安全至关重要。为了保证美国能够得到尽可能优质的情报，可以动用所有合理、合法的手段。出于该目的，凭借美国宪法和法律所赋予的权利，包括《1947年国家安全法》及其修正案，我作为美国总统，为了令美国切实有效地开展情报活动，并维护宪法的权利，我发布如下命令：

创设依据

图1—2　《第12333号行政命令》的创设依据

美国情报界指令

第203号

分析标准

（2007年6月21日生效）

A．授权：《1947年国家安全法》及其修正案；《2004年情报改革与防止恐怖主义法》；《第12333号行政命令》及其修正案；以及其他适用的法律条款。

创设依据

图1—3　《第203号情报界指令》的创设依据

由此可见，上位法规常常作为下位法规的授权来源和创立依据，而下位法规则是上位法规的具体落实和层层细化。这些法规之间相互依存，彼此关联，依靠法律效力的差别形成了较为明显的层级关系。共同保证了国家情报管理的有序施行。

第二章　美国国家情报管理组织的建构

美国源自欧洲，因此其法制发展模式既有英国的影子也留有法国的痕迹，但其历史的特性使美国既不能完全沿袭英国之路，也不能照搬法国的模式，而是在两者的基础上开创一条由自己设计的法制之路。在国家情报管理问题上，美国人也同样具有一定的开创精神。他们不断创设和完善国家情报管理法规，将其组建为一套较为完备的国家情报管理法规体系，并将其作为建构国家情报管理组织的基础和前提。无论是设立各类国家情报管理职位和机构[①]，还是确定各管理职位和机构的职能使命，或是设置其相应的人事规则，美国人都以这套国家情报管理法规体系为基础。通过法的严肃性、强制性、规范性和全面性，令国家情报管理组织具有权威性和系统性，同时赋予了该管理组织以管理权力。这也让美国的国家情报机构在各个历史时期能够较为从容地应对国家安全形势的波谲云诡和国家情报需求的不断变迁。

第一节　设立管理职位和机构

孟德斯鸠曾经说过："法是具有一种根本的理性存在着。"[②] 从法创立的过程上看，它是人们实践经验和科学理论的结合与凝练，

---

① 在美国国家情报管理组织的建构过程中，一般先依法设立各重要管理职位，然后再根据该管理职位的需求设立相应的管理机构作为辅助和保障单位。这种建构管理组织的方法与我国存在一定的差异。

② 查理·路易·孟德斯鸠：《论法的精神》，曾斌译，京华出版社，2000 年版，第 33 页。

里面包含着人类对自然、社会以及自身的认知。因此，美国人从建国之初就运用法的力量建立起了三权分立的宪政体制，并积极运用各种法规组建政府机构以实现国家管理的理性化和科学化。而各类国家情报管理职位和机构作为美国政府的天然组成部分，自然而然也遵循依法设立的原则。在这些法规中，对设立管理职位和机构影响最大的两部法律分别是《美利坚合众国宪法》和《1947 年国家安全法》。宪法作为国家的根本大法，创设了美国国家情报法制管理的最高领导人和监督方，而《1947 年国家安全法》作为美国国家情报法制管理的重要宪章，创设了国家情报法制管理的最高行政管理机构、主要负责人及下属机关。以这两部重要法律为法理依据，整个美国国家情报管理中最重要的管理职位和管理机构得以正式依法确立。

一、依据宪法设立最高领导人和监督方

《美利坚合众国宪法》开篇的序言中就提出了美国人创立宪法的原因。虽然从字面上看，这些原因中并没有直接提及情报或者国家安全等字眼，但是无论是“保障国内的安宁”[①]，还是“增进全民福利和确保我们自己及我们后代能安享自由带来的幸福”[②] 都离不开一支强大的情报力量。没有强大的国家情报机构维护国家安全，宪法中的绝大部分美好愿望都只是一厢情愿的镜花水月。因此，从这个意义上看，宪法开篇的序言就指明了美国国家情报机构的奋斗目标。当然，为了实现这个宏大的目标，美国国家情报机构必须有最高领导人肩负起引路和领航的责任，这也是任何管理活动的内在要求和客观规律。而美国人出于对人性的不信任，又依照分权制衡的原则，设立了国家情报管理的重要监督方。通过国家情报领导权和监督权

① Office of General Counsel, *Intelligence Community Legal Reference Book*, Office of the Director of National Intelligence, Winter 2012, p. 1.

② Ibid..

的分立确保了国家情报管理能够依法有序，完成维护国家安全的重要使命。

（一）宪法赋予总统国家情报最高领导人的地位

情报作为军事斗争的产物，自产生以来就与决策和军事行动具有千丝万缕的联系。它作为保障决策和赢取战争胜利的必备工具，历来都与决策和军事行动紧密相连。从美国独立战争的历史上看，军方也是最早组建情报机构和实施情报活动的部门，而时任大陆军的总司令乔治·华盛顿也是美国首任情报长官①，因此，在战争时期，军方最高统帅理应作为国家情报最高领导人。只有如此，才能保证情报与作战力量有效结合，共同赢取战争的胜利。而在和平时期，情报是支援国家决策者制定国家安全政策的有力工具，它也是国家安全决策中必不可少的重要支援和保障力量。因此，从情报服务于决策这个角度上看，国家安全最高决策者也应是国家情报最高领导人。有鉴于此，战时由军方最高统帅担任国家情报最高领导人，而和平时期由国家安全政策最高决策者担任国家情报最高领导人最符合国家情报管理的客观规律和内在逻辑。当然，各国通行的做法是将这两个职位进行合并，即和平时期的国家安全最高决策者在战时也担任军方最高统帅。这种职位安排也便于保持国家安全政策的连续性和国家安全力量的有效运用。

而美国宪法第二条第一款规定："行政权力赋予美利坚合众国总统。"② 该条第二款还规定："总统为合众国陆海军总司令……其有权提名，并经参议院同意后任命大使、公使及领事、最高法院的法官，以及一切其他在本宪法中未经明定，但以后将依法设立的合众

---

① 独立战争时期，乔治·华盛顿积极运用情报力量服务于作战行动。他不仅亲自组建了各类间谍网络和选派间谍人员，同时也亲自制订情报搜集计划和听取情报报告。由于他对情报的高超运用，使得美国独立战争最终取得了胜利。参见任国军：《美国军事情报文选》，军事科学出版社，2007 年版，第 36 页。

② Office of General Counsel, *Intelligence Community Legal Reference Book*, Office of the Director of National Intelligence, Winter 2012, p. 7.

国官员。”[①] 通过宪法中这两个条款的规定，总统既是美国军方的最高统帅，也是行政机构最高首脑。他有权组建政府并在参议院的同意下任命高层官员。这也令其成为制定国家安全政策的最高决策者和施政者。因此，从宪法的相关条款上看，总统即是国家安全最高决策者也是军方最高统帅。而以宪法为法理依据，美国总统名正言顺地成为了美国国家情报的最高领导人。

当然，总统顺利获得国家情报最高领导权的道路也并非毫无波折。在美国建国之初的制宪会议上，具体由总统还是国会担任国家情报的最高领导曾引起过一番争议。由于独立战争中情报曾发挥了重要作用，它又是制定决策的核心和关键，因此，在制宪会议上对于情报的归属问题曾引发了激烈辩论。对于这个问题，美国建国后的首任联邦法院首席大法官约翰·杰伊[②]在《联邦党人文集》中旗帜鲜明地亮出了自己的观点：“在有些情况下，如能使掌握情报的人不必顾虑会被暴露，往往可以由此取得极其有用的情报。不论情报是有利可图还是出于友善动机，这种顾虑总会存在；无疑，其中许多人只肯信赖总统为之保密，却不肯信赖参议院，更不肯信任人数庞大的众议院。所以，制宪会议……的安排是很得当的。”[③] 在以杰伊为代表的联邦党人的强烈呼吁下，总统得以顺利获得了国家情报的行政领导权。而情报机构也顺理成章地成为了政府机构的重要组成部分，而非国会的下属机构。

（二）宪法赋予国会和联邦最高法院国家情报重要监督方的地位

在制定宪法时，美国的建国先驱们对于人性本恶的悲观思想加上对权力本质的深刻认识，令其想方设法对政府的权力加以限制。

---

① Office of General Counsel, *Intelligence Community Legal Reference Book*, Office of the Director of National Intelligence, Winter 2012, p. 7.

② 约翰·杰伊（John Jay）在美国独立战争时期主管美国的反情报工作，并在该领域做出了突出贡献，同时他还是著名的政治家、革命家、外交家和法学家，同时也是《联邦党人文集》的作者之一。

③ 汉密尔顿、杰伊、麦迪逊：《联邦党人文集》，程逢如等译，商务印书馆，1989 年版，第 328 页。

其主要做法就是创设了立法部门和司法部门。换句话说，国会和联邦最高法院本身就是为了防止行政部门过于强大而设立的监督和制衡机构。二者主要通过手中分别掌握的立法权和司法权确保总统的行政权不会过分扩张而危害到人民的民主和自由。因此，国会和联邦最高法院天生就适合担任国家情报的重要监督方。

而具体来说，宪法第一条第一款规定："本宪法规定的全部立法权归于参众两院组成的国会。"① 而宪法第一条第八款规定："（国会）应制定必要和适当的法律以令行政机构履行上述权利及本宪法所赋予政府各部门的其他法定权力。"② 这两条条款令国会有权依法制定国家情报管理法律，同时也间接规定了国家情报机构必须以国会立法为基础行使各类法定权力。因此，以宪法赋予的立法权为基础，国会也具备了成为国家情报重要监督方的资格和实力。

而依据宪法第三条第一款的规定："合众国的司法权属于一个最高法院以及由国会随时下令设立的低级法院系统。"按照该条款，联邦最高法院作为司法部门的代表拥有最高司法权。而宪法第三条第二款还规定联邦最高法院具有一定程度的初审权和较为广泛的上诉审理权。由于宪法是国家的根本大法，因此，依宪法建立的联邦最高法院也具有较大的权威，可以调节行政部门和立法部门之间的冲突与矛盾。在国家情报管理上，对于国家情报机构的各种违法行为，以联邦最高法院为代表的各级法院可依法对其实施审判，而形成的判例也成为约束国家情报机构的重要法律。因此，从这个意义上看，联邦最高法院也是国家情报重要监督方之一。

二、依据《1947年国家安全法》设立最高行政管理机构、主要负责人及下属机关

总统作为国家情报最高领导人，肩负着管理全美情报系统的重

---

① Office of General Counsel, *Intelligence Community Legal Reference Book*, Office of the Director of National Intelligence, Winter 2012, p. 1.

② Ibid., p. 6.

大责任，但是由于他同时还肩负着其他行政职责，很难有时间和精力事必躬亲，加之各情报机构专业性较强，作为外行的总统也难以完全胜任复杂繁琐的国家情报管理工作。因此，总统需要安排专门的负责人代其行使国家情报管理职权。此外，由于美国情报界成员数量众多，且绝大部分情报机构都从属于不同的政府部门，因此总统也需要有专门的管理机构实施协调和指导并规划整个美国情报界的发展方向。有鉴于此，总统需要授权设立国家情报最高行政管理机构并寻找相应的负责人辅助其履行国家情报管理职责。而为了令国家情报最高行政管理机构和主要负责人具备合法性并依法享有管理权力，美国国会于1947年颁布了《1947年国家安全法》，以该法为基础，美国创设了国家情报最高行政管理机构、主要负责人及下属机关，也令总统的国家情报管理权进一步分解和细化，确保其国家情报管理权能够有效落实。

（一）依法设立国家情报最高行政管理机构

总统在制定有关国家安全的重要决策时，除了需要国家情报提供服务和保障，还需要积极听取各政府部门首脑的有益建议。只有如此，他才能充分权衡利弊，做出正确的决定。因此，总统需要一个可以召集各部门首脑咨询和讨论国家安全问题的决策平台。出于这一考虑，美国国会颁布的《1947年国家安全法》中明文规定“兹设立一个委员会，名为国家安全委员会。”[①] 在之后的数十年时间里，国家安全委员会成为了美国最重要的国家安全决策平台，也在国家情报管理中发挥了不可替代的重要作用。[②] 它比“任何其他团体都更

---

① Dennis Merrill, *Documentary History of the Truman Presidency*, University Publication of America, 1998, p. 184.

② 当然，国家安全委员会的创建也并非一帆风顺。其实早在二战结束之际，时任海军部长的詹姆斯·福莱斯特尔就任命他的私人顾问费迪南德·埃伯斯塔特召集一个研究小组，就战后军事和政府体制的改组进行了专项研究。该小组最后撰写了一份报告，提出美国必须设立国家安全委员会。但是，最初起草和推动该研究报告的福莱斯特尔部长和埃伯斯塔特并非根据总统的授意开展研究。因此，这两人力主扩大国家安全委员会中各部门领导在国家安全问题上的发言权，他

具影响力，更能左右时代的脉搏，更能决定未来的发展方向”，“这个不停变化的‘委员会’是众所周知最具权力的组织”。[①]当然，这个平台内的各法定成员本身也都是国家情报用户，而且作为国家情报最高领导人的总统又亲自担任委员会主席，再加上原本国家情报就是发挥支援国家安全决策的作用。因此，在种种因素的共同作用下，国家安全委员会也顺理成章地成为了国家情报最高行政管理机构，并发挥着管理国家情报的作用。

此外，依照《1947 年国家安全法》第一章第 101 条 h 款的规定，“国家安全委员会下设对外情报分委员会”，[②]而该分委员会专门负责协助国家安全委员会履行国家情报管理职责，也是国家安全委员会中主管国家情报事务的专职管理机构。此外，该分委员会主席由总统国家安全事务助理担任。而总统国家安全事务助理还兼任国家安全委员会幕僚队伍的首脑[③]，他的政治地位“相当于内阁成

（接上页脚注）们设计该机构的初衷是为了以制度化的集体决策弱化总统在制定国家安全政策上的权利，充分利用这种集体决策机制，制衡总统的独断专行。但是杜鲁门总统利用《1947 年国家安全法》中对国家安全委员会的模糊定位，将该机构定性为总统的决策咨询机构。在 1949 年对《1947 年国家安全法》进行修正时，该委员会更是被明确定位为“总统在制定对外政策、进行危机管理等方面的顾问和咨询机构。”杜鲁门之后的历任总统也总是从捍卫和扩张总统权力的立场上为了自己的政治目标而利用该机构。国家安全委员会正式变成了一个国家安全事务的咨询和建议机构，也成为了总统实施国家安全决策的重要平台。

① 戴维·罗特科普夫：《美国国家安全委员会内幕》，孙成昊、赵亦周译，商务印书馆，2014 年版，第 5 页。

② Office of General Counsel, *Intelligence Community Legal Reference Book*, Office of the Director of National Intelligence, Winter 2012, p. 30.

③ 按照《1947 年国家安全法》的规定，总统国家安全事务助理担任国家安全委员会幕僚队伍的领导，刚开始这支幕僚队伍只是一个很小的顾问班子，但是久而久之，随着国家安全委员会的发展变化，这支队伍的力量势不可挡，越来越强大。如今，它已成为一支相当庞大的政府机构，其员工人数比一些内阁级别的部门还要多，拥有的权力甚至比大多数更为庞大的主要行政机构都大。而作为领导的总统国家安全事务助理也拥有了强大的政治地位，甚至有时他能主持各类部长级会议。总统也会亲自与其商谈国家安全问题，并更加相信其意见和建议。著名的总统国家安全事务助理包括亨利·基辛格、布伦特·斯考克罗夫特、兹比格纽·布热津斯基、科林·鲍威尔等。参见戴维·罗特科普夫：《美国国家安全委员会内幕》，孙成昊、赵亦周译，商务印书馆，2014 年版，第 15—16 页。

员”，并且“具有同内阁成员一样的权力，有时甚至……拥有的权力更大”。[①] 由此可见，安排如此重要的高官担任该分委员会主席充分说明对国家情报管理的重视程度。而专设对外情报分委员会也更加明确了国家安全委员会作为国家情报最高行政管理机构的地位和作用。

（二）依法设立国家情报主要负责人和下属机关

依照《1947 年国家安全法》的相关规定，国家安全委员会负责依据总统指示提出国家情报需求、拟定国家情报优先目标、制定国家情报活动的各类政策、确定情报界各部门的职责和使命以及开展各类高层协调、指导和评估活动。总的来说，国家安全委员会只负责指明国家情报的发展方向，制定各类大政方针，但不负责具体政策的执行和落实。因此，美国国家情报管理组织中需要一个能够承接总统和国家安全委员会各类政策，同时也负责向下传达并具体组织实施各类政策的负责人。这一承上启下的职位对于国家情报管理政策的落实具有至关重要的作用。同时，他还应是总统在国家情报管理上的法定代表，代表总统统管全美情报机构。因此，他不仅需要具备较为高超的行政管理能力，还需要具备较为丰富的一线工作经验。

为了赋予该管理职位以管理权威，美国人再次运用立法的方式创设了该职位。原版《1947 年国家安全法》在第 102 条第 1 款明确提出设立中央情报主任一职，代表总统管理和协调整个美国情报界的情报活动。[②] 该职位的职能定位历经半个多世纪虽然得到不断强化，但是从根本上看并没有发生太大的变化。直到 2004 年，美国国会颁布了《2004 年情报改革与防止恐怖主义法》，才对中央情报主任的职位进行了较大幅度的改革。依据《2004 年情报改革与防止恐

---

① 戴维·罗特科普夫：《美国国家安全委员会内幕》，孙成昊、赵亦周译，商务印书馆，2014 年版，第 15—16 页。

② Dennis Merrill, *Documentary History of the Truman Presidency*, University Publication of America, 1998, p. 185.

怖主义法》的相关规定，原中央情报主任被国家情报主任所取代。国家情报主任也成为总统的新任法定代表和国家情报管理的主要负责人，发挥承上启下的管理作用。因此，从这些史实中我们发现，无论是中央情报主任还是国家情报主任，其管理职位的确立和管理权力的赋予都源自国会颁布的重要法律。而这种依法设立重要管理职位的做法也成为了美国国家情报管理中约定俗成的行为习惯。

当然，为了让国家情报主要负责人履行其职责使命，必然需要设立由其直辖的行政管理机构。无论是中央情报主任时期，还是国家情报主任时期，这一客观需求并没有本质区别。在中央情报主任时期，依据《1947 年国家安全法》的规定，下设中央情报局作为其直辖单位，实施国家情报管理，但是由于当初法律规定较为模糊，而且中央情报主任本身的职权又严重不相符，导致中央情报局越来越沦落为一家业务单位而非管理和协调机构。这一现象直到 2004 年的情报大改革之后，才有所缓解。依据《2004 年情报改革与防止恐怖主义法》的规定，设立国家情报主任办公室，作为国家情报主任的直辖机构，辅助国家情报主任履行各项法定职责①。由此可见，无论在任何时期，国家情报主要负责人的下属机关也都是依法设立。而且也只有如此，该机构才能合法获得各类管理资源和管理权力，并完成好辅助国家情报主要负责人的重要职责。

第二节　确定管理职位和机构的职能使命

在美国整个国家情报管理体制中，除了国家情报最高领导人、重要监督方、最高行政管理机构、主要负责人及下属机关等各类管理职位和管理机构全部依法创设外，这些管理职位和管理机构的职

① 由于《2004 年情报改革与防止恐怖主义法》中部分内容是对《1947 年国家安全法》的修正，因此其修正内容既属于《2004 年情报改革法》也属于新修正后的《1947 年国家安全法》。参见 Office of General Counsel, *Intelligence Community Legal Reference Book*, Office of the Director of National Intelligence, Winter 2012, p. 55.

能使命也全部有法可依，有据可循。在《美利坚合众国宪法》《1947 年国家安全法》和《第 12333 号行政命令》等重要法规文献中，这些管理职位和管理机构的职能使命都有较为明确的界定和规范。这样也保证各级管理者和管理机构能够在法定界限内合法行使自己的职权，充分履行自己的职责使命，不至于偏离预设的轨道，步入违法滥权的深渊。

一、总统、国会和联邦最高法院的职能使命源自宪法

正如前文所述，依据宪法相关规定，设立总统为国家情报最高领导人，国会和联邦最高法院为国家情报重要监督方。这种国家情报管理权的分立也符合美国三权分立的宪政体制。换句话说，这种管理权的分立也是美国三权分立的宪政体制在国家情报管理领域的倒影和投射。但是由于宪法是国家的根本大法，其法条陈述的都是一些基本原则。因此，对于总统、国会和联邦最高法院在国家情报管理上的具体职能和使命，宪法并没有特别予以说明和规范。但是，这些具体职能和使命都可以在宪法中找到法律源头和出处。因此，归根结底，总统、国会和联邦最高法院的职能使命源自宪法。

（一）总统的职能使命源自宪法

总统作为美国国家情报最高领导人，是最重要的国家情报用户，也是各类国家安全政策的最高决策者和决策核心，因此，他也肩负着管理国家情报的重大职责。当然，由于情报管理专业性较强，而总统又政务缠身，因此，他并不负责具体的国家情报管理事务。概括起来，他在国家情报管理上的职能使命就是制订和审核整个美国情报界的大政方针，令情报界能够及时高效地满足其情报需求，帮助其获取决策优势，辅助其治理国家并最终实现维护国家安全的根本目标。而具体来说，总统的职能使命覆盖范围较广，不仅包括创设改组各国家情报机构，也包括选派任免高级管理官员；不仅包括审核签批国家情报项目，也包括提交汇报总体运行情况。可以说，事关整个情报界的大事要事都需要总统做出重要裁决。

而总统在国家情报管理上的所有职能使命，追根溯源全部源自宪法。例如，宪法第二条第二款规定："总统有权提名，并经参议院同意后任命大使、公使及领事、最高法院的法官，以及一切其他在本宪法中未经明定，但以后将依法设立的合众国官员。"① 这一规定，令总统可以在国会的配合下选派任免高级情报管理官员②。而宪法第二条第三款规定："总统应经常向国会报告联邦情况，并向国会提出他认为必要和适当的措施供其参考。"③ 这一规定也确定了总统需定期和不定期向国会提交国家情报运行的评估报告以供国会了解美国情报界的运行情况。而根据美国宪法第一条第七款的规定，所有国会立法都必须得到总统的签批才能正式成为法律，如果没有总统的签批则国会两院需分别以 2/3 的绝对多数赞成票才能强行将该法案通过成为法律。④ 这一规定也令总统在国家情报项目的审核和授权上具有了重要的发言权。而在国会的配合下，总统可以审批情报界的各类情报活动并拨付情报资源。至于总统的其他职能使命全部涵盖在宪法第二条第一款的规定中——"行政权力赋予美利坚合众国总统。"⑤ 这一规定虽然只有短短的 14 个字，却是总统组建联邦政府、行使国家行政权、担任国家情报最高领导人的根本依据。以此为法理依据，总统有权领导整个美国情报界，并可以依据宪法赋予的权力发布各类总统令和行政命令对国家情报实施规划和指导。由于这些法令源自宪法授权，因此其也具备较高的法律效力，是整个美国情报界运行的重要准则和规范。而通过颁布法令，总统可以在行政

① Office of General Counsel, *Intelligence Community Legal Reference Book*, Office of the Director of National Intelligence, Winter 2012, p. 7.

② 当前由总统提名并经参议院审核同意的情报界高层领导包括：国家情报主任、国家情报常务副主任、情报界总顾问、情报界监察长、中央情报局局长、国家反恐中心主任等。

③ Office of General Counsel, *Intelligence Community Legal Reference Book*, Office of the Director of National Intelligence, Winter 2012, p. 9.

④ Ibid. , p. 4.

⑤ Ibid. , p. 7.

部门内创立情报管理机构①，也可以控制和规范整个情报界的运行情况。因此，总体上看，总统的职能使命源自宪法。

（二）国会和联邦最高法院的职能使命源自宪法

由于宪法将国家的立法权和司法权分别授予国会和联邦最高法院，因此二者也顺理成章地成为了国家情报管理的重要监督方，负责制衡总统在国家情报管理上的行政领导权，并监督整个情报界的依法运行。而无论是国会，还是联邦最高法院，其在国家情报管理上的职能使命也都拥有坚实的法理依据。仔细分析后我们发现，国会和联邦最高法院的职能使命都可以在宪法的条文中找到依据和理由。

从国会的角度看，其在国家情报管理上的主要职能使命包括：创设和改组国家情报机构；审核和任命情报界高层官员；制订情报界基本运行规则；授权情报项目并拨付情报资源；审查和评估情报界运行情况等。而所有这些职能使命全部都可在宪法的条文中找到出处和来源。例如，宪法第一条第一款规定："本宪法规定的全部立法权归于参众两院组成的国会。"② 依据该条款，国会可以通过制定法律而创设或改组任何国家情报机构，甚至可以对整个国家情报体制进行根本性的变革。③ 因此，该法条也间接赋予了国会创设和改组

---

① 从历史上看，总统经常利用法令创立情报管理机构。例如二战后，杜鲁门总统曾通过行政命令组建中央情报组，并利用该机构管理和协调国家情报活动；1969 年 3 月，尼克松总统发布《第 11460 号行政命令》创立总统对外情报顾问委员会，作为总统直属的情报顾问机构；1981 年 12 月，里根总统发布《第 12334 号行政命令》创立总统情报监督委员会，作为总统直属的情报监督机构；2004 年 8 月，小布什总统发布《第 13354 号行政命令》创立国家反恐中心，负责全美反恐情报汇总、融合和分析等。但是由法令创立的机构其地位并不稳固，可以随着总统的更迭而发生变化，因此，对于重要的情报管理机构，总统和国会一般通过创立法律的形式提升其法律地位，确保其合法获得国会拨付的年度预算，并令其拥有更强的合法性。

② Office of General Counsel, *Intelligence Community Legal Reference Book*, Office of the Director of National Intelligence, Winter 2012, p. 1.

③ 如《1947 年国家安全法》和《2004 年情报改革与防止恐怖主义法》都是国会制定用以创设和改革整个国家情报管理制度的重要法律。当然，按照宪法规定，国会制定的法律需要得到总统的签批才能正式生效，因此，总统在情报管理制度的创设和改革中也具有重要的发言权。

国家情报机构的职能。而宪法第二条第二款关于总统任命高级官员的规定中也特意强调了参议院在高层人事任命上的建议权和同意权，这也凸显了国会在美国情报界高层人事安排上的重要作用。当然，宪法第一条第八款还规定："（国会）应制定必要和适当的法律以令行政机构履行上述权利及本宪法所赋予政府各部门的其他法定权力。"[①] 这一条也令国会肩负为美国情报界制订基本运行规则的重要职责。至于国会在情报项目审核和情报资源拨付上的职责使命则源自宪法第一条第九款的规定："未经法律允许，财政部不得拨付任何资金。"按照该条款的规定，国会需审核年度情报预算申请并审批授权年度情报项目。而国会审查和评估情报界运行情况的职责则间接源自宪法第二条第三款规定："总统应经常向国会报告联邦情况，并向国会提出他认为必要和适当的措施供其参考。"[②] 这一法条虽然直接规定的是总统的职能使命，但也间接赋予了国会听取和审议总统报告的权力。综上所述，国会的各项职能使命全部源自宪法。

而从联邦最高法院的角度看，其在国家情报管理上的主要职能使命包括：负责涉及情报机构违宪案件的初审；负责审理牵涉情报机构违反其他法律的上诉案件；负责实施司法审查。由于宪法第三条第二款规定，涉及违反宪法的案件或当事方为联邦政府的案件，联邦最高法院具有初审权。[③] 按照这一规定，联邦最高法院有权受理针对情报机构违反宪法的各类诉讼，例如最为常见的是针对情报机构违反宪法第四修正案并侵犯公民隐私和自由的诉讼。[④] 当然，对于情报机构违反其他法律的上诉案件，联邦最高法院也可依法受理，

---

① Office of General Counsel, *Intelligence Community Legal Reference Book*, Office of the Director of National Intelligence, Winter 2012, p. 6.

② Ibid. , p. 9.

③ Ibid. , p. 10.

④ 美国宪法第四修正案规定公民的人身、住宅、文件和财产不受无理搜查和扣押的权利。除依照合理根据，并具体说明搜查地点和扣押的人或物，不得发出搜查和扣押令。参见 Office of General Counsel, *Intelligence Community Legal Reference Book*, Office of the Director of National Intelligence, Winter 2012, p. 13.

并做出终审判决。这一职能则源自宪法第三条第一款的规定。而联邦最高法院在情报管理中最重要的一项职能——实施违宪审查，也与宪法具有十分重要的关联。虽然该职责和权力本身并未出现在宪法条文之中，但是联邦最高法院通过判决涉及宪法的判例[①]，确立了其对宪法的最终解释权并拥有了一项足以制衡行政和立法部门的强大武器。由此可见，追根溯源，联邦最高法院的职能使命也都源自宪法。

二、国家安全委员会的职能使命源自《1947 年国家安全法》和《第 12333 号行政命令》

国家安全委员会不仅是制定国家安全政策的重要平台，而且也是国家情报最高行政管理机构。其在国家情报管理上的职能使命概括来说包括以下几个方面：一是明确国家情报需求，确定情报目标的优先顺序；二是制定各类管理政策，规划情报界的发展方向；三是协调国家情报活动，推动情报界形成整体合力；四是实施年度情报审查，评估情报界运行效率。而所有这些职能使命全部源自《1947 年国家安全法》和《第 12333 号行政命令》，这也凸显了国家情报管理法规在国家情报管理体制建构中的重要作用。

（一）明确国家情报需求，确定情报目标的优先顺序

《1947 年国家安全法》第 101 条 h 款规定，国家安全委员会下属的对外情报分委员会负责“辅助国家安全委员会确定国家情报需

① 联邦最高法院通过“马伯里斥麦迪逊案”获取了司法审查权。此案发生于 1801 年，起因源自时任美国总统的亚当斯在其执政的最后一天午夜，突击任命了一批治安法官，但其中 16 人的委任状没有及时送达。继任总统杰弗逊让国务卿麦迪逊将这些委任状全部丢掉。这 16 人中有 1 人名叫马伯里，他以此为由起诉麦迪逊。负责审理该案的联邦最高法院大法官马歇尔运用高超的法律技巧判决该案虽然马伯里的要求具有正当性，但是其诉讼的程序却违反了宪法第三条第二款的规定，即联邦最高法院没有非违宪案件的初审权。因此，最后判决马伯里败诉。虽然这一案件本身并没有太大的价值，但是通过这一判例，马歇尔确立了联邦最高法院具有解释宪法的权力，并拥有了判决各类法律和法令违宪而失效的权力。换句话说，联邦最高法院拥有了最终立法权或立法审核权。

求以维护国家安全利益”，与此同时，其还负责“为各类情报计划、项目和活动确定目标（包括资源投放）的优先顺序”。[①] 这一条文赋予了国家安全委员会及其下属对外情报分委员会提出国家情报需求并确定国家情报目标优先顺序的职责。而该条款中还指出，为履行这一职能，对外情报分委员会应“每年都审查美国国家安全利益”，“以年度国家安全利益为基础，确定国家情报需求并为国家情报的搜集和分析列出优先顺序”。[②] 这些条文规定令国家安全委员会及其下属的对外情报分委员会在履行相关职能时拥有了坚定的法理依据。

（二）制定各类管理政策，规划情报界的发展方向

《1947 年国家安全法》第 101 条 h 款还规定：“国家安全委员会应遵循总统指示……为各国家安全部门和机构就其共同利益制定政策，并向总统提出相应建议。”[③] 而《第 12333 号行政命令》也规定：“国家安全委员会应作为最高行政实体，辅助总统审查、指导和指示对外情报活动、反情报活动和隐蔽行动，并参与政策制订和项目规划事宜。”[④] 从这两部法规的相应条款上看，其赋予了国家安全委员会为各国家安全部门制定管理政策的大权，当然通过制定各类管理政策，其也可以有效掌握各国家安全机构的发展方向。而美国情报界作为国家安全机构的重要组成部分，其各项管理政策也都由国家安全委员会负责制定。因此，国家安全委员会也具备了规划美国情报界发展方向的重要职责。当然，国家安全委员会下属的对外情报分委员会具体负责“为国家情报活动创立相关政策，包括规定国家情报界各成员机构的职能使命”。[⑤] 其职能使命也被写入了《1947 年国家安全法》第 101 条 h 款之中。而这种依法确定职责使

---

① Office of General Counsel, *Intelligence Community Legal Reference Book*, Office of the Director of National Intelligence, Winter 2012, pp. 30 – 31.

② Ibid., p. 31.

③ Ibid., p. 30.

④ Ibid., p. 728.

⑤ Ibid., p. 31.

命的做法也是美国国家情报法制管理的重要特征之一。

（三）协调国家情报活动，推动情报界形成整体合力

在创设国家安全委员会时，《1947 年国家安全法》第 101 条 a 款对该机构的职能使命概括如下：“国家安全委员会的职能是就有关国家安全的国内、国外和军事政策的整合问题向总统建言献策，并以此确保军方与政府其他部门和机构在国家安全事务上更有效地开展合作。”[①] 由此可见，国家安全委员会不仅是一个重要的决策咨询平台，而且是一个重要的管理协调机构。其创设的重要目的是整合与协调各类国家安全力量，共同维护美国的国家安全。而美国情报界作为美国国家安全力量的重要组成部分，自然而然也在国家安全委员会整合和协调的范围之内。因此，从这个角度上看，《1947 年国家安全法》赋予了国家安全委员会依法协调国家情报活动并整合情报界的重要使命。

（四）实施年度情报审查，评估情报界运行效率

国家安全委员会作为国家情报最高行政管理机构，不仅负责指导国家情报机构及其活动，还负责审查和评估国家情报机构及其活动情况。这一职责使命也源自《1947 年国家安全法》和《第 12333 号行政命令》。例如，《1947 年国家安全法》第 101 条 h 款规定，为辅助国家安全委员会履行相关职能，对外情报分委员会“应当对美国情报界各成员单位进行年度审查，以确定其是否按照相关规定成功地实施了情报搜集、分析和分发工作。”[②] 而《第 12333 号行政命令》则特别强调了国家安全委员会在审查和评估隐蔽行动上的重要职责。该法令第 1.2 条提出，国家安全委员会应“定期评估各隐蔽行动的效能，并评估其是否与当前的国家安全政策和各类法规制度

---

① Office of General Counsel, *Intelligence Community Legal Reference Book*, Office of the Director of National Intelligence, Winter 2012, p. 29.

② Ibid., p. 31.

相一致”。[①] 由此可见，国家安全委员会对美国情报界及其相关活动实施年度审查，并评估情报界运行效率的职能也具有坚实的法理依据。

三、国家情报主任及其下属机关的职能使命源自《1947 年国家安全法》和《第 12333 号行政命令》

国家情报主任是当前美国国家情报主要负责人，在国家情报管理中发挥着承上启下的重要作用。众所周知，该职位及其下属的国家情报主任办公室的创立都源自《2004 年情报改革与防止恐怖主义法》，而该职位及其下属机关的职责使命同样源自该法律。但是，由于《2004 年情报改革与防止恐怖主义法》中关于国家情报主任及其下属机关的相关条款原本就是对《1947 年国家安全法》的重要修正。因此，归根到底，国家情报主任及其下属机关的职能使命仍然源自最新修正后的《1947 年国家安全法》。[②] 此外，《第 12333 号行政命令》几经修正后，也包含了对国家情报主任及其下属机关职能使命的规范。因此，该法令也成为了该职位及其下属机关履行职能的重要法理依据。

（一）国家情报主任的职能使命依法设定

虽然国家情报主任一职的创立时间并不长，但是其在国家情报管理上却具有较高地位，并发挥着不可替代的重要作用。正因为该职位如此重要，因此《1947 年国家安全法》中长篇累牍地罗列了该职位的各项职能使命。例如，《1947 年国家安全法》第 102 条 b 款对该职位最主要的职能使命规定如下：

“主要职责——遵照总统的授权、指示和控制，国家情报主任

---

① Office of General Counsel, *Intelligence Community Legal Reference Book*, Office of the Director of National Intelligence, Winter 2012, p. 728.

② 由于《2004 年情报改革与防止恐怖主义法》中关于国家情报主任及其办公室的相关条款已经作为《1947 年国家安全法》的重要修正案写入《1947 年国家安全法》，因此下文引用相关条款时，皆从修正后的《1947 年国家安全法》中直接引述。

应：（1）担任情报界首脑；（2）当涉及国家安全事务时，作为总统、国家安全委员会和国土安全委员会的首席顾问；（3）遵照《2004年国家安全情报改革法》第1018条的规定，监督和指导国家情报项目的施行。"①

而该法第102A条更是对国家情报主任的职责使命进行了详细规范和仔细阐述。总的来看，该法条规定了国家情报主任的职责使命共23项，如确保以总统为首的国家情报用户能够及时获取国家情报；拟制情报界的预算提案；分配各类情报资源；转移和抽调各类人员；分配和下达各项情报任务；推动情报信息共享；提高情报分析质量；保护情报来源和方法；统一涉密信息管理规程；管理与外国同行的情报交流与合作；强化对情报界人员的管控等等。② 而《第12333号行政命令》也依照《1947年国家安全法》的相关规定，对国家情报主任的职责进行了规范和细化，也罗列了20多项职责和使命。由于内容大致相同，在此就不一一赘述。

总体上看，之所以对国家情报主任的职责使命进行如此详细的阐述和说明，是因为该职位对内代表总统管理整个美国情报界，对外代表美国情报界为国家决策层提供情报支援和服务。无论是对内，还是对外，该职位都非常重要。其不仅是国家情报管理上的一个重要枢纽，更是国家情报管理机制能够顺畅运行的关键。有鉴于此，美国国会和政府才在《1947年国家安全法》中不惜笔墨，长篇累牍地陈述该职位的职能使命。而这也从侧面反映出了法规在国家情报管理体制建构中的地位和重要作用。

（二）国家情报主任办公室的职能使命依法设定

国家情报主任办公室作为辅助国家情报主任履行职责的重要机关和业务机构，其职责使命也具有坚实的法理依据。《1947年国家

---

① Office of General Counsel, *Intelligence Community Legal Reference Book*, Office of the Director of National Intelligence, Winter 2012, p. 34.

② Ibid., pp. 34 – 55.

安全法》第 103 条 b 款规定："国家情报主任办公室的职能是协助国家情报主任依据《1947 年国家安全法》（《美国法典》第 50 卷第 401 条及其以下条款）以及其他法律规定履行职能和使命，并履行总统或法律规定的其他职责。"[①] 根据该条款的规定，国家情报主任办公室发挥着辅助国家情报主任履行职责的重要作用。它作为统管美国情报界的重要行政机关，直属国家情报主任，负责具体落实总统、国家安全委员会和国家情报主任下达的各项目标和任务，发挥协调、组织、评估等功能。除了肩负重要的行政使命外，依据《第 12333 号行政命令》，该机构还负有一定的公开来源情报搜集和情报生产的职责。[②] 如国家情报主任办公室下属的国家情报委员会就负责生产国家情报评估。该评估属于国家级中长期战略情报，是美国国家情报产品中的重要组成部分。

当然，除了整个国家情报主任办公室的职能使命依法而定，该办公室中的重要职位的职能使命也全部具有清晰和坚实的法理依据。例如，《1947 年国家安全法》第 103A 条 a 款规定，国家情报常务副主任的职能使命是"协助国家情报主任履行主任职能和使命；国家情报主任如缺席、伤残或其职位出现空缺时，国家情报常务副主任应代行主任职权"。[③] 该法第 103E 条 c 款规定，（国家情报主任办公室下属的）科技主任的职能使命是"担任国家情报主任的首席科技代表；担任国家情报科技委员会主任；协助国家情报主任制订情报科技的长期战略；协助国家情报主任为科技部门制定预算；履行国家情报主任或法律规定的其他职责"。[④] 该法第 103H 条还规定，情报界监察长的职能使命是"为各项国家情报项目和活动制定规章政策以指导、规划、实施、监督和协调各类调查、监察、审计和审查

---

① Office of General Counsel, *Intelligence Community Legal Reference Book*, Office of the Director of National Intelligence, Winter 2012, p. 55.

② Ibid., p. 742.

③ Ibid., p. 57.

④ Ibid., pp. 61 – 62.

活动；他应令国家情报主任及时和充分了解各类违反法规制度、贪污腐败、滥用权力等严重违法乱纪行为，以及情报项目和活动运行效率低下等问题，其还应推荐相应的纠正措施并对纠正的结果及时汇报”。[①]

而除了国家情报主任办公室的重要职位的职能使命有法可依，该办公室下属重要情报机构的职能使命也都具有坚实的法理依据。例如，《1947 年国家安全法》第 103B 条 c 款规定，国家情报委员会的职能使命是“为美国政府编写国家情报评估……并评估整个情报界的情报搜集和生产活动及其需求和资源配置情况”。[②] 而该法第 103F 条 b 款则规定，国家反情报执行办公室的职能使命是“履行《2002 年反情报促进法》中规定的职责以及国家情报主任或其他法律可能赋予的其他职责”。[③]

由此可见，无论是国家情报主任办公室的各种重要职位，还是其下属的各类重要机构，它们的职能使命全部源自《1947 年国家安全法》和《第 12333 号行政命令》，而这种依法确立职能使命的做法也是国家情报法制管理的重要特征。

第三节　设置管理职位和机构的人事规则

除了创设国家情报管理职位和管理机构以及确定其相应的职能使命需要于法有据外，国家情报管理职位和机构的人事规则也遵循依法设置的原则。上至总统、国会议员、联邦最高法院大法官，下至国家情报主任及其办公室的其他管理人员，其职位和机构的人事规则全部具有坚实的法理依据。而且这些法理依据全部出自宪法、《1947 年国家安全法》和《第 12333 号行政命令》等重要法律和法

① Office of General Counsel, *Intelligence Community Legal Reference Book*, Office of the Director of National Intelligence, Winter 2012, pp. 64 –65.

② Ibid. .

③ Ibid. , p. 62.

令。这种制度安排也更加凸显了法规在国家情报管理组织建构中的重要地位和突出作用。

一、总统、国会议员、联邦最高法院大法官的人事规则依宪法设置

宪法作为国家的根本大法，不仅创设了总统 、国会和联邦最高法院等国家情报管理职位和管理机构，并且依法确立了相应职位和机构的职能与使命。除此之外，宪法中还有为数不少的法条对这些管理职位的任免和管理机构的组成创设了近乎严苛的规则。这种严格依法设置人事规则的做法不仅体现了美国人在选人用人和机构组建上的严肃性和严谨性，而且体现了这些管理职位和管理机构的权威性和重要性。

（一）任免总统的人事规则

总统作为国家元首和国家情报最高领导人，其地位和作用尤其重要，因此，遴选总统的规则在宪法中有详细的规定和条陈。而且在宪法中不仅陈述了如何选出总统，还规定了在总统职位出现空缺时的解决办法。这些人事规则主要集中于宪法第二条第一款及宪法第十二条修正案中。而对于总统的任期，宪法第二十二条修正案也有明晰的规定。当然，对于如何弹劾和罢免总统以及中止和恢复总统行使职权，宪法中也有详细的规定。由此可见，宪法中对于总统的任免规则进行了详细规定，对于所有的特殊情况都进行了全盘考虑。这一做法也可以最大限度地避免出现意外之后，无法可依的尴尬和混乱。而这种立法上的严谨性和细致性也是美国国家情报法制管理的重要特征。

（二）任免国会议员的人事规则

国会作为国家情报重要监督方之一，发挥着重要的情报监督作用。因此，其人员组成也需要精挑细选，而且其成员的遴选和免职规则也必须于法有据。总的来说，无论是众议员还是参议员，其遴

选和免职规则全部出自宪法中的相关条款。例如宪法第一条第二款、第一条第三款、第十四条修正案第三款和第一条第五款的规定等等。而参众两院中专门负责国家情报管理的参议院情报特别委员会和众议院常设情报特别委员会，其人员遴选和机构组成规则也都具有各自的法理依据。

（三）任免联邦最高法院大法官的人事规则

联邦最高法院作为国家情报重要监督方之一，也发挥着重要的情报监督作用。虽然其监督效果与国会相比尚有差距，同时其监督方式也不如国会那么积极和主动，但是其拥有的违宪审查权却是一件威力强大的监督利器，令其在情报管理活动中拥有了特殊的身份和地位。因此，联邦最高法院大法官的遴选和罢免规则也具有了重要的法律意义。

例如，宪法第二条第二款规定："总统有权提名，并取得参议院的同意后，任命大使、公使和领事、以及联邦最高法院大法官。"① 这一条款虽然只有短短的三十多字，但是清楚地规定了联邦最高法院大法官的遴选规则。而一旦担任联邦最高法院大法官后，依照宪法第三条第一款的规定："联邦最高法院和下级法院的法官，如果尽忠职守，应继续留任。"② 而援引该条款，美国联邦最高法院的大法官一般实行终身制，任期结束后，除非去世、自行退休或犯有叛国等重大犯罪行为引起众议院的弹劾，并经参议院定罪后，才可罢免。③ 否则，联邦最高法院大法官职位可终身保留。即使退休后，他仍然是联邦最高法院成员，处于半退休状态。不仅可以保留大法官的头衔，也可以在联邦巡回区法院协助审案。其退休后，仍然可以

---

① Office of General Counsel, *Intelligence Community Legal Reference Book*, Office of the Director of National Intelligence, Winter 2012, p. 9.

② Ibid..

③ 从美国历史上看，历届联邦最高法院大法官从未出现被弹劾和罢免的情况，因此，联邦最高法院大法官一般被人们认为是终身制。

在联邦最高法院保留办公室和助理。[①]

由此可见，联邦最高法院大法官的任免规则也源自宪法的相关条款，虽然其法条内容不如涉及总统和国会议员的规定那么长篇累牍，但是其法律意义却不相伯仲。而以宪法这一根本大法为法理依据，也令其任免规则变得更加权威和神圣。

二、国家安全委员会的人事规则依《1947 年国家安全法》设置

国家安全委员会是国家情报最高行政管理机构，其地位和作用毋庸多言。其成员大都位高权重，在政府工作中都是独当一面的政府要员。而到底如何确定该委员会的组成，美国人也有一套自己的规则和规范。这套规则和规范也全部源自美国国家情报管理的重要宪章——《1947 年国家安全法》。此外，国家安全委员会下属的对外情报分委员会作为国家安全委员会下设的国家情报管理分支，其人事规则也出自《1947 年国家安全法》。因此，总体上看，无论是国家安全委员会自身还是其下属的情报管理机构，其人事规则都依法设定。而法也成为国家安全委员会在设置人事规则上的重要工具和基本手段。

（一）国家安全委员会的人事规则

依据《1947 年国家安全法》第 101 条 a 款规定："国家安全委员会应由以下人员构成：总统、副总统、国务卿、国防部长、能源部长、共同安全主任、国家安全资源委员会主席。此外，经总统首肯后，其他行政部门和军事部门的首脑及其副职领导、军火装备委员会主席、研究和发展委员会主席等官员也可列席会议。"[②] 当然，除了以上官员可以出席会议外，《1947 年国家安全法》还规定了其

---

① 例如，目前美国两位退休大法官——桑德拉·戴·奥康纳和戴维·苏特都是如此安排。

② Office of General Counsel, *Intelligence Community Legal Reference Book*, Office of the Director of National Intelligence, Winter 2012, p. 29.

他可以列席会议的各类顾问。如该法第 101 条 e 款规定："参谋长联席会议主席（如主席缺席，则由副主席代理）作为国家安全委员会首席军事顾问，遵照总统的指示可出席参加国家安全委员会会议"[①]；该条 f 款规定："国家禁毒政策办公室主任作为国家安全委员会在国家毒品管制政策上的首席顾问，遵照总统的指示可出席参加国家安全委员会会议"[②]；该条 j 款还规定："国家情报主任（如国家情报主任未能出席，则由国家情报常务副主任代理）可遵照总统的指示，履行本法规定的主任职责，出席参加国家安全委员会会议"[③]。从这些规定中可以看出，无论是各类行政首脑，还是各类法定顾问，其是否有资格列席国家安全委员会都取决于法律的规定。当然，总统作为国家安全委员会主席也可以授权部分人员临时参会，但其授权的依据也源自《1947 年国家安全法》的相关规定。由此可见，国家安全委员会的人事规则全部源自《1947 年国家安全法》，而《1947 年国家安全法》也成为其设置人事规则的坚实法理依据。

（二）对外情报分委员会的人事规则

《1947 年国家安全法》中不仅规定了国家安全委员会的人事规则，同时对于其下的重要直属机构的人事规则也进行了规范。其中，该法第 101 条 h 款规定，对外情报分委员会的人员组成包括："国家情报主任、国务卿、国防部长、总统国家安全事务助理以及总统指定的其他人员"。[④] 其中，总统国家安全事务助理担任该分委员会主席。[⑤] 虽然《1947 年国家安全法》中关于该分委员的人事规则只有寥寥数语，但是其含义却十分深刻。以该法条为基础，对外情报分委员会的人员组成得以正式确定，而且其负责人也可以依法行使召

---

① Office of General Counsel, *Intelligence Community Legal Reference Book*, Office of the Director of National Intelligence, Winter 2012, p. 30.

② Ibid., p. 30.

③ Ibid., p. 32.

④ Ibid., p. 30.

⑤ Ibid..

集和主持会议的权力。同时，在该分委员会开会商讨和协调国家情报问题时，总统国家安全事务助理也可依法请示总统，由总统授权邀请其他相关人员列席会议。而总统实施授权的法律依据也源自该条款。

由此可见，归根结底，国家安全委员会及其下属国家情报管理分支机构的人事规则全部源自《1947 年国家安全法》。而这种依法设置人事规则的做法正是国家情报法制管理的重要特征。

三、国家情报主任及其下属机关的人事规则依《1947 年国家安全法》和《第 12333 号行政命令》等法规设置

国家情报主任是国家情报的主要负责人，代表总统管理整个美国情报界。由于他处于承上启下的关键岗位，因此，其人事规则的设置也需要具有坚实的法理依据。而其下属的国家情报主任办公室作为国家情报管理的重要行政机关和业务机构，其在国家情报管理和协调上也发挥着不可替代的重要作用，因此，其人事规则也需要于法有据。有鉴于此，美国人在《1947 年国家安全法》和《第 12333 号行政命令》等法规中，对于国家情报主任及其下属机关的人事规则做出了各种规范和约束。

（一）国家情报主任的人事规则

《1947 年国家安全法》第 102 条 a 款对于国家情报主任的遴选程序规定如下：“总统提名国家情报主任候选人，并经参议院同意后，方可任命为国家情报主任，并且该候选人还应具备管理国家安全事务的特长。”① 此外，该条款还特别规定“国家情报主任不得隶属于总统行政办公室”；且“担任国家情报主任期间不得兼任中央情报局

① Office of General Counsel, *Intelligence Community Legal Reference Book*, Office of the Director of National Intelligence, Winter 2012, p. 34.

局长或情报界其他机构的首脑。”[①] 该法第103A条c款还规定，国家情报主任及常务副主任不得同时为武装部队现役军官，但一般情况下，二者之中须有一人为武装部队现役军官或须十分了解军队的情报活动和情报需求；如果现役军官担任国家情报主任或常务副主任，则其不受国防部长或国防部其他官员的节制，但同时他也不得凭借军官身份节制国防部任何军事和文职人员；此外，如果该名现役军官担任国家情报主任或常务副主任，其在军队中的地位、职位、军衔或品级及其相应的薪酬、津贴、权利及福利等待遇不得降低或削减。[②]

由此可见，这些规则不仅规定了国家情报主任的遴选程序，而且限定了国家情报主任候选人的各种条件和资格，确保任命的国家情报主任具备较为充沛的管理经验和情报工作经历。同时，对于该职位和军方的关系也做了较为明确的限定和切割，确保国家情报主任在实施国家情报管理时不会为军方控制，且能够对军方和政府其他情报单位平等相待。

（二）国家情报主任办公室的人事规则

为了协助国家情报主任履行各类法定职责，国家情报主任办公室也需要按照国家情报管理的功能和领域。分门别类地设置各类专业化的管理职位，并遴选一批精兵强将协助国家情报主任完成其法定职责。依照《1947年国家安全法》第103条c款的规定，国家情报主任办公室由下列人员和部门组成：“国家情报主任、国家情报常务副主任、依照第103A条任命的其他国家情报副主任、国家情报委员会、总顾问、公民自由保护官、科技主任、国家反情报执行官（及其下属办公室）、情报界首席信息官、情报界监察长、国家反恐中心主任、国家防扩散中心主任、情报界首席财政官以及其他依法

① Office of General Counsel, *Intelligence Community Legal Reference Book*, Office of the Director of National Intelligence, Winter 2012, p. 34.

② Ibid., pp. 57 – 58.

设置或国家情报主任任命的机构和官员（包括其他各类情报中心）。”[①] 而这些管理职位和机构的人事规则也在《1947 年国家安全法》中能够找到自己的法理依据。

例如，该法第 103A 条 a 款就对国家情报常务副主任的人事规则提出了诸多规定：国家情报常务副主任的任命需总统提名，并经参议院同意；若该职位临时出现空缺时，国家情报主任应向总统推荐国家情报常务副主任人选；提名为国家情报常务副主任的人选应具有丰富的国家安全领域的工作经验和管理特长；常务副主任在任职期间不得担任情报界其他机构的任何职务。此外，该条款还规定，如果国家情报主任缺席、伤残或该职位出现空缺时，国家情报常务副主任应代理主任职权。[②] 而对于其他国家情报副主任的人事规则，该条 b 款也特意规定，国家情报副主任人数不得超过 4 人，且其全部由国家情报主任任命。[③]

此外，对于总顾问一职，《1947 年国家安全法》第 103C 条也特意规定，该职位由总统提名，并经参议院审核同意，且担任总顾问时不得兼任其他政府部门和机构的法律顾问。同时，该职位为国家情报主任办公室首席法务官。[④] 对于公民自由保护官和科技主任的人事规则，《1947 年国家安全法》第 103D 和 103E 条分别规定，这两个职位都由国家情报主任直接任命，其中科技主任还需具备专业背景和相关经验。[⑤] 而按照该法第 103G 条规定，首席信息官由总统直接任命，且担任国家情报主任办公室首席信息官后不得兼任其他政府部门和机构的类似职位。[⑥] 而该法第 103H 条也对情报界监察长的人事规则也做出了详细规定：“情报界监察长由总统任命并需获得参

① Office of General Counsel, *Intelligence Community Legal Reference Book*, Office of the Director of National Intelligence, Winter 2012, pp. 55 – 56.

② Ibid. , p. 57.

③ Ibid. .

④ Ibid. , p. 60.

⑤ Ibid. , pp. 60 – 61.

⑥ Ibid. , pp. 62 – 63.

议院的同意。总统提名情报界监察长时不得掺杂政治因素。总统遴选情报界监察长时应对其全面考察，候选人应符合情报界安全保密的标准，并拥有情报或国家安全领域的任职经历。此外，候选人最好应在会计、金融分析、法律、管理分析、公共管理或调查等领域具备一技之长。”① 由于情报界监察长是监督情报界的重要职位，因此其解职的人事规则在该法中也有详细的规定：“只有总统有权解除情报界监察长的职务，而且他还需在解职命令生效前的三十天内向国会情报委员会汇报其解职的原因。”②

而除了这些重要职位于法有据外，国家情报主任办公室下属机构的人事规则也出自《1947 年国家安全法》。例如，该法第 103B 条就限定了国家情报委员会的人事规则。该条款规定，国家情报委员会应包括情报界的高级分析人员以及国家情报主任委任的公共和私人部门的其他专家。而国家情报主任应对来自私人机构的人员提出恰当的安全要求。只有满足该要求后，此类人员才可任职于委员会或成为委员会的承包商。③

诸如此类的人事规则在《第 12333 号行政命令》中也有类似的条陈，由于篇幅所限就不一一介绍，综上所述，国家情报主任办公室内各管理职位和管理机构的人事规则都源自《1947 年国家安全法》和《第 12333 号行政命令》等法规。而依法设置各管理职位和管理机构人事规则的做法也是美国国家情报法制管理的突出特点之一。

---

① Office of General Counsel, *Intelligence Community Legal Reference Book*, Office of the Director of National Intelligence, Winter 2012, p. 64.

② Ibid. .

③ Ibid. , pp. 58 – 59.

第三章　美国国家情报管理机制的运行

在古希腊传说中，当众神之王宙斯把法律作为最伟大的礼物赐予人类时，法律周围就绕上了神圣的光环。“在古希腊人的心目中，法律就成了神圣的、应绝对效忠的至上秩序。”[①] 即使后来人们逐渐不再把它看成是不可更改的神授律令，而只把它当作一种“完全由人类或世俗组织创造、设定并且可以更改的规则”，[②] 古希腊人也仍然认为法律具有统治地位，并把它与自由并称为实现他们政治理想的两个基本政治准则，而且他们认为“自由就是人只受法律约束，法律比人还要有权力”。[③] 古希腊的法律至上观念对西方文明具有深刻的影响。美国作为西方世界的一员，其在国家情报管理上顺理成章地奉行法制原则。不仅其国家情报管理组织的建构以法规为基础和前提，而且其国家情报管理机制的运行也以法规为根本和保障。这种尊法和守法的优良传统也令美国国家情报管理的法制程度不断加深。

2014 年，美国国家情报主任办公室发布的《美国国家情报战略》中明确提出情报界应遵守七项职业道德准则，其中第三项职业道德准则就是“守法”。该准则规定“情报人员拥护并守护美国的宪法，依照美国的法律行事，确保在执行任务时保护隐私、公民自

① 王人博、程燎原：《法治论》，广西师范大学出版社，2014 年版，第 4 页。

② 同上。

③ 博雪在《万国史论》中曾提到：“自由这个名字，在罗马人和希腊人的想象里，就是这样一个国家：那里的人只受法律的约束，那里的法律比人还要有权力。”

由和人权。”① 这一规定虽然直到2014年才首次写入《美国国家情报战略》，但其早已成为一项不成文的准则和规范，体现在美国国家情报管理活动的方方面面。

第一节　确定国家情报需求并进行优先排序

对于国家情报管理来说，实施管理的第一步是确定国家情报用户的情报需求，并将其进行优先排序，而后将其以强制力传达至整个情报界，以确保最高层和最紧迫的情报需求优先得到满足。为了实现这一目标，国家情报管理者们需要为国家情报机构制订和下达国家情报优先目标。只有安排好了目标优先顺序，整个美国情报界才能统一思想，形成共识，明白工作的重点和重心，并将各类情报资源优先投放至重点目标，实现组织效能的最优化。如果目标优先顺序都不明确，那么整个情报界的任何情报活动都不过是无的放矢。最终，必然浪费资源、徒劳无功，甚至贻误决策良机。因此，制订和下达国家情报优先目标也成为了国家情报管理的首要问题。当然，无论是制订，还是下达国家情报优先目标，其整个过程都始终以法规为基本准则和手段，处处都体现着法制原则。这一特点具体体现在以下两个方面：

一、依据法律、法令、指令制订国家情报优先目标

从国家情报优先目标的制订上看，总统、国家安全委员会、国家情报主任及其下属机关等国家情报高级管理人员和管理机构都拥有一定的发言权。而他们制订国家情报优先目标的依据都源于各类国家情报管理法规。总的来看，《1947年国家安全法》《第12333号行政命令》《第68号国家安全总统令》以及《第204号情报界指

① J. R. Clapper, *The National Intelligence Strategy of the United States of America*, Washington D. C.: Office of the Director of National Intelligence, September 2014.

令》都对该问题进行了规范和条陈。

（一）总统通过行使审批权总体把握制订方向

总统作为国家情报最高领导人和最重要的国家情报用户，其凭借宪法赋予的法定权力，自然而然有权为美国情报界决定国家情报优先目标以满足自己的情报需求。但是从各种公开渠道搜集的资料上看，美国并没有哪一部法律或法令授权总统具体制订国家情报优先目标。一般情况下，总统主要依靠审批国家安全委员会上报的情报主题[①]，宏观把握国家情报优先目标的制订方向。而国家安全委员会和国家情报主任则发挥辅助职能，负责具体拟制主题草案以及细化解读总统指示。例如，《1947 年国家安全法》第 101 条 h 款、第 102A 条 c 款和 f 款以及《第 12333 号行政命令》第 1. 1 条 c 款、1. 4 条 b 款都规定，国家安全委员会和国家情报主任需遵照总统的指示，以总统审批通过的情报主题为基础，具体拟订国家情报优先目标。当然，这些条款也都间接承认了总统在制订国家情报优先目标上的决定性作用。换句话说，总统是制订国家情报优先目标的总负责人。

（二）国家安全委员会通过拟制情报主题指导目标制订工作

虽然总统是制订国家情报优先目标的总负责人，但是他对于情报事务并不十分精通，加之政务繁忙，因此他需要国家安全委员会发挥辅助和支援作用。而国家安全委员会则依法通过拟制情报主题以指导国家情报优先目标的制订工作。具体来说，这一举措的法理依据源于《1947 年国家安全法》第 101 条。该条规定，国家安全委员会不仅是总统国家安全决策的重要平台，还负责为国家安全部门和机构制订各类指导政策。而拟制情报主题以指导国家情报优先目标的制订工作正是该法条的具体体现。而依照该条 h 款的规定，国

① 情报主题（intelligence topics）是拟定国家情报优先目标的基础。每个季度，国家安全委员会下属的对外情报分委员会拟定情报主题，并提交国家安全委员会下属的首长分委员会审查，并最终呈报总统审批。参见 ICD204 Roles and Responsibilities for the National Intelligence Priorities Framework, September 13, 2007, p. 2.

家安全委员会下属的对外情报分委员会具体负责“遵照总统指示，依据国家安全利益，确定情报需求；并以安全利益和情报需求为基础，为各类情报计划、项目和活动拟订优先顺序”。[①] 从该条款以及其他法规条款的相关规定中我们发现，对外情报分委员会在总统和国家安全委员会的指导下，以国家安全利益为出发点，通过拟订情报主题的方式，指导国家情报优先目标的制订工作，并最终决定各类情报项目和活动的优先顺序。而其拟订的情报主题应上报国家安全委员会分委员会审查，并最终呈报总统审批。由此可见，国家安全委员会指导国家情报优先目标的制订于《1947 年国家安全法》中具有较为坚实的法理依据。

此外，《第 68 号国家安全总统令》也是国家安全委员会依法指导目标制订工作的重要法理依据。该法令的副标题名为“情报优先顺序”，这就表明该法令的主要内容应是关于总统授权国家安全委员会和国家情报主任制订国家情报优先目标的具体规范和举措。虽然该法令的具体内容尚未解密，但是由于《1947 年国家安全法》是国家情报管理法规的重要宪章。因此，基于法律精神的一致性和连贯性，我们可以大致推断《第 68 号国家安全总统令》也应与《1947 年国家安全法》中相关条款的精神保持一致。而从其他已掌握的法规条款上推测，《第 68 号国家安全总统令》也应是总统授权国家安全委员会和国家情报主任制订国家情报优先目标的重要法理依据。综上所述，《1947 年国家安全法》和《第 68 号国家安全总统令》都是国家安全委员会指导国家情报优先目标制订工作的重要法理依据。

（三）国家情报主任及其下属机关依法制订国家情报优先目标

总的来说，总统和国家安全委员会依法负责审批和指导国家情报优先目标的制订工作，而国家情报主任作为总统在国家情报管理上的重要代表，则负责细化和解读上级的指示精神，并具体管理制

---

① Office of General Counsel, *Intelligence Community Legal Reference Book*, Office of the Director of National Intelligence, Winter 2012, pp. 30 – 31.

订工作。当然，仅凭国家情报主任一人也无法完成如此艰巨的任务，因此，其下属的国家情报主任办公室也需要发挥重要的辅助和支援作用。而无论是国家情报主任，还是其下属的办公室，其制订国家情报优先目标的职责和权力也都源自《1947 年国家安全法》《第 12333 号行政命令》《第 68 号国家安全总统令》以及《第 204 号情报界指令》等法规。

从国家情报主任的视角上看，其制订国家情报优先目标的职责和权力首先源自《1947 年国家安全法》第 102A 条 f 款的规定。该条款指出："国家情报主任应为情报界确立目标、排定优先顺序并提供各类指导，保证情报界能够及时有效地搜集、处理、分析和分发国家情报"，同时它还应"管理和指导情报界各成员在国家情报搜集、处理、分析和分发工作中的各类需求和优先目标"。[①] 除了《1947 年国家安全法》有专门的条款对该问题进行授权和规范外，《第 12333 号行政命令》中也有专门的授权条款。该法令第 1.3 条 b 款规定："为了履行法律规定的职权，国家情报主任应为情报界确立目标、排定优先顺序并提供各类指导，保证情报界能够及时有效地搜集、处理、分析和分发不同来源和不同种类的情报"。[②] 当然，由于保密原因，《第 68 号国家安全总统令》中的相关条款尚无从得知，但是国家情报主任发布的《第 204 号情报界指令》也将其列为制订国家情报优先目标时的重要授权来源。由此可见，该法令也应是国家情报主任制订国家情报优先目标的重要法理依据。因此，总体上看，国家情报主任在制订国家情报优先目标上具备多重法理依据。

而从国家情报主任办公室的视角上看，该机构内不少其他领导和业务机构也肩负参与制订国家情报优先目标的职责。具体来说，包括负责分析事务的国家情报副主任；负责搜集事务的国家情报副主任；负责政策、计划与需求的国家情报副主任；国家情报主任首

① Office of General Counsel, *Intelligence Community Legal Reference Book*, Office of the Director of National Intelligence, Winter 2012, p. 41.

② Ibid. , p. 729.

席财政官、负责管理分析任务的国家情报副主任助理；国家情报委员会以及各任务主管等。而他们参与制订国家情报优先目标的法律授权除了源自《1947 年国家安全法》和《第 12333 号行政命令》中的概要性规定外，具体法理依据在于国家情报主任发布的《第 204 号情报界指令》。在该指令中，不仅划定了参与制订国家情报优先目标的人员范围，而且对各自的职责进行了较为详细的规定。例如，该指令规定，负责分析事务的国家情报副主任代表国家情报主任，统管拟定国家情报优先目标的各类工作；对国家情报优先顺序的临时性变化提出推荐意见；还需与负责搜集事务的国家情报副主任一起发布各类政策以指导各搜集和分析单位安排各自的国家情报优先顺序。[①] 而国家情报委员会则需要依据国家情报主任与国家情报用户的日常交流总结归纳用户的情报优先目标，并将其以书面形式呈递负责分析事务的国家情报副主任；其还需识别需要长期关注的情报事务，并将其纳入国家情报优先目标；此外，其还需针对世界形势的变化向负责分析事务的国家情报副主任提出对目标的临时性修改意见；还需与任务主管们积极沟通和协调，将他们的各类意见和建议吸纳至国家情报优先目标的制订之中。[②]

综上所述，国家情报主任及其下属的国家情报主任办公室在制订国家情报优先目标上都发挥着较为重要的作用。他们负责解读总统和国家安全委员会制订的情报主题，并把这些较为抽象和笼统的主题细化为更加具体的国家情报优先目标。而其制订国家情报优先目标的职权也都以《1947 年国家安全法》《第 12333 号行政命令》《第 68 号国家安全总统令》以及《第 204 号情报界指令》等法规为基本授权来源和法理依据。而这种处处依法办事的做法也体现出了国家情报管理活动中鲜明的法制特色。

① ICD204 *Roles and Responsibilities for the National Intelligence Priorities Framework*, September 13, 2007, p. 3.

② Ibid. .

二、以《国家情报战略》和《国家情报优先框架》下达国家情报优先目标

虽然国家情报优先目标的制订工作以各类法规为基本规则并拥有了合法授权，但是制订工作本身仍然是一个复杂而又艰巨的过程，其中不乏理念的对立、利益的冲突和资源的争夺。而将制订的国家情报优先目标下达至情报界各单位，以统一整个情报界的思想也同样不容易。为了实现这一目标，美国人也采取了多种办法，并运用了各种各样的法规工具。例如，20 世纪 60 年代，总统通过颁发《总统情报清单》下达国家情报优先目标。而 20 世纪 70 年代，中央情报主任按照《中央情报主任指令》的规定以《美国对外情报需求目标与重点》的名义向情报界发布各类情报主题以下达国家情报优先目标。此后不久，美国人又以《中央情报主任观察》《关键情报问题》《国家情报主题》等名目下达国家情报优先目标。而无论以哪种法规为载体，其主要用途并没有本质的区别。归根结底，这些法规都是用于下达国家情报优先目标的方式和手段。而当前，美国国家情报主任下达国家情报优先目标的方式和手段主要依靠两类法规工具——《国家情报战略》和《国家情报优先框架》。

（一）以《国家情报战略》发布宏观目标和长远目标

依照《2004 年情报改革与防止恐怖主义法》的相关条款，国家情报主任需制订和发布《国家情报战略》以明确美国情报界的使命任务，并规划情报界未来的发展方向。在各个版本的《国家情报战略》中，都会明确提出美国情报界的目标。这些目标大体分为两类：一类是任务目标；一类是机构目标。其中机构目标是美国情报界自身建设发展的标准和方向，与本书所讨论的国家情报优先目标并无太大关系，在此暂不讨论。而任务目标却与国家情报优先目标紧密相关。总的来看，任务目标反映的是国家情报优先目标中的宏观目标和长远目标。它对于指导美国情报界投放资源和实施活动都具有重要的指导意义。

例如，2005 年首版《国家情报战略》中就提出铲除国内外恐怖分子、防止大规模杀伤性武器扩散、推动民主和平的发展、预测态势并提供机会分析是当时美国情报界的首要任务。而这些任务目标也都是当时美国国家情报优先目标中宏观目标和长远目标的浓缩与凝练。而 2009 年第二版《国家情报战略》也提出了六项任务目标，包括打击暴力极端主义、防止大规模杀伤性武器扩散、提供战略情报和预警、整合反情报、强化网络安全、支援当前的各种作战行动。而这些任务目标也都反映了当时美国国家情报优先目标中的重要领域和关注重点，也是美国国家情报优先目标中长远目标和宏观目标的集中体现。而 2014 年第三版《国家情报战略》再次提出了七项任务目标。其中前三项反映了国家情报优先目标中的宏观目标，包括提供战略情报；支援当前作战行动；预测、识别和预警。而后四项反映了国家情报优先目标中的长远目标，包括提供网络情报、提供反恐情报、提供防扩散情报和提供反情报。由此可见，《国家情报战略》是国家情报主任为美国情报界明确国家情报优先目标的重要法规政策，它不仅为美国情报界数年之内的建设与发展规划了道路，指明了方向，而且反映了国家情报优先目标中的宏观目标和长远目标，对于整个美国国家情报管理活动具有重要的指导意义和引领作用。

（二）以《国家情报优先框架》下达具体目标优先顺序

《国家情报战略》一般四至五年发布一次，用于规划情报界几年内的发展方向。其下达的目标也都是较为宏观和长远的国家情报目标。对于各类具体目标的优先顺序问题，美国情报界则以国家情报主任发布的《国家情报优先框架》为基本依据。按照《第 204 号情报界指令》的相关规定，《国家情报优先框架》是国家情报主任具体下达国家情报优先目标的唯一工具。[①] 其涵盖了总统批准后的各类

① ICD204 *Roles and Responsibilities for the National Intelligence Priorities Framework*, September 13, 2007, p. 2.

情报主题，是美国情报界各成员机构制订本单位情报优先目标时必须遵循的指导方针和基本立足点。具体来说，该框架的主要要件是一个包含各类情报目标和情报资源的矩阵。矩阵中不仅列出了各类国家行为体和非国家行为体等目标，同时也列出了各类情报搜集和分析资源。通过该矩阵可以较为清晰地显示各情报目标的优先顺序，同时也可以较为直观地反映各类情报目标与各类情报资源之间的关联情况。这样不仅可以明确显示情报需求的轻重缓急，同时还可以识别情报能力上的空白地带，为未来的情报力量建设指引方向。这一做法也为后续的国家情报资源分配工作铺平了道路。而在制订《国家情报优先框架》时不仅需要考虑到情报用户当前的情报需求，还需考虑到情报用户的长远情报需求。这就要求在制订该框架时，统筹兼顾情报用户的长期情报需求和短期情报需求。而这些考虑都将综合体现在该框架中各情报目标优先顺序的安排上。

当然，该框架作为下达国家情报优先目标的重要法规需要在较长时间内保持稳定以便各下级单位遵照执行，但是这并不等于该框架必须长期保持一成不变。按照《第 204 号情报界指令》的相关规定，该框架虽然每半年才能更新一次，但是它也可根据世界局势和各类政策的变化而做出小范围的临时调整。① 这也令该框架变成了一个动态体系，具备了一定程度的灵活性。许多情报目标在该框架中的位置会根据国家安全形势的变化而上下变动，这也可以便于国家情报主任及时调整美国情报界的工作方向和关注重点。当然，在《国家情报优先框架》中排名较为靠前的情报目标往往是国家情报用户急需满足的情报需求或与美国国家安全利益密切相关的重要事宜。因此，美国情报界各成员机构开展情报搜集和分析活动时，该情报目标也将予以重点关注。此外，依照《第 204 号情报界指令》的相关规定，在分配各类情报资源时，《国家情报优先框架》也是重要的

① ICD204 *Roles and Responsibilities for the National Intelligence Priorities Framework*, September 13, 2007, p. 2.

参考依据。[1] 对于那些在该框架中排名靠前的情报目标，其所分配的情报资源也会有所倾斜。这种区分轻重缓急的做法可以令有限的情报资源发挥最大功效，最大限度地满足国家情报用户的情报需求。

而无论是以《国家情报战略》还是《国家情报优先框架》下达国家情报优先目标，其最终目的都是将国家情报管理层拟定的国家情报目标按照一定的优先顺序通过合法渠道，高效传达给各国家情报机构，并以其指导国家情报资源的分配和国家情报机构的各类情报活动。可以说，《国家情报战略》和《国家情报优先框架》在国家情报的行政管理和业务管理上都发挥了举足轻重的作用。总的来看，国家情报优先目标反映了国家情报用户在情报需求上的轻重缓急。而以国家情报优先目标为标尺，各国家情报机构能够将有限的资源进行最大限度的综合运用，优先满足国家情报用户最急迫的情报需求，并综合平衡情报用户的长远情报需求和当前情报需求，实现情报资源的最优化利用。而这一切都离不开《国家情报战略》和《国家情报优先框架》。有鉴于此，历任国家情报主任都把这两部法规作为管理情报界的重要工具。国家情报主任詹姆斯·克拉珀就曾指出："《国家情报战略》为情报整合提供了支撑，并帮助情报界更好地完成任务，令其能够提供及时、深入、客观和相关的情报以支援国家安全决策。而情报界各部门的战略规划、年度预算和国家情报项目安排都必须完整反映《国家情报战略》的精神。"[2] 前国家情报主任丹尼斯·布莱尔也认为《国家情报优先框架》是自己最重要的管理工具，其比以往任何管理工具都更加灵活和精确。而自《国家情报战略》和《国家情报优先框架》公开发布以来，无论政府如何更迭，也无论国家情报主任由何人担任，这两套法规一直沿用至今。这也从侧面说明了这两套法规在下达国家情报优先目标上的重

① ICD204 *Roles and Responsibilities for the National Intelligence Priorities Framework*, September 13, 2007, p. 2.

② J. R. Clapper, *The National Intelligence Strategy of the United States of America*, Washington D. C.: Office of the Director of National Intelligence, September 2014.

要作用和独特地位。

第二节　投放国家情报资源并规范国家情报活动

当国家情报管理层下达国家情报优先目标后，国家情报管理活动则进入第二个重要阶段，即为美国情报界投放国家情报资源并规范国家情报活动。长期以来，美国情报界全部情报资源都实施项目管理制。非情报项目内的各种情报活动无法获取合法的经费、人力、设备设施等情报资源。而这种情报项目与情报资源相挂钩的管理方式也可以保证情报界的各项情报活动能够从根本上遵循国家情报管理者的指引，不至于偏离既定的方向。具体来说，国家情报管理层通过年度情报授权法和年度情报拨款法[①]相结合的方式，审批和授权各类国家情报项目，并通过制订年度情报预算为各类情报项目提供配套资源。国家情报管理层以这种方式驱动各国家情报机构朝着既定的目标不断迈进。与此同时，国会也会以年度情报授权法为平台，将自身的管理理念付诸实践，并发挥规范国家情报活动的目的。总体上看，国家情报项目的授权、情报经费的拨付都有较为严密的法规予以规范。而这种授权法和拨款法相结合的项目管理和资源分配方式也保证了国家情报项目的授权活动和各类资金的拨付行为规范有序，有条不紊。

---

①　按照美国宪法第一条第九款的规定："没有拨款法律，财政部不得提供任何资金。"因此，美国国会为了令政府能够正常运转，并符合宪法的相关规定，建立起了一套复杂的授权和拨款相结合的资金拨付程序。一般来说，国会内设有各类委员会负责政府相关重要事务的授权，经委员会审批后的授权法案将再提交给总统，由总统签署成为具有法律约束力的授权法。国会拨款委员会再以该授权法为依据制定拨款法指导财政部拨款，而这些规定同样适用于情报事务。参见 Office of General Counsel, *Intelligence Community Legal Reference Book*, Office of the Director of National Intelligence, Winter 2012, p. 6.

一、行政部门依法提出活动和资源申请

依照《1947 年国家安全法》及其他法律的规定，当前美国几乎所有的情报活动和情报资源都涵盖在"国家情报项目"（National Intelligence Program）和"军事情报项目"（Military Intelligence Program）这两大项目之中。前者指的是"美国情报界实施的所有项目、工程和活动，也包括总统或各政府部门首长与国家情报主任联合下达的各类项目，其中不包括军方仅为满足战术行动需要而实施的各类项目、工程和活动"。[①] 而军方仅为满足战术行动需要而实施的各类项目、工程和活动都划归军事情报项目之中。前者主要由国家情报主任负责草拟预算，而后者主要由国防部长负责草拟预算。[②] 在这两类项目中都会列明国家情报机构实施的各项国家情报活动并同时列出与之关联的国家情报资源。

表 3—1　国家情报项目主要构成情况汇总表[③]

文职情报机构项目	国防部情报机构项目
中央情报局项目	统一加密项目
国家情报主任办公室情报界管理账户	综合国防情报项目
能源部项目	对外反情报项目
国土安全部项目	国家地理空间情报项目
司法部项目	国家侦察项目
国务院项目	特别侦察项目
财政部项目	

① Office of General Counsel, *Intelligence Community Legal Reference Book*, Office of the Director of National Intelligence, Winter 2012, pp. 28 – 29.

② 军事情报项目最初的预算草案由国家情报主任和负责情报的国防部副部长共同确定，然后提交给国防部长审核修改。

③ ICD104 *National Intelligence Program* (*NIP*) *Budget Formulation and Justification*, *Execution*, *and Performance Evaluation*, April 30, 2013, pp. 2 – 3.

依照《2004 年情报改革与防止恐怖主义法》及《1947 年国家安全法》及其相关修正案的规定，国家情报主任不仅在拟定国家情报项目上发挥重要作用，而且负责“监管和指导国家情报项目的施行”。[①] 依照该法条的规定，国家情报主任负责汇总并提交国家情报活动和资源申请，而其主要的载体就是每个财年的国家情报项目预算草案。具体来说，在制定国家情报项目的预算草案之前，通常由情报界各机构领导及其上级政府部门首脑负责提交本机构的年度情报预算需求。各机构的年度情报预算需求汇总后，国家情报主任一般需召集联合情报界委员会[②]各委员商讨年度国家情报项目的预算草案。经委员会反复商讨和推敲后，国家情报主任结合《国家情报优先框架》制订年度国家情报项目的预算草案，并将其提交至总统办公厅下属的管理与预算局进行审查和批准。当然，国家情报项目的预算程序需要经历一个十分漫长而又复杂的制订过程才能最终成形。一般情况下，行政机构内部拟定预算草案的时间大约始于国家情报主任向计划管理人员下达指导意见之时。从这一时间开始，直到国家情报主任向管理与预算局提交预算草案为止，前后大约需要半年以上的时间。其中，国家情报主任和联合情报界委员会各委员将花费大量时间对国家情报项目中各子项的主要内容进行反复磋商，审核各子项的必要性和可行性，并对其预算申请进行反复研究。最终，联合情报界委员会需达成一致，共同拟定一份国家情报项目的预算草案。

至于军事情报项目，虽然其最终预算草案由国防部长负责拟制，但《1947 年国家安全法》第 102A 条 c 款规定：“国家情报主任应与

① Office of General Counsel, *Intelligence Community Legal Reference Book*, Office of the Director of National Intelligence, Winter 2012, p. 34.

② 依据《1947 年国家安全法》及其相关修正案的规定，该委员会由国家情报主任担任主席，人员包括国务卿、财政部长、国防部长、司法部长、能源部长及总统临时指派的其他人员。参见 Office of General Counsel, *Intelligence Community Legal Reference Book*, Office of the Director of National Intelligence, Winter 2012, p. 33.

国防部长一道制订军事情报项目及其下属各类子项的预算草案。”[①]与此同时，“任何不属于国家情报项目中的美国情报界成员单位在制定年度预算时，也必须遵循国家情报主任的指导。”[②] 由此可见，国家情报主任在拟制其他情报项目的预算草案中也具有一定的发言权。而其他情报项目预算草案的拟制流程也和国家情报项目预算草案的制订流程大体相似，此处就不再一一赘述。整体上看，无论是国家情报项目还是其他情报项目，其预算申请都需要依法依规逐级报批，这也保证了国家情报管理层能够对整个情报界的各项情报活动实施有效管控。

二、国会以年度情报授权法审核和规范活动并提供资源

20 世纪 70 年代中期以前，国会主要依照宪法第一条第九款的规定，行使情报预算的审核权。各情报项目的授权一般由国会的武装部队委员会制订国防授权法予以授权，再由拨款委员会制订的拨款法拨付资金。自 20 世纪 70 年代中期参众两院建立情报特别委员会后，国家情报项目的授权和预算审核工作则由这两个情报特别委员会主要负责。为了强化国会在情报预算上的掌控力，1985 年，《1947 年国家安全法》经修正后，其第 504 条 a 款规定：“只有经过国会授权和拨款的情报活动才可获取拨款经费”，而该条 b 款还规定：“如果国会拒绝对某情报活动拨款后，情报机构不得继续为该情报活动筹集资金”。[③] 自此，参众两院的情报特别委员会成为掌握情报界“钱袋子”的重要机关，也成为国会实施国家情报管理的首要工具。

当管理与预算局审查通过了国家情报项目的预算草案后，这些

---

① Office of General Counsel, *Intelligence Community Legal Reference Book*, Office of the Director of National Intelligence, Winter 2012, p. 36.

② Ibid. .

③ Ibid. , p. 112.

草案通常在每年2月至3月之间以国会预算申请书的形式呈递给国会参众两院。参众两院的情报特别委员会同时对行政部门提交的情报预算申请进行审查和审议。无论哪个委员会进行审查，在开始审查工作之前，行政部门提交的情报预算申请将分门别类地拆解成各种子项目，如“综合国防情报项目、国家侦察项目、统一加密项目、对外反情报项目等”，[①] 然后每一个子项目再进一步拆解成各种小项，并为各小项分配恰当的资金和人员编制。当然，这些拆解过后的子项目及各种小项都是高度机密的预算申请材料，外人难以窥探究竟。

按照相关规定，两院情报特别委员会接收法案后，委员会主席一般需在两周内将该法案下派给该委员会的小组委员会进行初审。而各小组委员会接收法案后将采取如下步骤：首先，将把该法案送交政府相关职能部门和审计署，要求它们提供评估报告，评估该法案的可行性和必要性。一般政府部门提交的这类评估报告只具有参考价值，对各小组委员会的最终决定并无决定性影响。其次，举行公开或秘密听证会，听取各方意见和建议。一般情况下，听证会邀请的成员包括涉及该法案的政府要员、利益集团代表、专家学者、民众代表、相关议员和其他工作人员。听证会对小组委员会各委员做出最终决定具有较重要的影响，听证会中各类证人的证词也成为小组委员会做出最终审议决定的重要证据。再次，小组委员会提出初审意见，并将其审议结果和研究报告上报上级委员会。上级委员会将根据初审意见召开全体会议，如有需要还将补充召开听证会，进一步丰富立法证据，并最终由委员会全体委员投票表决是否支持将该法案提交参议院或众议院进行立法。最后，两院情报特别委员会将根据投票结果上报推荐立法的法案供参议院或众议院全体会议讨论和表决。与此同时，该法案的修改意见、委员会报告都将一并呈递。在委员会报告中，委员会需要仔细陈述推荐该法案立法的缘由，并提供各类立法证据。在该报告中还应保留各类反对意见，以

---

① L. K. Johnson, *Intelligence: Critical Concepts in Military, Strategic & Security Studies*, Routledge, London and New York, 2011, p. 82.

供参议院和众议院全体会议参考。

总的来看，国会各委员会收到申请材料后，将分别召开听证会，听取各类简报，开展各类调研或要求相关情报机构提供具体问题的研究报告。当然，有时各委员会也将对某些具体项目进行深入审计或调查。通常每年的2月至5月，这些调研活动都将结束，各委员会将召开会议，拟定情报授权法案。在拟制的情报授权法案中，除了包含年度情报预算分配方案外，国会还将把其在情报管理上的意见和建议写入法案，通过捆绑的方式令其成为有约束力的法规，迫使行政机构接受国会的管理。这些法条的内容涉及国家情报管理的方方面面，不仅涉及行政领域，也涉及业务领域。由于情报授权法是获得情报活动授权和获取情报资源的重要途径，因此，该法也成为国会管理国家情报事务的首要工具。而这也从侧面保证了国家情报活动能够得到国会的有效监督和规范。

一旦法案拟制完毕，将分别呈递给参众两院，供其他相关委员会审阅，并听取其意见和建议。当然，由于具体的预算分配方案属于机密内容，所以在公开的法案中并不会谈及。具体分配方案将以附件的形式附于授权法案后，供相关人员查阅。与各法案相伴的还有各委员会的审查报告。报告中将分别陈述委员会修改预算申请书中各条目的具体缘由，并会给出相应的意见和建议。这些报告也将转交给行政部门供其参考。虽然报告本身并没有法律约束力，但是一般各情报机构都会遵循，并做出相应修改，以防惹恼国会，导致预算申请无法通过审批。

经职能委员会听证和审议后，上报推荐的法案及委员会修正意见将纳入参众两院各自的会议议程。而具体起草议案的议员也可提交对自己法案的修改意见以及对委员会修改意见的不同意见。[①] 一般情况下，参众两院全体议员可依照议程安排审议法案，提出各类修

① 委员会的修改意见为第一级修改意见，起草议案议员对委员会修改意见的不同意见为二级修改意见。一般参众两院将首先对二级修改意见进行投票表决，然后再对一级修改意见进行表决。

改意见，并依照规则举行辩论。辩论程序参众两院略有不同，一般情况下，参议院由于人数较少，因此参议员的辩论时间一般没有限制，只要得到参议院主持人同意，参议员可以无限制地进行发言。这种被称为“冗长发言”的方法也常被参议员用来拖延时间以阻止法案的通过。例如，2006 财年和 2007 财年的情报授权法都由于反对者利用参议院的各类规则拖延时间最终导致法案未能如期进入下一阶段的表决而被中途废止。众议院由于人数众多，一般辩论时各议员的发言时间有限，因此无法使用该方法阻止法案的通过。但是众议员也会利用各类其他合法规则阻碍法案的顺利通过，例如，众议员可以采取各种手段令参会的议员数量低于法定人数，导致由于参会人员数量过少而不得不延期审议该法案，并最终令该法案在本次会期内无法获得通过而被迫废止。

如果法案顺利通过了辩论阶段，那么依照相关规则，参众两院都将进入表决环节。在表决方式上，参众两院大同小异，有口头表决、起立表决、唱名表决等。在表决时，各议院都必须首先对法案的各类修正案进行表决。只有修正案通过表决后，才能对法案本身进行表决。一般情况下，只要修正案通过了表决，那么法案本身也可以顺利过关。

一般每年的 6 月至 9 月，参众两院将把各自的情报授权法案提交委员会及大会表决。之后，如果法案在参议院或众议院的最终表决中获得通过，那么该法案将被提交至另一议院进行再次审议和表决。如果另一议院同样表决通过了该法案，或者对其进行修改后也获得原议院的支持，那么该法案就可以作为国会两院的最终版本送交总统签署。如果另一议院对法案的改动较大，并且无法获得原议院的支持，这时立法程序就将进入两院协商阶段。两院将把各自的授权法案进行整合，消除分歧，谋求共识。为此，两院情报特别委员会还将联合举行协商会，将各自法案中有争议的条款逐条进行审议。当然，在这一阶段，国会两院的拨款委员会也将参与协商，共同拟制情报授权法案的最终版本。这么做一方面可以防止得到授权的项目没有拨款法给予支持，而导致“无效”授权；另一方面也可以防止拨款法中已经拨款的项目却没有授权，导致违法拨款。[①] 最终情报授权法案经过联合协商后，将再次提交两院进行最终表决，直到最后两院形成一致意见。自此，情报授权法案在国会的审批完善流程宣告结束，等待总统的最终签署。

而以上所有立法程序都有相应的法理依据，除了在宪法中有专门的法条予以规范外，在国会制定的其他法律和决议中也都有相应的条陈。由此可见，国会在审核和制订年度情报授权法时也严格遵循了法制原则。

三、总统依法签批实施

按照宪法第一条和第二条的规定，当国会将最终法案呈递总统签署时，总统可就其反对的条款提出意见和建议，并驳回国会继续修改，如果国会修改后，总统同意签署，那么本年度的情报授权法案正式生效，成为有法律约束力的年度情报授权法。如果国会拒绝修改，总统可使用否决权否决整个法案。当然，如果总统否决后，国会参众两院可再次对该法案进行投票表决，如果法案在两院分别获得2/3以上的选票支持，那么该法案仍然可以成为年度情报授权法。此外，如果总统搁置该法案，那么只要搁置法案的10天内，国会仍然没有休会，那么该法案自动生效，而如果国会在这10天内休会，那么该法案作废。

近些年来，总统和国会围绕情报授权法的争斗较为激烈。例如2009财年，小布什总统就因为国会在情报授权法中增加了一些有争

① 原本情报授权法应先于拨款法出台，拨款法以授权法为基础进行拨款。但是现实情报管理中，由于授权法争议较大，需要较长时间协商和协调，而政府情报工作又不能因为缺乏资金而陷入停滞，所以一般情况下，国会先通过其他方式进行“变相授权”，并以此通过拨款法拨付资金，但这么做将导致情报需求的优先次序出现混乱并浪费大量资金。自美国实施年度情报授权法以来，只有1979财年、1983财年和1989财年情报授权法是在财年开始之前就得以成为法律，其他财年的情报授权法都需要推迟一段时间才可颁布施行，而2006—2009财年情报授权法甚至由于种种原因未能成为法律。

议的条款而运用否决权否决了该法案，导致该年度的情报授权法未能成功立法；而2010财年，国会呈递的情报授权法案还是遭到奥巴马总统的强烈反对，最终国会不得不重新起草和修订一个新的情报授权法案，才勉强获得总统的签署。[①] 从表3—2中情报授权法签署时间的变化就能看出行政与立法机构在美国情报授权法上的争斗情况。

表3—2　历年情报授权法立法情况汇总表

情报授权法名称	总统签署时间	是否成功立法
1979财年情报授权法（公法95—370）	1978年9月17日	是
1980财年情报授权法（公法96—100）	1979年11月2日	是
1981财年情报授权法（公法96—450）	1980年10月14日	是
1982财年情报授权法（公法97—89）	1981年12月4日	是
1983财年情报授权法（公法97—269）	1982年9月27日	是
1984财年情报授权法（公法98—215）	1983年12月9日	是
1985财年情报授权法（公法98—618）	1984年11月8日	是
1986财年情报授权法（公法99—169）	1985年12月4日	是
1987财年情报授权法（公法99—569）	1986年10月27日	是
1988财年情报授权法（公法100—178）	1987年12月2日	是
1989财年情报授权法（公法100—453）	1988年9月29日	是
1990财年情报授权法（公法101—193）	1989年11月30日	是
1991财年情报授权法（公法102—88）	1991年8月14日	是
1992财年情报授权法（公法102—183）	1991年12月4日	是
1993财年情报授权法（公法102—496）	1992年10月24日	是
1994财年情报授权法（公法103—178）	1993年12月3日	是
1995财年情报授权法（公法103—359）	1994年10月14日	是

① 石高能、胡文翰："美国情报授权立法研究"，《解放军外国语学院学报（社科版）》，2011年第2期，第46—52页。

续表

情报授权法名称	总统签署时间	是否成功立法
1996 财年情报授权法（公法 104—93）	1996 年 1 月 6 日	是
1997 财年情报授权法（公法 104—293）	1996 年 10 月 11 日	是
1998 财年情报授权法（公法 105—107）	1997 年 11 月 20 日	是
1999 财年情报授权法（公法 105—272）	1998 年 10 月 20 日	是
2000 财年情报授权法（公法 106—120）	1999 年 12 月 3 日	是
2001 财年情报授权法（公法 106—567）	2000 年 12 月 27 日	是
2002 财年情报授权法（公法 107—108）	2001 年 12 月 28 日	是
2003 财年情报授权法（公法 107—306）	2002 年 11 月 27 日	是
2004 财年情报授权法（公法 108—177）	2003 年 12 月 13 日	是
2005 财年情报授权法（公法 108—487）	2004 年 12 月 23 日	是
2006 财年法案未能成功颁布施行	无	否
2007 财年法案未能成功颁布施行	无	否
2008 财年法案未能成功颁布施行	无	否
2009 财年法案未能成功颁布施行	无	否
2010 财年情报授权法（公法 111—259）	2010 年 10 月 7 日	是
2011 财年情报授权法（公法 112—18）	2011 年 6 月 8 日	是
2012 财年情报授权法（公法 112—87）	2012 年 1 月 3 日	是
2013 财年情报授权法（公法 112—277）	2013 年 1 月 14 日	是
2014 财年情报授权法（公法 113—126）	2014 年 7 月 7 日	是

按照法律规定，美国的财年从每年的 9 月开始，到次年 9 月结束。从表 3—2 中可以看出，一般情报授权法都在财年开始几个月之后才能获得签署，少数几个财年的情报授权法需要等到财年即将结束时才能勉强获批，甚至 2006—2009 财年的情报授权法因为争议过大而未能成功立法。从情报授权法立法时间的变化中我们发现，总统和国会对情报授权法的斗争较为激烈，情报授权法立法过程中一帆风顺的情况较少，更多的情况是双方之间的不断斗争和妥协。绝

大部分情况下，在财年结束之前，情报授权法都能获得通过，少数情况下，由于行政和立法部门的争议过大而未能成功立法。而无论双方如何争斗，其都通过法律手段解决争议，从未出现任何一方运用违法行为实现自己的政治目的。而这也从侧面反映出了国家情报管理上的法制程度。

第三节　组织实施国家情报活动

一旦情报授权法经总统签署生效后，其就成为授权和规范国家情报活动并提供国家情报资源的重要规则。而国会拨款委员会也将以其为基础制订年度拨款法安排拨款。授权法和拨款法两相配合成为了组织实施年度国家情报活动的重要规则。其中授权法批准相关国家情报机构实施各类情报活动并对重要情报事务进行规范和指导，而拨款法则为各类情报活动提供资金。而按照《1947 年国家安全法》《第 12333 号行政命令》《第 104 号情报界指令》等法规的规定，上至国家情报主任，下至各国家情报机构主官，都需遵照年度授权法和拨款法组织实施国家情报活动。这也令国家情报活动在各个层次的组织实施上都体现出了鲜明的法制特色。

一、国家情报主任依法实施行政和业务管理

虽然总统是美国国家情报最高管理者，而国会和联邦最高法院是重要监督方，但是他们既无时间，也无精力组织实施国家情报活动。因此，总统和国会制订年度情报授权法和拨款法后，相应的组织实施工作交由国家情报主任依法落实。因此，国家情报主任也顺理成章地拥有了对国家情报机构及其活动的统一管理权。它的管理权主要体现在对美国情报界的行政管理和业务管理两个管理领域。

（一）实施行政管理

国家情报主任的行政管理权主要体现在对经费、人力资源、科

学技术、信息、后勤等行政事务的管理上。其中，对经费和人力资源的管理是行政管理中较为重要的两个方面。当然，对经费和人力资源的管理权也成为了国家情报主任组织实施国家情报活动的有力工具。依照《1947 年国家安全法》第 102A 条 c 款的规定，国家情报主任“应确保年度情报预算充分执行”，并“负责管理国家情报项目的拨款”。[①] 而行政管理与预算局局长应在“国家情报主任的单独指示下”[②]，行使预算分配权，并将各情报预算迅速拨付到位。至于各情报界的上级政府部门，则需在收到相应情报拨款后，按照国家情报主任的指示，专款专用。除非履行相应审批手续，否则相关情报项目的经费不得调整和变更。按照《第 104 号情报界指令》的相关规定，国防部需每月向国家情报主任助理兼首席财务官汇报预算执行情况，而能源部、国土安全部、司法部、国务院和财政部则需每季度汇报一次预算执行情况。[③] 当然，各类拨款还需符合《1974 国会预算及扣留控制法》（Congressional Budget and Impoundment Control Act of 1974）等其他法规的规定，而且国家情报主任还需对预算执行情况每半年向国会提交一份书面报告。

当然，这并不是说国家情报主任不能对预算经费进行重新规划和调整。依照《1947 年国家安全法》的相关规定，如果在预算执行途中，需要对经费进行重新调整，那么就国家情报项目而言，所有的经费调整必须得到国家情报主任的事先批准。[④] 而国家情报主任在调整预算时还需获得行政管理与预算局局长的同意，并事先与各情报机构的上级行政部门首脑进行协商（中央情报局则由其局长负责

① Office of General Counsel, *Intelligence Community Legal Reference Book*, Office of the Director of National Intelligence, Winter 2012, pp. 36 – 37.

② Ibid. , p. 37.

③ ICD104 *National Intelligence Program (NIP) Budget Formulation and Justification, Execution, and Performance Evaluation*, April 30, 2013, p. 2.

④ Office of General Counsel, *Intelligence Community Legal Reference Book*, Office of the Director of National Intelligence, Winter 2012, pp. 36 – 37.

协商）。[①] 至于经费调整的细则问题，《1947 年国家安全法》中也有较为明确的规定。例如，依照该法第 102A 条 d 款规定：如果调整未得到各情报机构上级行政部门首脑的首肯，那么只有同时满足以下条件，才能实施经费调整："（1）调整后的经费需用于优先性更靠前的情报活动；（2）调整后的经费应用于更紧急的项目并提高经费使用效率，改善使用效果；（3）调整的经费不应涉及国家情报主任的应急储备资金和中央情报局的应急储备资金；（4）每个财年可以调整的经费额度不应超过 1.5 亿美元或某情报机构在国家情报项目中所获资金总额的 5%；（5）经费调整不应中止采购项目。"[②] 当然，按照《1947 年国家安全法》第 102A 条 d 款的规定，如果经费调整得到了相应机构首脑的首肯，那么经费的调整幅度可以不受此条款的限制。不过，在调整任何经费时，都必须通报国会相关委员会，并严格履行相关手续。同时，还需向国会相关委员会解释说明实施该调整的原因和具体步骤。[③]

除了可以调整经费外，国家情报主任为了应对紧急事件或是提高国家情报项目的运行效率，也可以对人力资源进行重新调整。当然，他必须先得到行政管理与预算局局长的批准后，才能依照相关手续对美国情报界的人力资源进行重新调整。即使如此，国家情报主任调整的人员规模也不得超过 100 人，而且跨机构借调人员的时间也不得超过两年。[④] 此外，国家情报主任还需将人事调整情况立即上报国会情报特别委员会和拨款委员会，如果涉及国防部的人事变动，还得上报国会两院的武装部队委员会；如果涉及司法部的人事变动，还得上报国会两院的司法委员会。[⑤]

由此可见，国家情报主任在为各国家情报机构分配资源时也需

---

① Office of General Counsel, *Intelligence Community Legal Reference Book*, Office of the Director of National Intelligence, Winter 2012, pp. 36 – 37.

② Ibid., p. 38.

③ Ibid..

④ Ibid., p. 39.

⑤ Ibid., pp. 39 – 40.

遵守相关法规的规定，不可随心所欲，改弦易辙。而除了对经费和人力资源进行管理时需要遵循相应的法规规定，在对其他行政事务进行管理时也都有章可循。此外，国家情报主任还特意发布各类情报界指令，对行政管理的各个领域进程规范和指导。例如，“100”系列规范了业界管理，“500”系列规范了信息管理，“600”系列规范了人力资源，“800”系列规范了科学技术等。这些法规将行政管理制度化和法律化，令管理权力全部受到法规的限制和约束。而美国人通过各类国家情报管理法规预先限制和规范了国家情报管理者的自由裁量权，防止其手中掌握的权力过大，而导致滥权现象。而这种削弱管理者个人权力，却扩大法规管理权力的做法也成为了美国国家情报法制管理的另一个重要特征。

（二）实施业务管理

在业务管理领域，国家情报主任主要通过对情报流程的各个环节和情报活动的各个领域进行管理以确保相关国家情报机构得以顺利开展各类情报活动。其中在情报搜集、情报分析、用户反馈、反情报等重要环节和重要领域，国家情报主任特别发布了“300”系列、“200”系列、“400”系列和“700”系列的情报界指令，对相关活动进行了指导和规范。这些情报界指令也成为国家情报机构从事各类情报活动时必须遵循的重要法规。当然，国家情报主任发布各类情报界指令管理国家情报事务也都具有坚定的法理依据。每条情报界指令的开篇都写明了该法令的授权来源，其中大多数法令源自《1947 年国家安全法》《2004 年情报改革与防止恐怖主义法》《第 12333 号行政命令》等法规。这也令各情报界指令本身拥有了合法性和权威性。

除了对情报流程的各个环节和情报活动的各个领域进行指导和规范外，国家情报主任还肩负业务审批和协调的职责，确保美国情报界形成整体合力，避免机构内耗和活动重叠。而其业务协调职责首先体现在对国家情报任务的分派上。一般来说，国家情报项目下属的各类子项仍然较为宏观，覆盖的领域也比较广，需要国家情报主任在分派情报任务时进一步细化。因此，国家情报任务的分派也成为了国家情报主任审批和协调国家情报活动的重要抓手。

依照《1947 年国家安全法》第 102A 条 f 款的规定，国家情报主任不仅负责为情报界各成员机构确立国家情报优先目标，同时还需负责管理和安排各成员机构的任务分派工作。具体来说，包括审批各类搜集任务和分析任务；解决搜集需求之间的冲突以及情报界各单位所属搜集资产在任务分派上的矛盾等等。[①] 一般情况下，国家情报主任以年度情报授权法为准则，审批各类重大情报任务，并通过各类审批程序解决涉及情报界跨机构的协调问题，而并不负责具体情报任务的管理和实施工作。各国家情报机构主官自领受任务后，各自负责组织实施具体情报任务。这种层次分明的管理模式也便于国家情报活动全面有序地顺利推进。

当然，国家情报主任在分派任务时不仅需要以年度情报授权法为基本准则，而且还需要受到其他法规的制约。例如，《1947 年国家安全法》第 102A 条 f 款规定，国家情报主任在分派情报任务时“不得违背总统的指示”[②]；“在涉及国防部相关情报部门时，其在任务分派过程中还需取得国防部长的同意”,[③] 尤其是对于国家安全局、国家地理空间情报局、国家侦察办公室、国防情报局等情报机构，国家情报主任只有有限的任务分派权[④]；且其在“未获得法令和行政命令的另行授权时，也无权指示或安排电子监控和人工搜查……并不得影响《1978 年对外情报监控法》中司法部和司法部长的相应职

---

① Office of General Counsel, *Intelligence Community Legal Reference Book*, Office of the Director of National Intelligence, Winter 2012, pp. 41 – 42.

② Ibid. , p. 42.

③ Ibid. .

④ 根据《1947 年国家安全法》第 105 条的补充规定，国防部长经与国家情报主任协商一致后，负责令国家安全局、国家地理空间情报局、国家侦察办公室和国防情报局等军事情报机构能够有效完成各自的职责使命，满足国家情报主任、国防部长或参联会主席、联合作战司令部以及一线部队指挥官的情报需求。参见 Office of General Counsel, *Intelligence Community Legal Reference Book*, Office of the Director of National Intelligence, Winter 2012, pp. 80 – 82.

权”[①]等等。而《第12333号行政命令》第1.3条更是强调“国家情报主任在履行职责时需要认真考虑情报界各成员机构所属上级部门首脑的意见和建议”。[②] 由此可见，由于美国情报界绝大部分的情报机构实施“双轨领导制”[③]，所以国家情报主任在分派情报任务时受到程度不一的约束和限制。而由于情报界各机构在领受任务时或多或少还都受到其上级行政部门的影响，这也造成了国家情报主任和各政府部门首脑之间长期存在一定程度的竞争和对立。尤其是国防部长和国家情报主任之间常常对于军方情报机构的任务分派问题针锋相对，明争暗斗。不过与中央情报主任时期相比，国家情报主任在分派情报任务上的话语权已经有了一定程度的提高，对情报界各单位的影响也有所扩大。但是，无论是国家情报主任在任务分派上的权力如何变化，也无论各部门首脑与国家情报主任如何争夺任务分派权，其都以各项法规为基本依据和立足点，采取合法途径解决纠纷和争议。当然，对于法规条文语焉不详而导致的不同解读，美国人也采取修法的措施对歧义之处予以明确。这也间接促进了法规条款的进一步完善和严密，推动了美国国家情报管理的法制进程。

二、各国家情报机构主官依法分散组织实施

当国家情报主任通过行政和业务管理对国家情报活动进行指导、审批和协调后，各国家情报机构的主官则成为了施行国家情报活动的重要组织者和实施者。这些主官手中不仅掌握了上级拨付的各类资源，而且还掌握着一支支规模庞大的情报队伍。这令他们在各自

---

① Office of General Counsel, *Intelligence Community Legal Reference Book*, Office of the Director of National Intelligence, Winter 2012, pp. 42 -44.

② Ibid., p. 728.

③ 所谓“双轨领导制”指的是美国情报界除中央情报局外，各情报机构在行政关系上都隶属各政府部门，而国家情报主任只负责业务指导，并没有直接的行政管辖权。如国防情报局、国家安全局、国家侦察办公室、国家地理空间情报局在行政关系上都隶属于美国国防部，而联邦调查局则隶属于司法部。因此，各政府部门首脑和国家情报主任都对所属情报机构拥有管理权。这也形成了业务领导和行政领导并存的双轨领导制。

负责的情报领域内拥有强大的权威，犹如割据的诸侯一般，大权在握，威风八面。不过即使如此，这些国家情报机构的主官们在组织实施国家情报活动时也不得随心所欲，以权压法，而仍须严格遵循各项法规的规定，不得逾越雷池一步。在组织实施各自负责的国家情报活动时，他们也主要从行政和业务两个领域实施管理。而在这两个领域他们也分别扮演着以下两种身份：

（一）担任项目主管分管本领域内的行政事务

各国家情报机构主官在实施行政管理时，他们主要扮演着项目主管的角色，负责国家情报项目的行政管理工作。依照美国国家情报主任办公室发布的《美国国家情报：2013 年概览》中的相关规定，中央情报局、国家安全局、联邦调查局、国防情报局、国家地理空间情报局和国家侦察办公室构成美国国家情报项目主管方，负责辅助国家情报主任发现情报需求、拟制预算、管理财政并评估情报界表现情况。[①] 而从国家情报项目的组成上看，各子项几乎都有各自主要对应的情报机构，例如中央情报局项目对应中央情报局、统一加密项目对应国家安全局、综合国防情报项目对应国防情报局、国家地理空间情报项目对应国家地理空间情报局、国家侦察项目和特别侦察项目对应国家侦察办公室。因此，综合以上两方面的因素，各国家情报机构的主官也自然而然成为了各自情报项目领域的项目主管。

而按照《第 104 号情报界指令》的规定，各项目主管不仅负责具体实施国家情报项目；还需将各类预算材料及时上报国家情报主任助理兼首席财政官、国会相关委员会、各类新闻媒体等机构[②]；还

① Partner Engagement's Mission, *U. S. National Intelligence: An Overview* 2013, Office of the Director of National Intelligence, 2013, p. 2.

② 此处提到的预算材料包括：对拨款委员会或授权委员会的回信、各类证词、国会预算论证书、国会委托报告、拨款转移和重新规划行为报告以及上级要求的其他各类报告材料。参见：ICD104 *National Intelligence Program (NIP) Budget Formulation and Justification, Execution, and Performance Evaluation*, April 30, 2013, p. 4.

需遵照国家情报主任的各项指示和指令，为下属机构制订各类计划、政策和规章制度；还需每月或每季度向国家情报主任助理兼首席财政官上报国家情报项目预算执行情况；并就预算调整和变更事宜向国家情报主任做出请示等等[①]。当然，这些国家情报机构的主官们不仅简单地负责在职权范围内为下属拨付资源，同时在国家情报优先目标出现变化时，还需及时评估当前可用资源并依法上报以备随时调用。而当国家情报项目遭遇调整或变更时，相关情报项目主管还应在实施相关调整措施之前，及时通知国家情报主任和情报界内相关的兄弟单位。[②] 由此可见，这些法规进一步细化了各国家情报机构主官在管理行政事务上的职责和权限，令其在实施行政管理上有章可循，有据可依。

（二）担任职能主管和任务主管分管本领域内的情报业务

《第12333号行政命令》第1.3条明文规定："应设立职能主管和任务主管，并为这些职位安排恰当的人选。"[③] 其中，职能主管应可直接向国家情报主任汇报工作，并负责为特定情报领域制订战略指南、政策方针和操作规程等法规政策，还需代表本情报领域与其他情报领域的负责人开展沟通和协调。此外，他还担任国家情报主任在该情报领域的首席顾问。[④] 《2014财年情报授权法》更是在第305条再次规定："职能主管可遵照国家情报主任的指示，行使主任安排的其他职权。"[⑤] 由此可见，职能主管是国家情报主任在具体情

---

① 请示中应包含预算调整和变更的方案、实施调整和变更的原因以及调整和变更后对情报界兄弟单位及情报用户的预期影响。参见ICD104 *National Intelligence Program (NIP) Budget Formulation and Justification, Execution, and Performance Evaluation*, April 30, 2013, p. 4.

② ICD104 *National Intelligence Program (NIP) Budget Formulation and Justification, Execution, and Performance Evaluation*, April 30, 2013, p. 2.

③ Office of General Counsel, *Intelligence Community Legal Reference Book*, Office of the Director of National Intelligence, Winter 2012, p. 731.

④ Ibid..

⑤ 113th Congress, *Intelligence Authorization Act for Fiscal Year 2014*, Public Law 113 - 126, July 7, 2014.

报领域的重要股肱，负责独当一面。在相应的情报业务领域内，这些职能主管可以代表国家情报主任，分管本领域内的各项情报业务。当前，依据《第12333号行政命令》的规定，“国家安全局局长担任信号情报职能主管；中央情报局局长担任人力情报职能主管；国家地理空间情报局局长担任地理空间情报职能主管”。[①] 这三位职能主管的设立，也确立了国家安全局在信号情报领域、中央情报局在人力情报领域和国家地理空间情报局在地理空间情报领域的主导地位，也标志着以职能和任务为中心的情报融合向前迈出了重要一步。以国家安全局为例，当前国家安全局是美国信号情报领域的龙头老大，负责统管全美信号情报活动，其他机构和个人未经允许不得从事信号情报活动。而国家安全局局长也有权颁布《美国信号情报指令》，为全美各信号情报机构制订基本准则和工作规范。同时以《美国信号情报指令》为载体，国家安全局局长也可对全美各信号情报机构承担的情报任务实施指导，统一管理其情报活动。由此可见，职能主管在设置和安排上都具备坚定的法理依据，并以法规为载体行使法定权力。这种处处依法管理和以法管理相结合的做法也彰显了美国国家情报管理的法制特色。

当然，依照《第12333号行政命令》第1.3条的规定，“针对具体国家、地区或情报主题还可设置相应的任务主管”[②]。他们也在各自负责的领域内担任国家情报主任的主要顾问，也同样发挥着重要的管理作用，由于其主要作用与职能主管相近，在此就不再另行赘述。

综上所述，无论是实施行政管理，还是业务管理，美国在管理国家情报管理上都具有一整套严谨细致的规则体系。甚至情报资源分配方案本身就是法规的一部分。而从资源分配到活动审批，从实

---

① 113th Congress, *Intelligence Authorization Act for Fiscal Year* 2014, Public Law 113 – 126, July 7, 2014.

② Office of General Counsel, *Intelligence Community Legal Reference Book*, Office of the Director of National Intelligence, Winter 2012, p. 731.

施指导到开展协调，上至国家情报主任，下至各国家情报机构主官，他们在组织实施国家情报活动时都必须严格依照这些法规行使职权，同时，他们行使权力所下达的各类指令也成为了下级必须遵照执行的法规文件。这种依法管理和以法管理相结合的方式，也体现出了鲜明的法制特色。

第四节　评估问效并采取应对措施

依法开展评估问效活动也是美国国家情报法制管理的一个重要特点。基于美利坚民族的批判精神和改良传统，美国国家情报法制管理中也不可避免地引入了评估问效机制。依据《1947 年国家安全法》《2004 年情报改革与防止恐怖主义法》《第 13462 号行政命令》《第 13470 号行政命令》等相关法规的规定，在美国国家情报管理机制的运行过程中，国会参众两院的情报特别委员会、总统情报顾问委员会和国家情报主任等机构和人员需要定期对美国情报界的效能进行调查评估。这种例行调查成为“日常巡逻”的一部分，可以最大限度地预防美国情报界在运行过程中出现重大失误和滥权现象，也有利于提高情报工作的效率。而除了例行性调查外，每当美国情报界不定期遭遇重大情报失误或情报丑闻时，行政和立法机构也都会迅速组建调查小组或委员会对情报界进行调查评估。而无论是定期还是不定期的调查评估都有一个共同的特点——依法实施。最终根据调查评估的结果，美国政府和国会将依法采取各类应对措施，以最有效的方式解决各类弊病，最大限度地维持整个情报界的高效运作。

一、实施情报调查评估于法有据

研究美国情报史我们发现，对美国情报界进行调查评估的各类调查小组或委员会都具有合法授权，其中有的授权源自总统和行政部门的各类命令和指令，有的源自国会参众两院的各项决议，还有的直接源自国会创设的法律。例如，依据《1947 年国家安全法》第 102A 条第 f 款规定："当国家情报主任认为有必要，或国会情报特别委员会提出申请，那么国家情报主任可对情报界成员单位或成员单位中的个人发起调查和问责。"① 而除了国家情报主任和国会情报特别委员会可授权发起调查评估外，美国国会和总统也可通过颁布法律和法令授权成立临时性专职调查机构，对整个美国情报界实施调查评估。以人们熟知的"9・11"委员会为例，该调查委员会的创设就源自《2003 财年的情报授权法》。②

表 3—3　历年重要情报调查活动汇总表③

调查机构	研究报告	工作时间	授权来源
第一届胡佛委员会国家安全组织分委员会	埃伯施塔特报告	1948—1949	国会杜鲁门总统
情报汇报小组	杜勒斯报告	1948—1949	国家安全委员会中央情报主任希伦科特
第二届胡佛委员会克拉克特别工作组	克拉克报告	1954—1955	国会
科克帕特里克领导的联合研究小组	美国政府对外情报活动报告	1960	艾森豪威尔总统
施莱辛格领导的国家安全委员会工作组	施莱辛格报告	1970—1971	尼克松总统
政府机构执行对外政策委员会④	墨菲报告	1972—1975	国会

① Office of General Counsel, *Intelligence Community Legal Reference Book*, Office of the Director of National Intelligence, Winter 2012, p. 43.

② National Commission on Terrorist Attacks Upon the United States, *The 9/11 Commission Report*, Washington, DC: Government Printing Office, 2004.

③ 本表汇总了美国情报界历年最有影响的 14 次情报调查活动及其相关情况。

④ 由于主席为墨菲，所以也称"墨菲委员会"。

续表

调查机构	研究报告	工作时间	授权来源
中央情报局研究小组	泰勒报告	1975	中央情报主任科尔比
情报机构小组	奥利弗报告	1975	福特总统
研究政府情报活动特别委员会①	丘奇委员会报告	1975—1976	参议院
派克委员会	因泄密原因派克委员会未发布最终报告	1975—1976	众议院
美国情报界角色和能力委员会②	为21世纪做准备：美国情报界评估	1995—1996	克林顿总统
“IC21”工作组	IC21：21世纪的美国情报界	1995—1996	众议院常设情报特别委员会
斯考夫罗夫斯特委员会	斯考夫罗夫斯特报告（内部报告未公开）	2001	小布什总统
美国遭遇恐怖袭击国家委员会③	“9·11”委员会报告	2004	国会

从表3—3可以看出，各调查小组或委员会所实施的各项调查评估活动都拥有合法授权。而这些授权机构所发布的授权法规中一般都有专项条款规定调查的人事安排、调查的重点内容、调查人员所拥有的权力、调查的时限以及其他相关事宜。这些法规条款涉及整个调查评估活动的方方面面，并覆盖调查评估活动的整个流程。而这也令整个调查评估活动呈现出鲜明的法制特色。

① 由于主席为丘奇，所以也称“丘奇委员会”。

② 由于主席为阿斯平和布朗，所以也称“阿斯平－布朗委员会”。

③ 由于主席为基恩，所以也称“基恩委员会”或“‘9·11’委员会”。

（一）确定调查的人事安排

对于例行性的调查评估，在相关法规中都会具体写明由谁发起或实施调查。例如，《1947 年国家安全法》中就明确指出国家情报主任应经常调查评估国家情报项目的完成情况，并需每半年向总统和国会汇报一次。[①]

而对于临时性的调查评估，相应的授权法规中也会有专项条款规定人事安排。以“9·11”委员会为例，按照《2003 财年情报授权法》第 603 条 a 款的规定：“调查委员会应由 10 人组成，委员会主席由总统指定；副主席由民主党参众两院的领袖协商指定；参议院民主党高层领导和共和党高层领导可各指定 2 名委员会成员；众议院民主党高层和共和党高层领导各可指定 2 名委员会成员。”[②] 通过这一条款，调查委员会委员的遴选可兼顾参议院、众议院和行政部门的利益。委员会主席的权力也将受到一定程度的制约。该条 b 款还规定：“来自同一政党的委员会委员数量不得超过 5 人”。这样一来可以防止调查委员会最终结论受到政党政治的干扰而有失公允。而为了防止调查委员会受行政当局的影响而使得调查结论不够公正，该法还规定：“调查委员会委员不得来自政府部门或是政府部门的雇员”。[③] 同时，为了保证调查人员具有必要的经验和学识，该法还特意对委员的能力素质提出了一定的要求，如要求具有国家认同感、是美国合法公民、有政府部门、执法部门、情报机构或军队的任职经历等。此外，该法还对如何召开委员会提出了相应的要求；对委员的补选等问题也做了说明；对调查委员会的秘书、顾问等辅助人员也进行了较为详细的规定和安排，例如包括这些辅助人员的涉密范围、任职方式、薪酬待遇等等。通过这些法规条文的详细规定，整个调查委员

---

① Office of General Counsel, *Intelligence Community Legal Reference Book*, Office of the Director of National Intelligence, Winter 2012, pp. 36 – 37.

② 107th Congress, *Intelligence Authorization Act for Fiscal Year* 2003, Public Law 107 – 306, Nov. 27, 2002.

③ Ibid..

会的人事安排才得以确定，保障了调查工作的顺利开展（见表3—4）。

表3—4　“9·11”委员会主要成员情况汇总表

委员姓名	以往任职	委员会任职
托马斯·基恩	前新泽西州州长	主席
李·汉密尔顿	前国会议员	副主席
理查德·本威尼斯特	律师、水门事件检察官	委员
弗莱德·菲尔丁	律师、前白宫顾问	委员
杰米·戈雷利克	前司法部副部长	委员
斯雷德·高登	前参议员	委员
鲍勃·凯瑞	前参议员	委员
约翰·雷曼	前海军部长	委员
提摩西·雷默	前众议员	委员
詹姆斯·汤普森	前伊利诺斯州州长	委员
菲利普·佐利克	律师、外交官	秘书长

（二）设置调查的重点内容

对于例行性的调查评估，在各类法规中都会写明调查评估的重点内容。例如，《2014 财年情报授权法》就指明了国家情报主任在年度调查评估中应调查的重点内容。该法第 306 条规定，国家情报主任咨询职能主管后应向国会情报委员会提交年度报告。该报告应包含情报界每个职能领域的工作情况，具体包括：梳理每个情报职能领域的能力、项目和活动；阐述在该职能领域的投入和资源分配情况；阐述和评估该情报职能的表现情况；指明在各职能领域应用的技术标准；指明各职能领域中的职能重叠和冲突情况；指明已采取什么手段实施职能和情报品类的整合等等。①

① 113th Congress, *Intelligence Authorization Act for Fiscal Year* 2014, Public Law 113 - 126, Jul. 7, 2014.

而对于临时性的调查评估，在各调查小组和委员会的授权法规中也会列有专项条款规范调查的重点和方向。以“9·11”委员会为例，在《2003 财年情报授权法》第 604 条中对该委员会的调查内容进行了较为详细的规定：“委员会的职责是实施各类调查，包括调查导致‘9·11’事件的各类事实与环境，如相关法律、行政命令、规章制度、计划、政策、实践活动及规程等；也可调查以下机构或活动，如情报机构、执法机构、外事机构、移民机构和边防管制机构、恐怖组织财产流动情况、民航活动、国会监督和资源分配情况及委员会认为需要调查的其他机构或活动。”①此外，该委员会还需调查、研究和评估各政府部门及民间组织在侦测、防止和应对恐怖袭击事件上的能力与作用。②由此可见，该委员会调查的重点和方向也依法确定。

（三）赋予调查人员合法权力

各级国家情报管理者在开展例行性调查评估时，其调查权力已经包含在日常情报管理权之内，因此无需法规再行授权。但是，对于临时性成立的调查小组和委员会，情况则有很大不同。如果各调查小组和委员会想要能够正常履行使命、完成相关调查任务，则必须获得相应的调查权力，并且需要法规给予其权威。仍以“9·11”委员会为例，该委员会的权力大小在《2003 财年情报授权法》第 605 条“委员会权力”中就有详细的规定。总的来看，该法赋予 9·11 委员会以听证权、传唤权和知情权等重要权力。

具体来说，按照该法第 605 条 a 款的规定：“委员会及其授权机构、其下属分委员会和成员有权召开听证会。”③ 在听证会上，委员会有权记录证词、搜集证据并要求证人宣誓保证证词的真实性。听证会的相关内容也需记录在案，并且听证会的证词也将作为证据留

① 107th Congress, *Intelligence Authorization Act for Fiscal Year 2003*, Public Law 107 - 306, Nov. 27, 2002.

② Ibid..

③ Ibid..

档备查。

而如果需要传唤证人或知情者，该委员会也可依据第605条的相关规定对指定人员进行传唤。不过实施传唤时也需要遵守法规的规定：第一，只有得到委员会主席和副主席的批准，或者获得委员会半数以上委员支持才可实施传唤；第二，传票需要委员会主席或其指定代理人签字方可生效。如果是由半数以上委员支持而发起的传唤则只需安排代表签署即可。① 如果被传唤者拒不出席，那么委员会可上诉至被传唤者所处之处具有管辖权的地区法院，该法院可依据相关规定颁布判令，强制要求被传唤者在指定的时间和地点出席作证。如果被传唤者仍然拒绝出席作证，那么法院可依据藐视法庭罪对其进行判罚。

表3—5 "9·11"委员会公开听证记录情况表

听证会场次	时间	地点	主题
第1次公开听证	2003年3月31日—4月1日	纽约	不详
第2次公开听证	2003年5月22—23日	华盛顿	不详
第3次公开听证	2003年7月9日	华盛顿	恐怖主义、基地组织及穆斯林世界
第4次公开听证	2003年10月14日	华盛顿	情报与反恐战争
第5次公开听证	2003年11月19日	新泽西州德鲁大学	应急准备
第6次公开听证	2003年12月8日	华盛顿	安全与自由
第7次公开听证	2004年1月26—27日	华盛顿	边境、运输和风险管理
第8次公开听证	2004年3月23—24日	华盛顿	反恐政策

① 107th Congress, *Intelligence Authorization Act for Fiscal Year 2003*, Public Law 107－306, Nov. 27, 2002.

续表

听证会场次	时间	地点	主题
第 9 次公开听证	2004 年 4 月 8 日	华盛顿	康多莉扎·赖斯公开作证
第 10 次公开听证	2004 年 4 月 13—14 日	华盛顿	执法及情报界
第 11 次公开听证	2004 年 5 月 18—19 日	纽约市	紧急应对
第 12 次公开听证	2004 年 6 月 16—17 日	华盛顿	国家危机管理

除了召开听证会和传唤证人出席作证外，委员会还具有一项十分重要的权力——知情权。按照该法规定，委员会如果需要任何信息，政府、国会或其他组织都必须如实提供。按照这一规定要求，委员会可自由获取各类官方报告、政府文件、档案记录、统计资料等数据信息。当然，各级政府组织也有义务帮助委员会解答各类疑问和接受各类质询。

在该法的帮助下，委员会共举行公开听证会 12 场（见表 3—5），此外还举行为数不详的秘密听证会，前后共咨询了十几个国家的 1200 余人，听取了 160 名证人的公开作证，约谈了现任和前任政府的各级官员，其中不乏政府要员和核心涉密人员。例如，委员会听证和约谈的对象包括时任美国总统的小布什、前总统克林顿、副总统切尼、国务卿鲍威尔、国防部长拉姆斯菲尔德、总统国家安全事务助理赖斯、国土安全部部长里奇等人。委员会前后共查阅了 250 万页的各类文献资料，最终提出了 41 条改革建议。[①] 由此可见，依法赋予调查人员必要的权力也是推动调查工作顺利进行的重要条件。

（四）明确汇报时间和汇报对象

无论是例行性调查评估还是临时性调查评估，其汇报的时间和汇报的对象也有明确的规定。这不仅凸显了调查评估的时效性，也

① 美国“9·11”独立调查委员会著：《“9·11”委员会报告》，史禺等译，世界知识出版社，2005 年版，第 14 页。

体现了调查评估的严肃性和权威性。例如，《1947年国家安全法》第102A条g款就明文规定，每年不晚于2月1日，国家情报主任应向总统和国会提交一份有关信息共享情况的年度报告。① 而该法第103H条k款也明文规定，美国情报界监察长应不晚于每年的1月31日和7月31日，向国家情报主任提交一份监察长办公室工作情况的报告。② 在《2003财年情报授权法》中，对于“9·11”委员会的汇报时间也做出了规定。该法第610条规定，调查委员会需要提交多份调查报告。在调查过程中如果有所发现，形成初步意见和结论，可向总统和国会提交中期研究报告；而在18个月内，调查委员会需要提交最终报告。③ 当然，当委员会履行完其职责使命后，其解散和卸任问题也写入了《2003财年的情报授权法》。按照该法第610条的规定：“当委员会提交最终报告的60天后，其所有权力都将终结。”④ 而这最后的60天也将被用于处理行政性的后续事宜。

除了依法明确汇报的时间外，各调查评估人员或机构还需依法确定汇报的流程和对象。在美国国家情报管理法规中，对于评估报告的汇报对象进行了严格限定。一般情况下都是由下级情报管理者上报给上级情报管理者，或调查实施者向调查授权者汇报。一般不得越级上报或随意扩大知悉范围。通常情报界各单位内部的例行性评估报告经层层汇总，最后提交至机构首长，再由机构首长撰写本机构整体的评估报告，并上报国家情报主任。而国家情报主任提交的情报界整体评估报告则需同时提交给总统和国会。但是这种汇报机制也存在一些例外情况。例如，为了强化国会对情报界的监督职能，各情报机构监察长的评估报告在提交给同级情报机构首长的同

---

① Office of General Counsel, *Intelligence Community Legal Reference Book*, Office of the Director of National Intelligence, Winter 2012, p. 45.

② Ibid., p. 70.

③ 107th Congress, *Intelligence Authorization Act for Fiscal Year 2003*, Public Law 107－306, Nov. 27, 2002.

④ Ibid..

时，还需要提交给情报界监察长。而情报界监察长则需在汇总情报界各机构监察长报告的基础上，撰写总报告，并将其报告上报给国家情报主任和国会情报特别委员会。当然，所有这些上报机制都有其各自的法理依据。而临时性的调查评估，更是在授权法规中明文注明调查评估的汇报对象和汇报方式。

综上所述，无论是例行性调查评估，还是临时性调查评估，其调查评估行为不但具有合法授权，而且其人员身份、调查重点、权力大小都有法规进行规范，甚至连最终汇报的时间和汇报的对象也有相关规定。可以说从启动调查评估的那一刻开始，就有法规对其进行规范和管理。而这种依法开展调查评估的做法也正是国家情报法制管理的另一显著特色。

二、根据调查结果采取应对措施

在美国情报界，调查评估的结果历来受到各级情报管理者的高度重视。因为调查评估的结果不仅关系到各级管理者和相关管理机构的人事变迁和奖惩情况，也与整个国家情报管理组织及其运行机制的发展和改革息息相关。如果调查评估的最终结果较好，整个国家情报管理组织及其运行机制能够有效甚至高效运行，可以较好的维护美国的国家安全，那么美国国家情报管理者只需对个别人员或机构实施表彰奖励或依法问责就完成了自己的管理职责。而如果调查评估的结果显示国家情报管理组织及其运行机制难以有效应对国家安全威胁，甚至无法维护美国的国家安全时，那么美国国家情报管理者则需要及时启动立法或修法程序，争取在较短的时间内对国家情报管理组织及其运行机制实施或大或小的调整与变革。当然，无论是采取哪种应对措施，其都必须严格依照法规规定，有序实施。

（一）实施表彰奖励或惩戒问责

在例行性和临时性调查评估过程中，如果发现个人或机构表现出色，在本职岗位做出了突出贡献时，美国各级情报管理者可依据相关法规规定在自己的权限内对表现杰出的机构或个人予以表彰奖励或职位升迁。众所周知，榜样的力量是无穷的。美国情报界积极树立各类正面典型，通过宣扬这些典型人物和典型事件，引导整个情报界的法制风气。出于保密原因，各类正面典型的相关资料都较难获取，不过笔者还是通过各类解密文献寻访到了正面典型的一些蛛丝马迹。例如，2011 年 6 月 23 日，第三届美国情报界监察长年度授奖典礼上就对守护法制尊严和防范违法滥权的各类模范人物进行了表彰。其中年度审计奖颁发给了国家安全局监察长办公室的审计人员；年度监察奖颁发给了中央情报局监察长办公室的监察人员；年度调查奖颁发给了国家安全局的调查人员。[①] 当然，这些奖项的设置也全部具有法理依据，而获奖者的评选工作也需要通过合法渠道进行层层选拔和筛选。而通过内部宣传和表彰，这些正面典型都成为了美国情报从业者争相效仿的榜样，也令整个美国情报界呈现出尊法守法的良好风气。

当然，对于那些玩忽职守，影响恶劣，违反相关规章制度的机构和个人，各层次的管理者或管理机构都有权依照相关规定对其实施问责和惩戒。如果违法行为触犯美国宪法和法律，美国政府或受侵害方也有权向各级法院提起诉讼。而具有管辖权的法院也将依据相关法律规定对违法人员或机构实施判罚。从提起诉讼到最终判决的过程中，每一个环节也都有相关法规进行规范。而依法惩处违法行为也是美国国家情报法制管理的重要特征之一。

具体来说，当国家情报机构及其雇员在开展情报活动中触犯法规，发生违法行为时，该管理层级的监察长或类似职能的管理人员有义务对其违法行为进行审查，并如实上报上级领导，并视情节轻

---

① 美国情报界监察长年度授奖典礼共颁发五项奖项，分别是年度领导奖、终身成就奖、年度审计奖、年度监察奖和年度调查奖。由于保密原因，具体获奖人员姓名和职位都已被隐去。参见 Office of the Inspector General, *Semiannual Report* (*January* 2011 – *June* 2011), Office of the Inspector General, Office of the Director of National Intelligence, Aug. 2011, p. 4.

重上报国会相关委员会。[①] 按照《1947 年国家安全法》第 103H 条 e 款“职能与职责”的规定：“（情报界监察长）有权保证国家情报主任知晓其管辖下各类情报项目和情报活动中的违反法规、渎职、滥权等行为，并需提供各类纠正建议，汇报纠正实施情况。”[②] 除此之外，其也有权开展各类调查活动。如果美国情报界有组织或个人不配合调查，或反抗情报界监察长的权威，那么按照《1947 年国家安全法》第 103H 条 g 款“职权”的规定，国家情报主任有权解除该人职务或中止相关合作合同。[③]

在调查过程中，如果发现违法行为且需追究相关单位或个人的责任，那么监察长可将审查材料上报司法部，并由司法部向有管辖权的联邦法院或州法院提起诉讼。法院接到诉讼请求后，可对其进行审理，并将审理结果返回该机构。该机构需依据法院的审理结果纠正其违法行为，并决定是否对违法者个人提出诉讼。如果需要对违法者个人提起纪律诉讼、刑事诉讼或民事诉讼，那么该机构的监察长可将相关起诉材料上交司法部，由司法部长指派检察官提起诉讼。

以美国公众较为关注的通信截听为例，《美国法典》第 18 卷第 119 章第 2520 条 f 款规定，“如果法院或者其他类似职能部门认定美国政府任何机构违反了本章之中的任何规定，并且法院或者其他类似职能部门认定该违法行为的情况表明，美国官员或雇员蓄意或故意参与实施了该违法行为，该机构应当依据收到的法院或者其他类

① 按照《1978 年监察长法》及《1947 年国家安全法》及其修正案的相关规定，美国政府机构各部门都应设置监察长或其相似职能的职位。目前为止，美国情报界各成员机构都设有监察长负责本单位的监察事务，而国家情报主任办公室也设置了统管美国情报界所有监察事务的情报界监察长一职。仅以 2010 年上半年为例，情报界监察长办公室共实施了 21 项大规模调查，涉及滥用职权、政府资源不当使用、违规签署合同、亏空公款等事务。参见 Office of the Inspector General, Semiannual Report, Jan 1st-Jun 30th 2010, Office of the Director of National Intelligence, Aug 2010.

② Office of General Counsel, *Intelligence Community Legal Reference Book*, Office of the Director of National Intelligence, Winter 2012, pp. 64 – 65.

③ Ibid..

似职能部门做出的真实且正确的决定和裁决的副本，立即启动程序以决定是否需要对违法行为所涉及的官员或雇员采取纪律诉讼。如果决定中涉及的机构负责人认为没有必要进行纪律诉讼，他或她应当通知相应机构的监察长并且应当向监察长说明做出该决定的理由。"① 从这条规定中可以看出，法院不仅可以利用司法审查权纠正情报机构的违法行为，还可以应司法部的要求接受对违法者个人实施的纪律诉讼、刑事诉讼或民事诉讼。

无独有偶，在《1959 年国家安全局法》第 15 条 b 款中也有类似规定："如果司法部长发现有人正在实施或即将实施某项触犯法律的行为，那么司法部长有权在美国地区法院提起民事诉讼。"②

无论是对违法单位提起诉讼，还是对违法个人提起诉讼，司法部接到相关诉讼材料后，都需依据相关法规进行前期准备，而无论是联邦法院系统还是州法院系统，都可依据其管辖权接收司法部的诉讼请求，并依照《对外情报监控法院诉讼规则》《联邦刑事诉讼规则》《联邦民事诉讼规则》等相关规定实施审判。

如果审判结果判定相关机构或个人确实违反了美国法律规定，并且达到相应的处罚标准，那么法院有权依据相关法规规定实施判罚。以《1978 年对外情报监控法》为例，如果情报机构的工作人员违反了该法对于电子监控的规定，实施了法律明文禁止的以下规定，则其行为构成犯罪："（1）假借法律规定之名实施电子监控，除依据本法或《美国法典》第 18 卷第 119.121 章或第 206 章，或者任何明确的法律规定授权实施的活动除外……（2）披露或者使用假借法律规定之名实施电子监控获得的信息，并且是明知或者能够合理地推定他明知该信息是非法所获……"③ 触犯该法者，"单处 10000 美

① 刘涛：《美国涉外情报监控与通信截取法律制度》，中国政法大学出版社，2014 年版，第 43 页。

② Office of General Counsel, *Intelligence Community Legal Reference Book*, Office of the Director of National Intelligence, Winter 2012, p. 305.

③ 刘涛：《美国涉外情报监控与通信截取法律制度》，中国政法大学出版社，2014 年版，第 153 页。

元以下的罚金或者 5 年以下的监禁，或者二者并处。”如果罪犯实施犯罪时，“其身份属于美国联邦的官员或雇员，联邦拥有司法管辖权。”[①] 该法中除了规定刑事处罚措施外，还另外规定民事责任的判罚标准。该法明文规定：“……受害人有权要求：（a）获得所遭受的实际损失的赔偿，但不得少于规定的损失赔偿金 1000 美元或者按照违法天数以每天 100 美元计算，二者不一致时，应当适用较高的计算方式；（b）获得惩罚性损害赔偿；（c）获得合理的律师费用，以及由此发生的其他合理调查费用和诉讼费用。”[②]

综上所述，在例行性或临时性调查评估过程中发现违法犯罪行为时，对该行为的惩处也必须遵循法规规定。不仅调查过程需要符合法律规定，提起诉讼也需要遵循法定程序，到最后判罚的结果也需要依据法规规定进行量刑和确定罚金数额。整个惩处过程都展现了法律的威严和规则的力量。这也是美国国家情报法制管理的突出特点。

（二）启动立法或修法程序

当调查评估的结果表明美国国家情报管理组织及其运行机制的效能不高，或存在漏洞和弊病时，美国政府和国会将随之启动立法或修法程序，以期在较短的时间内对美国国家情报管理组织及其运行机制进行恰当改变，并最终满足国家安全需求，维护国家安全利益。这种做法已经成为一项制度。而对国家情报管理组织及其运行机制的任何修正也都离不开调查评估报告中提供的各类对策建议，更与实施调查评估的各位专家学者息息相关。

众所周知，在美国的治国理政上，专家学者们也具有一定的发言权。在这一大背景下，参与调查评估的专家学者们对国家情报管理法规的成形也能够发挥重要影响。由于专家学者的观点和意见一

---

① 刘涛：《美国涉外情报监控与通信截取法律制度》，中国政法大学出版社，2014 年版，第 153 页。

② 同上。

般更加客观公正，并带有权威性和科学性，所以国会和总统一般都愿意倾听专家和学者的声音，并积极采纳他们的意见与建议以令法律更加科学与合理。

从历史上看，自美国国家情报管理制度建立以来，前后共有 14 份调查评估报告对美国情报界的整体发展发挥了重要作用。而其中最重要的四份报告分别是 1949 年的《杜勒斯报告》、1971 年的《施莱辛格报告》、1976 年的《丘奇委员会报告》和 2004 年的《“9·11”委员会报告》。[①] 其中，《杜勒斯报告》的大部分对策建议得到了国会的采纳，并写入了《1949 年中央情报局法》；《施莱辛格报告》的大部分对策建议也得到总统的首肯，并纳入了多份行政命令及日后的情报管理法律中；《丘奇委员会报告》更是同时得到总统和国会的接受，其主要内容被纳入《第 11905 号行政命令》和《参议院第 400 号决议》及后续的情报管理法律；《“9·11”委员会报告》提出的对策建议也得到了大部分采纳，并据此形成了《2004 年情报改革与防止恐怖主义法》。由此可见，专家学者们在评估报告中提出的各类对策建议在情报管理法律的立法过程中发挥了重要作用。情报调查评估的结果不仅能够驱动国会和政府积极修改国家情报管理法规，同时还能够为法规的创设奠定基调和指引方向。这也是美国国家情报法制管理的另一个突出特点。

① M. Warner & J. Kenneth McDonald, *US Intelligence Community Reform Studies Since* 1947, Strategic Management Issues Office, Center for the Study of Intelligence, Washington, D. C., April 2005, p. iii.

第四章　美国国家情报法制管理的动态调适机制

美利坚民族爱好以频繁的小修小补以改正和弥补错误。托克维尔曾经在《论美国的民主》中提出："美国人爱改革，但怕革命。尽管美国人不断修改或废除他们的某些法律，但很少表现出革命的激情。生活在民主制度下的人，从心里害怕革命，视之为最大的灾难，因为任何革命都要或多或少地威胁既得的所有权。"① 这种爱好修正和渐进式改革的性格特征在美国国家情报法制管理的革新和完善中也得到了很好的体现。每当美国人在国家情报法制管理过程中发现缺点和不足，他们不是另起炉灶，推倒重来。相反，其通过渐进式改良，通过一点一滴地不断修正，令其国家情报法制管理日臻完善。从 1947 年开始，美国国家情报法制管理就经历了大大小小的各类修正。可以说，美国国家情报管理之所以能够实现较高程度的法制，各类修正和改良功不可没。而由于法规在国家情报法制管理中的核心地位和重要作用，所以改良和完善国家情报法制管理的关键在于修正法规。以法规为媒介，美国国家情报管理组织及其运行机制能够始终高度适应国家安全形势的不断变化，能够在最短的时间内，以最高的效率完成对国家安全形势的动态调适。这也是美国国家情报管理组织及其运行机制得以始终保持生机和活力的重要奥秘。

---

① 托克维尔：《论美国的民主》，商务印书馆，1988 年版，第 800 页。

第一节　动态调适机制的两大理论模型

在美国国家情报法制管理的发展演进中，存在着两大互动循环：第一套循环存在于国家情报管理组织及其运行机制与国家情报管理法规体系之间，二者之间的不断互动和相互助推实现了国家情报法制管理自身的成熟与完善；而第二套循环存在于国家情报法制管理与国家安全之间，在这套循环的推动下，国家情报法制管理实现了对国家安全形势的积极应对和动态调适。在这两套循环的共同作用下，美国国家情报管理组织及其运行机制得以始终保持较高的效率，不断与时俱进，并持续推动美国国家情报法制管理的法制进程，最终实现了维护国家安全的根本目标。

一、国家情报管理组织及其运行机制与法规体系的互动模型

若想考察和分析法规在国家情报法制管理中究竟发挥什么样的作用，我们需要先将其单独从国家情报法制管理中剥离出来。把法规与国家情报管理组织及其运行机制各自作为两个独立的模块进行理论探讨。通过仔细研究法规与国家情报管理组织及其运行机制之间的互动关系，总结归纳法规在国家情报法制管理中的独特作用。为了使研究的过程和结果更加直观易懂，本书特提出以下模型：

从图4—1中我们发现，左侧虚线框内反映的是国家情报管理组织及其运行机制的大体情况。位于左侧上方的国家行政管理组织代表的主要是以总统为首的行政管理机构，其主要负责对国家情报机构实施行政管理和业务管理，具体来说包括：为国家情报机构制订国家情报优先目标、拟制国家情报项目、指导、协调和组织实施国家情报活动等等。而位于左侧下方的国家情报监督组织则主要代表以国会和联邦最高法院为首的情报监督机构，其主要负责调查评估

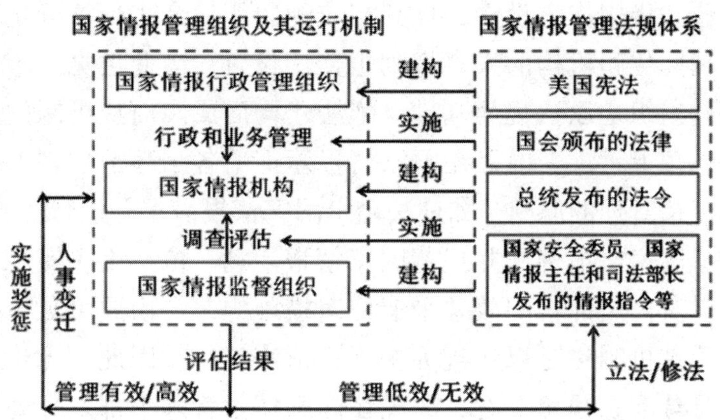

图 4—1　国家情报管理组织及其运行机制与国家情报管理法规体系的互动模型图

和监督制衡等事务，具体来说包括：对国家情报机构的整体运作情况、履职尽责情况、财政开支情况、遵纪守法情况等实施例行性或临时性调查评估。

而右侧虚线框内反映的是国家情报管理法规体系的构成情况。位于上层的是美国宪法，其法律效力最大，法律地位也最高，统管全部法规。而居于次席的是国会颁布的各类法律，其法律效力仅次于宪法，地位也位居第二。排行第三的是总统发布的各类法令，其法律效力略低于国会颁布的法律，但对美国情报界也拥有较强的约束力。而位于底层的是国家安全委员会、国家情报主任和司法部长发布的各类情报指令等，虽然法律效力不如宪法、国会颁布的法律和总统发布的法令，但对美国国家情报管理也具有重要的指导作用和规范意义。

这两个虚线框内的各项内容分别构成国家情报管理组织及其运行机制模块以及国家情报管理法规体系模块。从图 4—1 我们发现，两个模块之间存在着一个闭合的互动循环。具体来说，这个互动循环体现了以下两方面的互动内容。

（一）法规体系决定国家情报管理组织及其运行机制

正如前文所述，从组织构成这一静态视角上看，美国国家情报管理职位和机构依法设立，且其相应的职能使命也依法确定，再加上各管理职位和机构的人事规则也依法设置，由此可见，整个国家情报管理组织是以法规为基础，依法建构而成。而从机制的运行这一动态视角上看，美国人在国家情报管理的各个环节也都奉行依法管理和以法管理的原则。如依法确定国家情报需求并进行优先排序、依法投放国家情报资源并规范国家情报活动、依法组织实施国家情报活动以及依法评估问效并采取应对措施等等。由此可见，整个国家情报管理机制也是以法规为根本，依法运行。因此，无论从静态视角还是从动态视角上看，法规在国家情报管理中都发挥着不可替代的关键作用。换句话说，法规是国家情报管理的核心和灵魂。

而这个突出特点也体现在图 4—1 的模型中。在该模型图中，由法规体系模块共延伸出五个箭头，其中三个箭头分别指向国家情报行政管理组织、国家情报机构和国家情报监督组织这三个组织体系；另外两个箭头分别指向行政和业务管理以及调查评估这两个管理活动。前三个箭头表明国家情报行政管理组织、国家情报机构和国家情报监督组织的建构都以法规为基础，而后两个箭头表明行政和业务管理以及调查评估这两个管理活动的实施也都以法规为前提。因此，总体上看，法规体系是国家情报管理组织建构和机制运行的基础与前提，也就是说，法规体系对国家情报管理具有重要的决定作用。

（二）国家情报管理组织及其运行机制反作用于法规体系

正如前文所述，如果在国家情报监督组织在评估问效环节发现国家情报管理效率较高时，那么各个层次的国家情报管理者只需实施奖惩和做好人事变迁，就可激励国家情报机构及其所属人员不断奋发前行，保持整个国家情报机器的正常运行。但是，如果调查评估的结果表明国家情报管理组织的建构和管理机制的运行中存在不足或缺陷时，那么美国人需要根据问题的严峻程度和管理者的管理权限实施不同程度的立法和修法活动，然后再根据新的法规体系修正国家情报管理组织及其运行机制，令其能够重新保持较高的管理效率。

当调查评估由国家安全委员会、国家情报主任或司法部长授权实施时，一般情况下，国家安全委员会、国家情报主任或司法部长将根据其反馈的结果决定是否修正原有指令或发布新的指令。而这种程度的修正虽然不会立刻对国家情报管理法规体系产生根本性的影响，但是长时间的积累也能够令法规体系呈现出新的面貌，促使其不断发展演进。

当调查评估由总统授权实施时，其调查评估的结果将可能引发总统重新发布或修正各类法令。例如 1981 年 12 月，里根总统发布了《第 12333 号行政命令》，对美国国家情报活动进行了规范和约束。而 2003 年、2004 年和 2008 年，小布什总统先后对《第 12333 号行政命令》进行了修正。[①] 一般情况下，如果修正了总统发布的法令，那么其下配套的其他法规也需做出相应变化。因此，这种修正活动将可能迅速对法规体系产生较大影响，促使法规体系发生较大变化。

当调查评估由国会授权实施时，其调查评估的结果将可能引发国会重新制定或修正各类法律。从历史上看，国会曾对《1947 年国家安全法》进行过三十多次修正，通过这些大大小小的修正，也令美国国家情报管理活动更加规范和高效。而如果国会对法律进行了修正，那么与该法配套的各类法令和其他法规政策也需要做出相应变化。因此，这种修正活动将对法规体系产生重大影响，令法规体系出现重大变化。

相比之下，国会制订和修正法律的步骤比较繁琐，而总统、国家安全委员会、国家情报主任和司法部长发布总统法令和各类指令的步骤相对简单。因此，与法律相比，这些总统法令和各类指令更加灵活，更能及时应对各类威胁和挑战，在较短的时间内处理遇到

---

① 小布什总统于 2003 年、2004 年和 2008 年分别发布《第 13284 号行政命令》《第 13355 号行政命令》和《第 13470 号行政命令》，对里根总统发布的《第 12333 号行政命令》进行了修正。具体情况参见文后附录。

的各类问题。但是法律的管辖范围、法律效力、规范性和稳定性都要强于总统法令和各类指令，因此，美国人常常先发布总统法令或各类指令进行临时应对，再用法律对应对方法进行认可或完善。例如，国家反恐中心的创建源于2004年8月27日小布什总统发布的《第13354号行政命令》，同年12月，《2004年情报改革与防止恐怖主义法》认可了该行政命令中创建国家反恐中心的安排，并相应提升了该机构的授权等级。

仔细审视以上三种调查评估的处理结果后我们发现，在调查评估中发现的各类问题也将反过来推动国家情报管理法规体系向前不断发展。其中，重新创设法规使得法规体系不断发展壮大，而修正原有法规也使得法规体系不断成熟完善。无论是重新创设法规还是修正原有法规，最后都能够使得法规体系不断丰富和完善。由此可见，国家情报管理组织及其运行机制也可以反作用于法规体系，令其不断向前进步和持续发展。而总的来看，国家情报管理法规体系决定了国家情报管理组织及其运行机制，而国家情报管理组织及其运行机制又反过来作用于法规体系，令其不断丰富完善。这种作用与反作用的相互关系构成了一个闭合的循环，令美国国家情报法制管理在自身内部形成了动态调适，使其得以不断自我革新和发展演进。

二、国家安全与国家情报法制管理的互动模型

除了国家情报法制管理在自身内部存在一套互动循环外，国家情报法制管理和国家安全之间也存在着一套互动循环。而这套互动循环不仅揭示了国家情报法制管理与国家安全之间的互动规律，而且也体现了国家情报法制管理的根本目标和努力方向。其用模型图（4—2）表示如下：

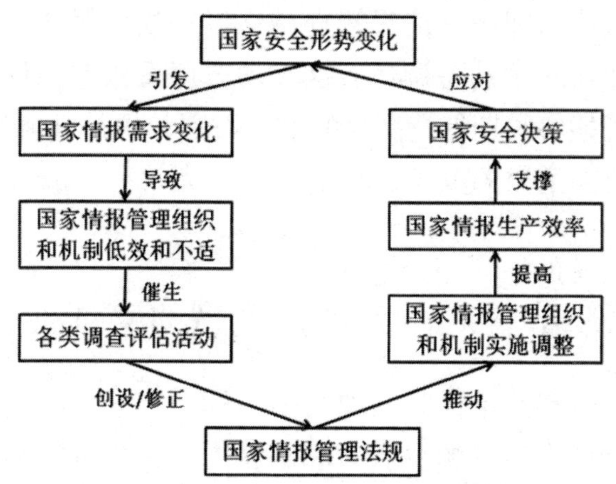

图 4—2　国家安全与国家情报法制管理的互动模型图

该模型图主要体现了如下内容：一国的国家安全形势发生变化后将带动一国的国家情报需求发生变化；而变化后的国家情报需求又导致原有的国家情报管理组织及其运行机制出现低效或不适①；之后，这些低效和不适情况也将推动美国国家情报管理层实施各类调查评估活动；而后美国国家情报管理层将以调查评估的结果创设或修正国家情报管理法规；以该法规为基础，美国国家情报管理组织及其运行机制将进行调整改革；根据新的管理组织及其运行机制提高国家情报生产效率，更加高效地支撑国家安全决策，并最终有效应对变化后的国家安全形势。当国家安全形势再次发生变化时，以上流程将再次重演。由此可见，国家情报法制管理与国家安全之间构成了一个闭合的互动循环。该循环令国家情报法制管理能够随着国家安全形势的不断变化而做出相应改变，并以此有效应对不断变化的国家安全形势。

此外，该模型也反映了国家情报法制管理在发展演进中所遵循

① 这种结果也很好理解，就如原来一家生产雨伞的工厂，突然需要生产雨鞋，其管理组织和管理机制必然与产品需求出现矛盾和不适，并进而影响效率，而在情报领域也是如此，随之相伴的常常是各类情报失误和情报丑闻。

的一个基本规律，即国家情报管理始终以法规为媒介，随着国家安全形势的变化而自主动态调适。这套动态调适机制不仅是美国国家情报法制管理能够长期保持高效的重要原因，也是其能够与时俱进，充满无限生机与活力的奥秘之所在。

第二节　对两大理论模型的实证检验

众所周知，实践是检验真理的唯一标准。只有经过实践检验过的理论，才能拥有足够的说服力和解释力，并具有预测功能和指导意义。因此，无论是国家情报法制管理自身内部的互动循环，还是国家安全与国家情报法制管理之间的互动循环，这两套循环想要成为理论和规律并赢得人们的普遍认同，那么它们必须经过实证检验。

而将这两套理论模型综合考虑后，我们发现国家情报管理组织及其运行机制与法规体系的互动模型属于微观模型，而国家安全与国家情报法制管理之间的互动模型更加宏观，后者可以包含前者的主要内容。因此，我们接下来就以国家安全与国家情报法制管理之间的互动模型为主要研究对象，对其进行实证检验。

按照国家安全与国家情报法制管理的互动模型所述，在国家情报法制管理的动态调适过程中包含了以下几个主要环节：第一，国家安全形势的变化引发国家情报需求的变化；第二，变化的国家情报需求导致国家情报管理组织及其运行机制低效和不适；第三，低效和不适情况催生对国家情报管理组织及其运行机制实施调查评估；第四，依据调查评估的结果创设或修正国家情报管理法规；第五，以新法规为基础对国家情报管理组织及其运行机制进行调适，而调适后的管理组织及其运行机制将提高国家情报生产效率，并最终有效应对变化后的国家安全形势。这五个环节构成一个闭合循环，令国家情报法制管理能够紧跟国家安全形势的不断变化而动态调适。

当然，为了验证以上这五个环节是否具有普适性，本书分别从美国现代国家情报管理制度创建时期、国会开始全面履行国家情报监督职能时期、冷战结束美国国家情报工作深度调整时期和“9·11”事件后国家情报管理大变革时期，这四个历史阶段选择有标志意义的典型案例，并以国家安全形势和国家情报需求的变化、国家情报管理组织及其运行机制的工作效率、实施调查评估的情况、创设或修正法规的情况以及国家情报管理组织及其运行机制的调适情况这五个方面作为考察指标，对各个案例进行考察与分析。探究这四个案例中，国家情报法制管理是否按照上文提到的五个环节逐一发展并最终完成整个调适过程。如果考察的结果表明这四个案例都符合该动态调适规律，那么我们可以大胆断言，这两个理论模型具备了足够的说服力和解释力，并具有相应的预测功能和指导意义。

一、《1947 年国家安全法》的创立

国内外学界一致认为，美国现代国家情报管理制度的创立源于《1947 年国家安全法》。该法中不仅规定了美国国家安全委员会的组织形式、人员构成和基本职能；同时也创设了中央情报主任一职，并在法理上承认其为美国情报界的法定代表。而根据该法第 102 条的规定，过去临时性的“中央情报组”也转变为拥有独立自治权的“中央情报局”。[①] 自此，以该法为基础，美国国家情报管理制度正式成形。而该法的创立也给我们提供了检验理论模型的难得契机。

（一）国家安全形势和国家情报需求的变化

20 世纪 40 年代中期，虽然二战刚刚结束，和平已经到来，但是以苏联为首的社会主义阵营与以美国为首的资本主义阵营爆发了“冷战”。在这一大背景下，美国的国家安全形势发生了较大变化。不仅威胁的对象由过去的轴心国变成了苏联集团，而且国家安全涉及的领域和范围也越来越宽。在这新的国家安全形势下，美国的国家情报需求也发生了变化，它不仅仅需要军事情报，同时还开始重

---

① M. Warner & J. Kenneth McDonald, *US Intelligence Community Reform Studies since* 1947, Center for the Study of Intelligence, Washington D. C., April 2005, p. 5.

视政治情报、经济情报、科技情报、外交情报等等。美国开始与苏联在各个领域开展竞赛，以争夺世界霸权。可以说，在这个历史时期，无论情报机构获得的情报涉及哪个领域，只要与苏联集团相关，那么该情报就自然拥有了决策价值。显然，这一时期与二战时期相比，美国的国家情报需求明显不同。由此可见，随着二战的结束和冷战的爆发，美国的国家安全形势发生了深刻变化，而其国家情报需求也发生了相应改变。

（二）国家情报管理组织及其运行机制的工作效率

在新的国家安全形势和国家情报需求下，美国国家情报管理上也暴露出了不少新的漏洞和缺陷。众所周知，二战结束后不久，杜鲁门总统于 1946 年 1 月发布行政命令，组建了国家情报委员会（National Intelligence Authority）及其下属机构中央情报组。[①] 虽然从严格意义上说，美国尚不存在正式的国家情报管理组织，但是临时组建的中央情报组原本就是用于国家情报管理。因此，可以将其暂时视为国家情报管理机构。不过中央情报组刚成立时机构规模不大，职权也有限——刚组建时人员仅 8 人，并且根据规定，该机构甚至不是独立单位，而是一个由几部门出人、出钱、出设备的“部际合作机构”。[②] 它没有独立的预算权，仅仅依靠国务院、陆军部和海军部提供的各类资源度日。而“各部门情报机构明显排斥中央情报组，依旧越过中央情报组直接向总统呈送情报，拒绝与中央情报组分享原始资料，只向中央情报组提供少量的资金和一小部分平庸的人

---

① 行政命令的内容包括：组建国家情报委员会，其主要成员包括国务卿、陆军部长、海军部长及总统代表。其职责是制订和实施全面的情报计划，并监督和协调所有联邦对外情报活动，以确保最有效地完成有关国家安全的情报任务。为了协助其完成这一使命，国家情报委员会将建立一个应由总统任免的组长领导下的中央情报组。参见沈志华、杨奎松：“杜鲁门关于建立国家情报委员会的行政命令草案：建立协调情报活动的国家情报委员会”，参见《美国对华情报解密档案》，东方出版中心，2009 年版，第 15 篇，第 407 页。

② 祁长松：《美国情报首脑全传》，中国社会科学出版社，2006 年版，第 43 页。

员……（这使得该机构）无力撰写情报为国家决策层服务”。[①] 由于该机构上有国家情报委员会掣肘，下有各部门情报机构的反抗，其本身又只是依靠行政命令成立的协调机构，从法理上看不具备太高的法律地位。因此，其地位异常尴尬，难以真正履行国家情报管理职责。美国各情报机构之间仍然缺乏沟通和协调，整体运行效率低下，无法形成有效合力。例如，首任中央情报组组长西德尼·索尔斯海军少将（Rear Admiral Sidnney Souers）曾奉命与美国军方情报机构对苏联的军事力量进行评估，但是“军方以保密为由，断然拒绝向中央情报组这个非军方情报机构提供资料”。[②] 而国家情报委员会的成员们职务又都比索尔斯高，“对索尔斯呼来喝去”，并要求“事情均由他们负责，索尔斯毫无独立的权力”。为此，当 1 名记者询问索尔斯将如何开展工作时，他无奈地回答道：“我要回家。”[③]

而《1945 年独立机构拨款法》的颁布实施更使得中央情报组的财政危机雪上加霜。因为该法规定：如果某机构无法得到国会的特别拨款，那么一年后它将被切断一切资金来源。也就是说，国务院、陆军部和海军部都无法再继续向中央情报组提供任何资金。[④] 由此可见，随着时间的推移，美国国家情报管理中暴露出越来越多的漏洞和缺陷，其国家情报管理组织及其运行机制的工作效率也越来越低，这种临时性的国家情报管理制度难以适应国家安全形势和安全需求的变化。

（三）实施调查评估的情况

面对国家情报管理上的各类弊病，以总统为首的政府高层领导们也忧心忡忡，先后授权成立各类委员会就国家情报管理问题进行

---

① A. B. Zegart, *Flawed by Design*: *The Evolution of the CIA*, *JCS*, *and NSC*, Stanford: Stanford University Press, 1999, pp. 180 – 181.

② 祁长松：《美国情报首脑全传》，中国社会科学出版社，2006 年版，第 48 页。

③ 同上书，第 48—49 页。

④ “Memorandum From the General Counsel of the Central Intelligence Group (Houston) to the Director of Central Intelligence (Vandenberg),” June 13, 1946, in FRUS, Special Volume, 1945 – 1950, Emergence of the Intelligence Establishment, pp. 523 – 524.

调查研究，并提出了各种对策建议。例如，美国陆军成立洛维特委员会，海军成立埃伯斯塔特委员会，国务院成立麦科马克研究小组等等。这些调查委员会和研究小组针对国家情报管理中出现的各类问题进行了仔细分析和认真研究，并各自提出了相应的对策建议。但是无论是陆军的《洛维特报告》，还是海军的《埃伯斯塔特报告》，还是国务院的《麦科马克计划》，它们都难以脱离本位主义的窠臼，无法站在总统的高度统揽全局，而仅仅是从部门利益出发，提出应由本部门主导整个国家情报管理事务。这种“占山头”的本位主义也是当时国家情报管理中的体制弊病。而这种本位主义思想虽然在之后的一段时间里遭到打击和压制，但是却一直难以被消除，甚至在某些时候还会有所激化。①

当然，除了政府高层决策者们授权各类调查机构实施了各类调查评估外，中央情报组历任组长也都积极开展调查评估工作，并通过建言献策推动改革的方式谋求本机构在国家情报管理中的合法地位。例如，首任组长索尔斯任命劳伦斯·休斯顿（Lawrence Houston）为中央情报组总顾问，并授权其成立工作小组，专职中央情报组的立法和改革问题。对此，休斯顿在事后回忆录中写道：“我们遍找书籍……着手工作，共同制定出和平时期相应组织的立法……这项工作在一定程度上建立在杜诺万1944年备忘录的基础上……我们研究了一切我们所能想象到的运营战略情报局时可能出现的法律问题，并把这些问题……写入一份长篇的行政文件草稿中去。”② 1946年7月，索尔斯也在《每日情报摘要》上提出建议，称中央情报组

---

① 例如，二战后美国中央情报局与联邦调查局关于拉美地区责任归属问题就是本位主义的又一个典型案例。两大机构对于拉美地区情报工作归属权的争夺竟然一度闹到需要总统做出仲裁。最后里根总统不得不通过行政命令才将这两机构的职责权限做了区分。但是事后联邦调查局对这一裁定十分不满，甚至将其积攒多年的档案资料付之一炬。这正是本位主义的又一次重要体现。直到今天，美国情报界内还留有该思想的信徒，这也让美国情报融合和共享工作无法从根本上得到好转，其融合和共享的效率始终受到掣肘。参见胡荟：“浅论情报分析失误的原因——组织制度下的思考”，《解放军外国语学院学报》（社科版），2012年第3期，第26页。

② 祁长松：《美国情报首脑全传》，中国社会科学出版社，2006年版，第51页。

应尽快取得独立的法律地位以保证真正能够履职尽责。[①] 第二任组长霍伊特·范登堡（Hoyt Vandenberg）对中央情报组的立法和改革问题也十分关注。在他的授意下，中央情报组的法律顾问们将立法的草案呈递给了杜鲁门总统的特别顾问克拉克·克利福德（Clark Clifford）。克利福德在与休斯顿等人面谈后，接受了中央情报组的改革建议和立法要求，并将其草案呈递给了杜鲁门总统。

由此可见，为了消除国家情报管理的弊病和缺陷，美国情报界内外都实施了各类调查评估，并形成了各类研究报告，提出了各种对策建议。总的来看，美国对于国家情报管理制度的创建已经做好了必要的准备，距离国家情报管理制度的真正创建，只差时机成熟后的临门一脚而已。

（四）创设或修正法规的情况

针对各类调查委员会提供的评估报告，美国政府和国会经过仔细分析研究后认为，应以《埃伯斯塔特报告》所提建议为蓝本，综合各方意见，创设一套国家安全法律，并以此创建一套正式的国家情报管理制度。《埃伯斯塔特报告》提出，美国必须扩大国家安全机构的规模和数量，并在这些机构之间建立协调统筹机制。在这方面提出的具体建议是设立一些常设性机构，包括作为国家安全体制基石的国家安全委员会，以及国家安全资源委员会、军事装备委员会、参谋长联席会议和中央情报局等。当然，联邦调查局对此事非常不满，反对将自己排斥在改组方案之外，并坚决要求禁止新成立的中央情报局在美国大陆和属地行使情报调查权。在联邦调查局的一再要求下，经国家情报委员会开会反复讨论后，与会成员总体同意了这一请求，并在最终立法方案中加入了联邦调查局的意见。

而为了避免国会对情报事务的过度关注和讨论，成立中央情报局的立法草案被纳入美国军事机构改组的一揽子法案中提交国会审议。即使如此，国会参众两院还是对法案中的情报条款给予了特别

① 祁长松：《美国情报首脑全传》，中国社会科学出版社，2006 年版，第 51 页。

关注，并展开了激烈的辩论。特别是中央情报局局长究竟是应由军人还是文职人员担任一事争论最为激烈。经过多方商议和妥协，最终该法案于 1947 年 9 月正式生效，并被命名为《1947 年国家安全法》。该法对国家安全委员会和中央情报局的职责使命进行了规范，并以此正式奠定了现代化的美国国家情报管理制度。

该法规定国家安全委员会的职责是：（1）就国内外安全、外交和军事政策向总统提出建议，协调军方与各政府部门的关系；（2）评估实际或潜在的国家安全威胁目标，向总统推荐可行的政策选择；（3）研究涉及国家安全、政府部门共同关心的事务和政策，向总统提交具有操作性和针对性的解决方案；（4）审查、指导国家对外情报、反情报及其他特殊活动。①

该法规定中央情报局的职责是：（1）在涉及国家安全部门和机构的情报领域向国家安全委员会提出建议；（2）就协调国家安全部门和机构的情报活动向国家安全委员会提出建议；（3）对于国家安全有关的情报进行归类和评估，并利用现有机构和设备在政府内适当分发这些情报，但需满足以下三个条件：第一，中央情报局不得行使维持治安、传唤和执法权；第二，各部门和其他机构应继续搜集自身所需的情报并对其进行评估和分发；第三，中央情报局局长有责任严守情报来源和方法的秘密以防泄密；（4）为了保证现有情报机构的利益，从事国家安全委员会认为由中央机构更适合完成的任务；（5）履行国家安全委员会随时可能赋予的其他职责。②

从《1947 年国家安全法》对国家安全委员会和中央情报局的职责使命所做的规定可以看出，其主要参考了《埃伯斯塔特报告》的对策建议，同时也积极吸收了中央情报组和联邦调查局等机构提交的评估报告，其最终法条也顺理成章地成为了各类对策建议的集大成者。

---

① 沈志华、杨奎松：《美国对华情报解密档案》，东方出版中心，2009 年版，第 495—496 页。

② 同上书，第 496—497 页。

（五）国家情报管理组织及其运行机制的调适情况

依据《1947 年国家安全法》，美国设立国家安全委员会，并由总统担任委员会主席，负责统筹协调国家安全事务；设立中央情报主任一职，代表总统统管美国情报界，其下设立中央情报局，作为直属机构开展工作。自此，中央情报局正式挂牌成立，成为了一个拥有合法地位的独立情报机构。而美国国家情报管理制度也正式得以确立。在长达半个多世纪的时间里，美国一直以该法创建的国家情报管理组织及其运行机制为基础实施国家情报管理。而实践证明，虽然该国家情报管理组织及其运行机制仍存在不少不足和缺陷，但是瑕不掩瑜，该国家情报管理组织及其运行机制在之后较长的时间内较好地维护了美国的国家安全，并帮助美国赢得了冷战的最终胜利。因此，我们认为这套国家情报管理组织及其运行机制基本适应了当时的国家安全形势，并且较好地发挥了应有的作用。而自 1947 年开始，美国政府在新设情报机构时也逐渐以颁布法规的形式明确新机构的职责使命，划定新机构的职权范围，并赋予新机构以法律权威。这种依法创设国家情报管理机构的观念也逐渐成为美国国家情报管理一种约定俗成的行为习惯，对美国国家情报管理产生了深远的影响。

二、《情报监督法》与《第 12333 号行政命令》的创立

1980 年 10 月，美国国会颁布了《1981 财年情报授权法》。由于该法第五章“情报活动的监督”专门规定了国会在情报监督上的职责和权力，因此该法条也被单独命名为《情报监督法》。一年之后，1981 年 12 月，里根总统发布了《第 12333 号行政命令》，进一步规范了美国情报界的职责使命、行动原则和监督问责等问题，并进一步确定了中央情报主任在国家情报管理中的领导地位。这两部法规的创立也给我们提供了对动态调适规律进行实证的机会。

（一）国家安全形势和国家情报需求的变化

为了了解当时国家情报法制管理的动态调适情况，我们首先需要了解20世纪70年代至80年代初，美国国家安全形势的发展变化。20世纪70年代，美国陷入越战泥潭难以自拔，而苏联趁机强势扩张。在这一时期，美苏冷战进入相持阶段，双方的关系有所缓和且中美关系也有所改善。与冷战初期相比，美苏之间的对抗气氛略为减弱，呈现出合作解决争端的趋势。双方不仅在外交领域频繁互访，而且签署了一系列军控条约。总的来看，这一时期美国的外部国家安全形势有所趋缓。但是相比之下，美国国内的安全威胁逐渐抬头。尤其是随着反战运动的兴起，美国政府发现国内各种反政府势力不断壮大，给美国社会带来了一系列的混乱，使得美国的国内安全形势不容乐观。在新的国家安全形势下，美国的国家情报需求也再次发生变化。为了保持政权稳定，推动政府的越战政策，破坏和镇压反战运动，美国政府在重视对外情报的同时，其国家情报需求也逐渐转向国内情报领域。其对国内情报的重视程度节节攀升，并运用国家情报机构推行对内维稳和戡乱行动。这一时期，中央情报局、联邦调查局等情报机构不断强化对美国国内反战运动的监控，这也从侧面反映了美国国家情报需求的重要转变。

（二）国家情报管理组织及其运行机制的工作效率

随着美国国家安全形势和国家情报需求的深刻变化，人们心中国家安全至上的观念也出现了动摇。人们的注意力开始关注国内的民主与自由问题。此时，美国情报界已经深度参与国内各项政治活动，并逐渐沦为行政机构推行既定政策和谋求自身利益的工具。这一时期，美国情报界不断践踏本应维护的民主与自由，暴露出美国国家情报管理中存在巨大的缺陷和弊病，即国家情报管理中监督力量过于薄弱，甚至是名存实亡，使得国家情报管理缺乏有效的制衡和约束。这些缺陷和弊病随着时间的推移也愈演愈烈，严重影响了美国国家情报管理组织及其运行机制的工作效率。

众所周知，自美国国家情报管理组织及其运行机制建立以来至

20世纪70年代中期，中央情报主任一直代表总统对整个情报界进行名义上的集权化管理。无论中央情报主任手中的权力是大是小，情报管理权都始终牢牢地掌握在行政部门手中。在冷战初期国家安全大于一切的大背景下，立法部门和司法部门对行政机关独享情报管理权几乎毫无异议。人们的注意力都集中在如何获得更多的情报能力以更好地支援国家安全决策这个问题上，谁也不会过分地盯住情报机构或其活动情况。人们都相信情报机构会做出合适的决定。①

在20世纪70年代中期以前，美国国会几乎从不过问情报事务，这一时期也被学者们称为“互相信任期”或“善意忽视期”。② 以中央情报局为例，当时只有国会两院的武装部队委员会和拨款委员会下设的国防分委员会负责中央情报局的管理和拨款事务。由于情报工作的机密性，真正了解其运作和管理情况的人员仅限各委员会主席和委员会的资深议员。绝大多数国会议员并不关心情报事务，甚至担心牵涉国家安全容易在政治上承担风险而刻意对此予以规避。对此，参议院军事委员会和拨款委员会主席理查德·拉塞尔（Richard Russell）甚至曾经提出：“如果政府部门当中有一个机构我们必须要完全信任，不需要固定的方法与资源来调查它，我相信它一定是中央情报局。”③

与此同时，以联邦最高法院为首的司法部门在20世纪70年代之前也一直避免牵扯情报事务，几乎不参与美国国家情报管理。以中央情报局为例，1947年至20世纪70年代间，“美国各级法院只做出了7个与中央情报局直接有关的司法判决，而且其中没有一个裁决对中央情报局的活动有实质性影响。”④ 而20世纪70年代之前，

① 约翰·兰尼拉格：《中央情报局》，中国社会科学出版社，1990年版，第222页。

② L. K. Johnson, “The Contemporary Presidency: Presidents, Lawmakers, and Spies: Intelligence Accountability in the United States”, *Presidential Studies Quarterly*, Vol. 34 No. 4, 2004.

③ F. J. Smist Jr., *Congress Oversees the United States Intelligence Community* 1947 - 1994, Knoxville: The University Press, p. 6.

④ 汪明敏、谢海星、蒋旭光：《美国情报监督机制研究》，光明日报出版社，2013年版，第59页。

联邦最高法院仅有的几个涉及情报活动的判例也都仅仅关注情报机构实施国内监控的程序和正当性问题，对于其他情报事务几乎没有关注。例如，1928 年的奥姆斯特德诉美国案（Olmstead v. United States）、1937 年的纳登诉美国案（Nardone v. United States）、1942 年的戈德曼诉美国案（Goldman v. United States）、1961 年的西尔弗曼诉美国案（Silverman v. United States）等。[①]

在这一时期，作为国家情报重要监督方的国会和法院，其情报监督功能基本处于瘫痪状态。而由于立法和司法部门的不作为，使得以总统为首的行政部门一家独大，几乎独霸了国家情报管理权。而随着时间的推移，美国国家情报管理中监督缺位的问题愈演愈烈，以中央情报局为首的美国情报界违法乱纪和滥用职权的现象也被一一曝光，如“五角大楼文件案”“水门事件”[②]“家庭珍宝事件”[③]等等。而随着各类丑闻的相继爆发，美国情报机构的形象也跌入了谷底。在这一时期，美国国家情报管理中暴露出大大小小各种缺陷和弊病，并引发了人们广泛而持久的讨论和反思。人们普遍呼吁对美国国家情报管理组织及其运行机制实施调查，并启动相应的改革措施。而这些舆论压力也进一步推动了各类调查机构的成立和各类评估活动的开展。

---

① 刘涛：《美国涉外情报监控与通信截取法律制度》，中国政法大学出版社，2014 年版，第 2—4 页。

② “水门事件”是美国历史上重大的政治丑闻之一。1972 年尼克松在总统大选时，为了取得民主党内部竞选策略的情报，其竞选班子的首席安全问题顾问詹姆斯·麦科德（James McCord）带领几名手下潜入位于华盛顿水门大厦的民主党全国委员会办公室，安装窃听器并偷拍有关文件。然而这几人被安保人员发现后当场被捕。麦科德被捕时自称是前中央情报局雇员。这也引发外界对总统滥用情报机构的担忧和质疑。

③ “家庭珍宝事件”是施莱辛格任中央情报主任时为了了解中央情报局所从事过的所有违法勾当而授意局内人员汇编而成的记录文献。该文献超过 300 份文档，其中记录了中央情报局历年来从事的国内谍报、精神类药物测试、截收邮件、暗杀外国政要、策划阴谋等非法行为。1974 年 12 月 22 日，《纽约时报》刊发了揭发中央情报局“家庭珍宝”的文章，并引起全美对于以中央情报局为首的情报机构滥权和违法的谴责与声讨。

（三）实施调查评估的情况

随着各类丑闻的不断涌现，美国总统和国会也先后授权成立了各类调查委员会对美国国家情报管理组织及其运行机制实施调查评估。这一时期，国家情报管理各个层级都先后实施了大小不一的调查评估活动，其中最为著名的几个调查委员会分别是参众两院联合授权成立的墨菲委员会、总统授权成立的洛克菲勒委员会、参议院授权成立的丘奇委员会和众议院授权成立的派克委员会。这四个委员会分别对美国国家情报管理组织及其运行机制进行了较为详细的审查，并分别得出了各自的评估结论。

例如，墨菲委员会认为，虽然美国国家情报管理近年来取得了不少进展，但是其仍然存在不少体制弊病，包括中央情报主任的权力和地位需进一步明确，国会应组建联合特别委员会加强情报监督，隐蔽行动的审批权应上交国家安全委员会等等。①

而洛克菲勒委员会则认为，中央情报局绝大多数行动是符合其法定职权的，只有极少一部分行动属于非法行为，而且已经得到了彻底改正。② 当然，行政机关自己采取的“自我批评式”的调查较难真正做到客观准确。这种调查实为对当前国家情报管理的变相保护和辩解。其根本目的在于维护行政机关对国家情报机构的绝对控制权，避免大权旁落。因此，该委员会除了得出积极正面的结论并提出一些不痛不痒的改革建议外，其在整个调查过程中也透露出对

---

① Commission on the Organization of the Government for the Conduct of Foreign Policy, *Final Report*, Washington, DC: Government Printing Office, June 1975, pp. 91 - 102.

② 委员会报告中指出：“经过对事实的详细分析，委员会确信，中央情报局在国内的绝大多数的活动是符合它的法定权限的。然而28年多的历史中，确有某些行动是应当受到批评并且是不允许再发生的……在这些行动中，有些是总统直接或间接提出和指示做的。有些行动的性质难以确定，即介于委托给中央情报局的职责和严禁该局干的事情这两者之间。有些行动显然是非法的……中央情报局在1973年和1974年这两年已经有效地终止了这些非法活动。”参见约翰·科尔比：《情报生涯三十年》，群众出版社，1982年版，第344—345页。

中央情报局的明显偏袒和保护。[①]

而对美国国家情报管理情况研究的最彻底和最客观的调查报告出自丘奇委员会。在该委员会的调查报告中指出，美国情报界在国家安全决策中发挥了不可替代的重要作用，并且在日后的国家安全决策中仍将做出重要贡献。但是美国国家情报管理也存在一些需要改进之处，包括中央情报主任应超脱中央情报局的日常杂事而更具有全局视野，总统和国会都应强化对情报界的监管力度，对隐蔽行动应实施更严格的管控等等。[②] 当然，丘奇委员会在调查过程中也并非一帆风顺，其调查活动从一开始就遭遇了行政部门的反感和抵制。以前中央情报主任理查德·赫尔姆斯为例，他在国会的历次听证会上都三缄其口，面对指控一概不承认，是名副其实的“守口如瓶的人”。[③] 在他卸任中央情报主任，改任驻伊朗大使的 4 年时间里，他“曾从伊朗被召回美国接受国会各种调查委员会的调查 16 次，其中 13 次是在各种官方调查机构作证。他总共作证 30 多次，费去了 100 多个小时。”[④] 但在这种频繁的调查与听证中，赫尔姆斯依然保持冷静，“坚持使用含糊不清的言词，多次用那种拐弯抹角的表达方式……这并不是说他不知道是谁下令、出于什么考虑、向谁和用什么措辞下令的，显然是因为他们曾发誓不泄露秘密”。[⑤] 在丘奇委员会的听证会上，赫尔姆斯甚至对委员会主席弗兰克·丘奇不无嘲讽地说道：“我不认为在人的一生中，各种事情要么全是白的，要么全

---

① 例如，委员会主席洛克菲勒副总统发现中央情报主任科尔比在作证时非常主动和坦白后，就把他带到自己办公室，直言不讳地提出，科尔比应该以保密为由，将一些问题搪塞过去，而不应该知无不言，言无不尽。参见威廉·科尔比：《情报生涯三十年》，群众出版社，1982 年版，第 344 页。

② Senate Select Committee to Study Governmental Operations With Respect to Intelligence Activities, *Final Report*, Volume 1, Foreign and Military Intelligence, 94th Congress, Second Session, 1974, pp. 423 - 459.

③ 托马斯·鲍尔斯：《守口如瓶的人——理查德·赫尔姆斯和美国中央情报局》，群众出版社，1985 年版，第 278 页。

④ 祁长松：《美国情报首脑全传》，中国社会科学出版社，2006 年版，第 294 页。

⑤ 同上，第 295 页。

是黑的。我只是想说，我不是个法学家。”[①] 虽然赫尔姆斯最后被判伪证罪，并被判处罚款2000美元，但是他的行为却得到了美国情报界绝大多数从业者的拥护和支持。甚至在丘奇委员会内部都有人为其如此执着地保守情报秘密而大感折服。[②]但是这些抵制和反感并未能阻止丘奇委员会的调查活动。由于丘奇委员会严谨细致和其实事求是的办事作风、客观中立的调查态度和严守秘密的行事原则，令其赢得了美国情报界的尊重和认同，并最终令其得以提交高质量的评估报告。

但是派克委员会的命运却与丘奇委员会大相径庭。由于该委员会办事较为专横武断，也缺乏耐心实施沟通与协调，导致其各类质询和听证工作处处碰壁。例如，福特总统就“对派克委员会提出看文件审材料的要求并非有求必应。他始终保持谨慎态度。他曾多次征求司法部长的意见，只要司法部门认为不必满足派克的要求，福特便断然拒绝派克方面的要求。”[③] 对于派克委员会保密措施不严，常常泄露国家机密的问题，福特更是指出：“不负责任地而且是危险地暴露国家情报机密的行为必须终止。这是十分重要的……公开性是我们这个国家的标志。但美国人民从来也没有认为我们国防部的秘密作战计划公开是必要的，我认为他们也并不希望把真正的情报机密泄露出去。”[④] 1975年9月，福特总统甚至一度禁止派克委员会阅览涉密文件，并严禁政府官员赴委员会作证。这一禁令长达12天之久。[⑤]除了总统和高层极力抵制派克委员会的调查活动，美国情报界的普通从业者也对国会的调查行为十分抵触和不满，认为这是“外行人”的“找茬”行为。中央情报局内负责协调工作的唐纳德·格雷格（Donald Gregg）对派克委员会的调查活动评价到：“与派

① 祁长松：《美国情报首脑全传》，中国社会科学出版社，2006年版，第295页。

② 同上，第294页。

③ 同上，第344页。

④ 约翰·兰尼拉格：《中央情报局》，中国社会科学出版社，1990年版，第723页。

⑤ G. K. Haines, *Looking for a Rogue Elephant*: *The Pike Committee Investigations and the CIA*, Center for the Studies of Intelligence, pp. 87.

克委员会相处几个月后，我发现我在越南任职时就像在参加野餐一样惬意。我宁愿去与越共作战，也不愿与这种政治调查打交道。”[①]中央情报局内与派克委员会一起工作的审查小组也认为派克委员会的成员都是一些“嬉皮士，太过年轻，不负责任而且太幼稚”。[②] 连一贯保守的中央情报局法律顾问米奇·罗戈文（Mitch Rogovin）也认为派克是“一个难对付的棘手货色”，虽然派克从事的就是这种招人白眼的工作，但是“他把这事弄得特别糟糕，你还得时刻提防派克本人的政治野心。”[③] 为此，中央情报局在上交给派克委员会的各类材料中都尽量标上“秘密”字样，防止其随意散播和使用。而派克本人也在给时任中央情报主任的威廉·科尔比的回信中挖苦道：“首先我得感谢你给我的两封信中没有在每页上都标明‘秘密’字样。”[④]由此可见，派克委员会的调查工作进展的并不顺利，而且该委员会难以保守秘密的行事作风更加剧了情报界的不信任和抵制情绪。甚至该委员会的最终报告也由于泄密的原因而未能正式出版。虽然派克委员会的最终评估报告并未公开，但是其泄露出来的草案中披露了以下意见和建议：强化对隐蔽行动的管理，严禁在和平时期从事暗杀和准军事行动；中央情报主任应脱离中央情报局，而只负责领导整个情报界；在众议院建立常设情报委员会，落实情报监督职能等等。

综上所述，这一时期，美国总统和国会先后授权实施了密集的调查评估活动，对美国国家情报管理组织及其运行机制进行了深入研究和评估。各委员会对美国国家情报管理中存在的弊病和不足也提出了各类对策建议，为日后创设和修改国家情报管理法规铺平了道路。

---

① G. K. Haines, *Looking for a Rogue Elephant*: *The Pike Committee Investigations and the CIA*, Center for the Studies of Intelligence, pp. 83 – 84.

② Ibid. , p. 83.

③ Ibid. .

④ Ibid. , p. 84.

（四）创设或修正法规的情况

综合考虑各调查委员会的最终结论，其主要的意见和建议包括以下三方面的内容：第一，需加强国会情报监督的力度，建议组建常设性情报委员会，专司情报监督事务；第二，需加强中央情报主任的职权，建议将中央情报局的日常事务交与副局长管理，而中央情报主任应在国家情报管理中发挥更加重要的作用；第三，需提高隐蔽行动的审批层级，增强国会在该领域的监督权，并建议禁止暗杀和准军事行动等影响较恶劣的隐蔽行动。这三方面的意见和建议都得到了总统和国会的吸收和采纳，并体现在随后制订的各项国家情报管理法规之中。

第一项意见和建议迅速得到国会的贯彻和落实。1976 年 5 月，参议院以 72－22 的投票结果顺利通过了 SR400 决议，建立参议院情报特别委员会（Senate Select Committee on Intelligence，简称 SSCI）①；众议院于 1977 年 7 月以 227－171 的投票结果顺利通过了 HR658 决议，建立了众议院常设情报特别委员会（House Permanent Select Committee on Intelligence，简称 HPSCI）。② 但是这两份决议仅仅是国会内部的规章制度，并不具备太高的法律效力。为了进一步提升这两个委员会的法律地位和管理权威，美国国会在《1981 财年的情报授权法》中特意增加第五章“情报监督”的条款，即《情报监督法》。该法中明确规定国会情报委员会具有知情权、调查权、质询权和评估权。再加上宪法赋予国会的预算审批权、立法权和人

---

① 根据 SR400 决议，参议院情报特别委员会由 15 名参议员组成，两党大致各占一半，体现情报管理中的非党派因素。其中参议院的军事、外交、司法和拨款委员会必须各派 2 名成员参加情报特别委员会，而剩余 7 名成员则由两党领袖分别制定。另外，两党领袖也必须列席会议，但他们没有投票权，也不能参加该委员会下属的任何分委员会。参见 W. Thomas Smith Jr.，*Encyclopedia of the Central Intelligence Agency*，Facts On File，Inc.，2003，p. 56.

② 根据 HR658 决议，众议院常设情报特别委员会成员最多不超过 16 人，其中军事、外交、司法和拨款委员会必须至少派 1 名成员参加。两党领袖也必须列席会议，但他们也没有投票权且不能参加该委员会下属的任何分委员会。参见 W. Thomas Smith Jr.，*Encyclopedia of the Central Intelligence Agency*，Facts On File，Inc.，2003，p. 188.

事同意权，美国国会的情报监督权得到了极大的增强。而 1981 年里根总统发布的《第 12333 号行政命令》也继承和重申了该法的规定，明确了政府各部门和各情报机构都必须积极配合国会情报委员会的监督工作，再次强调了国会情报委员会在情报监督中的合法地位和重要作用。

第二项意见和建议也迅速得到了总统的重视和采纳。1976 年 2 月，福特总统发布《第 11905 号行政命令》，进一步明确了中央情报主任在国家情报事务上的管理和协调权。但是该法令的步子仍然迈得不够大，效果和影响较为有限。1981 年 12 月，里根总统发布的《第 12333 号行政命令》才真正令中央情报主任手中的管理权得到了一次较大的飞跃。例如，该法令将中央情报主任定位为总统和国家安全委员会的“首席情报顾问”（Principle Intelligence Advisor）；赋予中央情报主任管理国家对外情报项目的资金和运行情况的权力等。这些规定大大提高了中央情报主任的地位，也从侧面巩固和扩大了总统的情报管理权。里根甚至特意安排其心腹威廉·凯西（William Casey）担任中央情报主任一职，并在历史上第一次给予中央情报主任内阁成员的地位。[①] 这也令中央情报主任凯西成为权倾朝野的大人物。[②] 这些改变都源于第二项意见和建议。

第三项意见和建议更是同时得到国会和总统的采纳。在《第 11905 号行政命令》中，福特总统就迅速明确禁止情报机构从事暗杀活动。而福特之后的卡特总统也于 1978 年 1 月签署了《第 12036 号行政命令》，对《第 11905 号行政命令》进行了补充和修正，再次重申“美国政府任何雇员不得代表政府参与或策划暗杀行动”。[③] 国会在 1980 年颁布的《情报监督法》中更是特意强调国会对隐蔽行动的监督权力。该法指出，总统应将隐蔽行动及时和全面地告知国会

---

① 祁长松：《美国情报首脑全传》，中国社会科学出版社，2006 年版，第 416 页。

② 纪真：《总统与情报：从罗斯福到小布什》，军事科学出版社，2008 年版，第 164 页。

③ W. Thomas Smith Jr., *Encyclopedia of the Central Intelligence Agency*, Facts On File, Inc., 2003, p. 91.

情报委员会；如果未能事先告知国会情报委员会，那么总统事后必须出具书面材料解释原因。[①] 这一规定无形之中抬高了国会情报特别委员会在监督隐蔽行动时的法律地位。而里根总统发布的《第12333号行政命令》在继承以往行政命令的基础上，又对隐蔽行动的实施原则进行了重申和规范。例如，该法令将隐蔽行动的归属权收归中央情报局，并第三次重申美国政府任何机构和雇员不得代表政府参与或策划暗杀行动等等。

当然，各调查委员会提出的其他对策建议也大都得到了总统和国会的采纳，并写入国家情报管理法规之中。而这一时期最具代表性的法规——《情报监督法》和《第12333号行政命令》就是这些对策建议的集中体现。

（五）国家情报管理组织及其运行机制的调适情况

自《情报监督法》生效以来，美国国会组建的两个情报特别委员会正式从法理上拥有了对美国情报界的监督权。其真正开始掌握了美国情报界的财政权；具备了制定管理规则的立法权；获得了了解情报工作运行状态的审查权；取得了评判情报工作优劣的裁量权；拥有了在部分高层人事安排上的同意权。而这些权力的获得，对于国会发挥情报监督职能具有重要意义，同时也为国会真正成为一支重要的情报监督力量奠定了坚实的基础。与此同时，自1979财年开始的年度情报授权机制也得到了进一步强化和保留，并成为国会创设国家情报管理规则的首要工具。当然，行政机关也常常借此机会将其所需的各项规定提交给国会，将各类行政性的法令和规定升级成为法律以获得更高的法律效力。因此，国会的年度情报授权法也成为了行政与立法部门相互争夺和相互妥协的共同立法平台。这也表示双方在某种程度上分享了国家情报管理权。而行政与立法部门都依据法律和规则分享国家情报管理权的做法也表明美国国家情报

① 96th Congress, *Intelligence Authorization Act for Fiscal Year 1981*, Public Law 96 - 450, Oct. 14, 1980.

法制管理又向前迈进了一大步。

而被誉为国家情报管理中最重要的法令——《第 12333 号行政命令》的出台更是对美国国家情报管理产生了深刻影响。该法令在继承《第 11905 号行政命令》和《第 12036 号行政命令》的基础上，对各个层次的国家情报管理者和管理机构的职责使命进行了明确和限定，不仅进一步提升了中央情报主任的地位，而且避免了各级情报管理者和管理机构由于职权不清而出现违法滥权的现象。此外，该法令还进一步限制和规范了各类情报活动，强调美国情报界需接受国会的监督，并严格遵守国内各项法规制度，维护公民的合法权力和民主自由，不得在美国境内实施隐蔽行动以影响美国的政治生活、公众意见和现行政策。并再次重申禁止实施暗杀活动和人体试验等规定。这些规定不仅强化了中央情报主任在整个国家情报管理中的地位与作用，而且令美国国家情报活动重新回归守法和有序的正常轨道。

综上所述，《情报监督法》和《第 12333 号行政命令》使得美国国家情报监督力量得以重新回归并发挥更加重要的作用，并且进一步理顺了国家情报管理组织中的上下级关系，使得整个国家情报管理组织及其运行机制焕发出新的面貌和盎然生机。

三、《情报活动复兴与改革法》的创立

1996 年 10 月 11 日，美国国会颁布了《1997 财年情报授权法》。由于该法第 8 章“情报活动复兴与改革”在美国国家情报管理的发展历程中具有承上启下的重要意义，因此这一章也被单独命名为《情报活动复兴与改革法》。该法作为冷战后情报改革的重要法规至今对美国国家情报管理仍具有较大的指导意义。因此，以该法为案例，我们再次对国家情报法制管理的动态调适理论进行实证检验。

（一）国家安全形势和国家情报需求的变化

海湾战争和冷战的终结对美国的国家安全形势产生了深远影响。

虽然过去苏联的军事威胁已经不复存在，但是以往被掩盖的地区矛盾和各类非传统威胁逐渐抬头。美国的国家安全形势也变得更加复杂和多变。具体来说，除了苏联的继承者——俄罗斯仍然拥有庞大的核力量和常规武装力量构成了传统军事威胁外，美国还面临一系列的新威胁，包括核生化武器的扩散、地区强国的扩张、种族和宗教冲突、恐怖主义、毒品走私、跨国犯罪、环境破坏、人口膨胀等等。而新的国家安全形势也产生了新的国家情报需求，既包括传统领域的情报需求，又包括非传统领域的情报需求。其中，传统领域的情报需求主要在于军事、政治、外交、经济和科技等领域，而非传统领域的情报需求主要在于恐怖主义、大规模杀伤性武器扩散、有组织犯罪、毒品走私等领域。因此，冷战虽然结束，但是美国并非可以高枕无忧。

（二）国家情报管理组织及其运行机制的工作效率

面对新的国家安全形势和新的国家情报需求，美国已有的国家情报管理组织及其运行机制显得有些陈旧和过时，其管理效率逐渐降低，出现了一系列的不适应症状。例如，在海湾战争中，由于战场对情报需求时效性高、需求量大，这使得原有的国家情报管理组织及其运行机制难以适应战时的需要。这场战争中，各类军事行动还无法得到实时的情报支援。一线的军事行动指挥官们仍需依靠建制内的情报侦察力量，而无法及时从国家层次得到情报支援。而原本用于满足国家安全决策的国家情报搜集和分析力量在战争中的表现欠佳。总体上看，在新的历史时期，原来用于冷战的国家情报管理组织及其运行机制暴露出了很多弊病和不足之处。而在新军事变革的浪潮下，美国国家情报管理组织及其运行机制必须做出相应的改变和调整。

此外，冷战结束后美国的情报预算和国防预算不断削减，这也要求原有的国家情报管理组织及其运行机制进一步提升工作效率，以便于将有限的资源进行最优化配置。再加上索马里维和中的情报失误[①]、奥尔德里奇·埃姆斯间谍案[②]的曝光和国家侦察办公室总部大楼的巨额建造费用，美国上下对国家情报管理组织及其运行机制的工作效率也提出了新的质疑和不满。所有这一切都推动了国家情报管理组织及其运行机制发生新的变化。

（三）实施调查评估的情况

国家情报管理组织及其运行机制存在哪些问题？又该如何调整改革？这些问题引发了人们的广泛探讨和激烈争论。伴随着各类争议，美国国会于1994年秋颁布了《1995财年情报授权法》，并于该法中授权成立阿斯平－布朗委员会。[③] 该委员会花费了一年多的时间对美国情报界的表现进行了详细审查，并规划了其未来发展方向。其中关于国家情报管理问题，阿斯平－布朗委员会发现了三大问题，也相应提出了对策建议。

首先，国家安全委员会在国家情报管理上缺乏延续性和连贯性，导致对国家情报的未来发展缺乏规划。该委员会经过详细调查和研究后发现，虽然自1947年开始，国家安全委员会成为了国家情报最高行政管理机构，但是其中具体分管国家情报事务的下属机构却频繁变动和改组。例如，尼克松总统时期，国家安全委员会下设“情报分委员会”具体负责国家情报管理事务。而福特总统上台后，重新组建“对外情报分委员会”取代了原来的“情报分委员会”。而卡特总统上台后，又对这一体制进行了改组，重新组建了“特别协调分委员会”和“政策审查分委员会”，并依靠双委员会的模式取

---

① 1993年10月，美国赴索马里维和时，曾派遣特种部队赴索马里首都摩加迪沙抓捕当地的两名军方首脑。由于情报失误和行动仓促，最后造成两架黑鹰直升机被击落，死亡19人，伤70余人的惨痛代价。

② 奥尔德里奇·埃姆斯是美国中央情报局反情报机构的高级管理人员，加入中央情报局后被苏联策反，向苏联透露了大量情报，导致美国100多项情报行动被苏联破获，造成中央情报局人力情报领域损失惨重。直到1994年，联邦调查局才最终将其抓获。参见 W. Thomas Smith, Jr., *Encyclopedia of the Central Intelligence Agency*, *New York*: *Facts on File*, Inc., pp. 10－11.

③ 该委员会全称为美国情报界角色与能力委员会，由时任国防部长的莱斯·阿斯平担任委员会主席，之后由国防部长哈罗德·布朗接任主席。

代了过去的“对外情报分委员会”。之后的里根总统又取消了双委员会模式，重新回归单一委员会管理模式。再之后的布什总统又再次启用双委员会模式，组建了“首长分委员会”和“副职分委员会”。[①] 这种换一届总统就换一种管理思路和管理规则的做法，令美国国家情报管理难以保持延续性和连贯性。

针对这一问题，阿斯平－布朗委员会建议通过立法的形式在国家安全委员会下常设“对外情报分委员会”和“情报用户分委员会”，并将这一管理模式固定下来，不得随意更改和变化。其中前者负责制订美国情报界发展的大政方针，而后者则负责监督和落实。这一组织结构既便于国家情报用户把握美国情报界未来的发展方向，又便于客观独立地对美国情报界实施调查评估。这不仅可以保证美国国家情报管理的延续性和连贯性，也便于整个美国情报界的良性发展。

其次，各类非传统威胁逐渐兴起，对美国的国家安全构成全新挑战，国家情报机构需要重新明确目标和再次定位。该委员会经过调查研究后认为，美国虽然已经赢得了冷战的胜利，但是世界并没有因此而变得更加安全。美国的国家安全所面临的威胁变得更加复杂和多变。其中，恐怖主义、大规模杀伤性武器的扩散、毒品走私、有组织犯罪等非传统威胁逐渐超出一个国家的地理区划，而越来越呈现出地区化，甚至全球化的趋势。这些跨国威胁与过去传统的军事、政治和外交威胁存在明显区别，不仅其对象大多是一些非国家行为体，而且其威胁变化无常，更加充满了不确定性。

面对这一新情况，阿斯平－布朗委员会建议，美国需对国家安全委员会及美国情报界进行调整和改革，创设专职机构，强化对恐怖主义、大规模杀伤性武器的扩散、毒品走私、有组织犯罪等跨国威胁的打击和防范。此外，还需进一步改善现有的搜集和分析能力，调整既有的情报资源以弥补可能存在的职能漏洞。

---

① Office of the Historian Bureau of Public Affairs, State Department, *History of the National Security Council* 1947 – 1997, August 1997, available from http: //www. fas. org/irp/offodcs/NSChistory. htm.

最后，中央情报主任的管理权规定过于模糊，直接影响其履行国家情报管理职能。该委员会经过调查研究后发现，虽然中央情报主任名义上代表总统管理整个情报界，但是其手中的权力并不固定，常常因人而异。历史上看，历任中央情报主任的权力大小常常取决于个人的管理风格、人际关系以及与总统的亲疏程度等软指标。例如，罗斯科·希伦科特（Roscoe Hillenkoetter）担任中央情报主任和首任中央情报局局长时，由于“缺乏对情报活动的了解，领导情报工作的能力不足”[①]，使得中央情报局缺乏积极性和主动性，办事循规蹈矩。这也令其权力受限，举步维艰。而其继任者沃尔特·史密斯（Walter Smith）由于在一战和二战中都在美国军事情报机构有过任职经历，因此拥有较高威望和人脉。在他的领导下，中央情报局的地位有所提升。在史密斯召开情报工作会议时，甚至“不用邀请各个军事情报机构的负责人，他们就会出席，而且一直到会议就有关情报问题取得一致结论以后才会离去”。[②] 而在艾伦·杜勒斯（Allen Dulles）担任中央情报主任时，由于其哥哥担任国务卿，而其本人又深受艾森豪威尔总统的信任，因此其手中的权力更是得到了大幅提升。杜勒斯本人也由于权力高度集中而野心勃勃，策划了一起又一起的隐蔽行动。在杜勒斯的领导下，“中央情报局的地位、规模和权力都有了极大发展，奠定了该局在美国情报界的领导地位。”[③] 然而好景不长，杜勒斯之后的约翰·麦科恩（John McCone）由于与约翰逊总统在越战一事上存有分歧，因此关系不佳，这也直接导致了其情报管理权的削弱。而之后的威廉·雷伯恩（William Raborn）“对国际事务孤陋寡闻，对错综复杂的情报业务更是一窍不通，加之蛮横粗暴”，这使得他上得不到总统信任，下无法树立威信。这一窘境更令其在争夺国家情报管理权的道路上一败涂地。他不仅无法扩展国家情报管理权，连有限的协调权也难以落实。他自己也成为了

① 祁长松：《美国情报首脑全传》，中国社会科学出版社，2006 年版，第 78 页。

② 纪真：《总统与情报：从罗斯福到小布什》，军事科学出版社，2008 年版，第 50 页。

③ 祁长松：《美国情报首脑全传》，中国社会科学出版社，2006 年版，第 180 页。

“历任局长中最无能、最无所作为的一个”。[①] 接替雷伯恩的理查德·赫尔姆斯在约翰逊政府中地位较雷伯恩有所提升，但是仍然无法与杜勒斯时代相提并论，其国家情报管理权受到国防部长罗伯特·麦克纳马拉（Robert McNamara）的大幅制约。尼克松总统上台后，虽然留任了赫尔姆斯，但是由于国务卿亨利·基辛格深受尼克松信任，所以其主导的国家安全委员会几乎剥夺了赫尔姆斯的国家情报管理权，其国务院下属的情报研究局也与中央情报局分庭抗礼，而时任国防部长的莱尔德也明确表示“他不准备把军事情报的控制权交给赫尔姆斯”。[②] 赫尔姆斯也曾不无感慨地说，中央情报主任负责管理全部的情报活动，但是其手中的资源管理权只有15%，剩下的85%都掌握在国防部长等人的手中。[③] 因此，他也“十分知趣，从未试图认真地去管理情报界，而是……继续以独立平等的态度管理中央情报局，并不寻求在情报界中处于支配地位”。[④] 而赫尔姆斯之后的詹姆斯·施莱辛格（James Schlesinger）在上任前曾在《施莱辛格报告》中尖锐地提出中央情报主任一职名不副实，需要赋予其更大权力。因此，他上任伊始就打算进行大刀阔斧的改革，打算依靠总统的信任而继续推进集权化管理。但是，由于其改革的力度过猛，强度太大而不得人心。更加上其任职时间太短，也使得其集权化的管理未能达到预期效果。[⑤] 其之后的威廉·科尔比更是未能得到总统的信任，当时深陷“水门事件”丑闻的尼克松总统对中央情报局充满猜疑，这也令科尔比与“尼克松只有三次单独会面的机会”，[⑥] 其手中的权力甚至还不如施莱辛格。而之后的历任中央情报主任基本上也都遇到了类似的问题，由于篇幅所限，在此就不一一

① 祁长松：《美国情报首脑全传》，中国社会科学出版社，2006 年版，第 230 页。

② 纪真：《总统与情报：从罗斯福到小布什》，军事科学出版社，2008 年版，第 112 页。

③ J. A. Gentry, *A Framework for Reform of the Intelligence Community*, available at http://www.fas.org/irp/gentry/index.htm.

④ 纪真：《总统与情报：从罗斯福到小布什》，军事科学出版社，2008 年版，第 112 页。

⑤ 施莱辛格只担任了 4 个月的中央情报主任就被调往国防部担任国防部长一职。

⑥ 纪真：《总统与情报：从罗斯福到小布什》，军事科学出版社，2008 年版，第 125 页。

赘述。总体上看，由于牵涉部门利益太广，遭遇抵制太强，而法律规定又较为模糊，所以中央情报主任难以具备真正的实权，无法代表总统完全掌控美国情报界。中央情报主任充其量也仅仅是美国情报界名义上的首脑，其真正能够完全掌控的只有中央情报局这一家单位。这也是为什么历届中央情报主任都更多地关注中央情报局的内部事务，而对协调整个美国情报界缺乏兴趣和耐心。

为了落实和强化中央情报主任的管理权，解决其权责不相符的现象，委员会提议采取下列措施：第一，增加中央情报主任对国家情报机构的直接管理权；第二，减少中央情报主任对中央情报局的日常管理事务；第三，为中央情报主任提供各类人力资源和组织资源以便于其落实管理职责。① 而具体来说包括提高中央情报主任的地位和权威，扩大其预算管理权和人事管理权等。

综上所述，阿斯平－布朗委员会的调查评估较为客观深入，发现问题较为准确，提出的中肯建议也具有较强的操作性。因此，其最终报告的影响力较大，受到了立法部门和行政部门的一致认可。② 而以该评估报告为基础，美国国会也随之开始了后续的立法行为。

（四）创设或修正法规的情况

针对阿斯平－布朗委员会和其他调查机构提出的各项对策建议，美国国会经过反复讨论，最终决定采纳其大部分的意见和建议，创设《情报活动复兴与改革法》，并将该法作为国家情报管理组织及其运行机制调整改革的重要依据。总的来看，被吸纳的意见和建议主要体现在以下几个方面：

---

① Commission on the Roles and Capabilities of the United States Intelligence Community, *Preparing for the 21st Century: An Appraisal of U. S. Intelligence*, Washington D. C.: U. S. Government Printing Office, 1996.

② 当然，这一时期，众议院常设情报特别委员会为了争夺国家情报管理的话语权，也组建了一个类似的调查评估小组——IC21 工作组，并发表了名为《IC21：21 世纪的美国情报界》的评估报告。该报告与阿斯平－布朗委员会的最终报告大同小异，都强调改变美国情报界的工作重点和努力方向，以及落实和增强中央情报主任的管理权等。由于其影响力不如阿斯平－布朗委员，在此就不另行赘述。

第一，创设对外情报分委员会，保持国家安全委员会在国家情报管理上的延续性和连贯性。《情报活动复兴与改革法》在开篇第802条就提出，“国家安全委员会下设对外情报分委员会”[①]，并对该分委员会的人员组成、职责使命和运行模式进行了较为详细的规定。很显然，这一法条的创设直接源自阿斯平－布朗委员会的建议。[②]

第二，创设跨国威胁分委员会，强化国家安全委员会在应对非传统威胁上的指导和协调作用。《情报活动复兴与改革法》第804条提出，“国家安全委员会下设跨国威胁分委员会”[③]。该委员会作为国家安全委员会的下属机构，主要负责指导和协调，令美国情报界可以与执法部门一道，打击和应对各类跨国威胁。而该条款中也详细规定了跨国威胁分委员会的人员组成、职责使命和运行模式。很显然，这一法条最基本的出发点也源自阿斯平－布朗委员会的建议。

第三，创设新管理职位和管理机构，为中央情报主任提供组织资源，辅助其切实履行国家情报管理职能。《情报活动复兴与改革法》第805条提出，创设中央情报主任办公室，并在中央情报主任麾下创设常务副主任1名和专司情报界管理的副主任1名，以及3名分别负责搜集、分析和生产以及行政管理的主任助理。这2名副主任和3名主任助理通过情报界参谋管理和协调整个美国情报界的相关活动，确保中央情报主任的各项决策能够落到实处。而这一条款也源自阿斯平－布朗委员会的建议。

第四，扩大中央情报主任的预算管理权和人事管理权，强化其对美国情报界的管控力度。《情报活动复兴与改革法》第807条规定，中央情报主任负责草拟“国家对外情报项目”[④] 的年度预算，

---

① 104th Congress, *Intelligence Authorization Act for Fiscal Year 1997*, Public Law 104－293, Oct. 11, 1996.

② 该法条虽然和委员会的建议有些出入，但大体上遵照了委员会的建议。

③ 104th Congress, *Intelligence Authorization Act for Fiscal Year 1997*, Public Law 104－293, Oct. 11, 1996.

④ 该项目现已更名为“国家情报项目”。

并参与起草“联合军事情报项目”以及“战术情报及相关活动项目”[①] 的年度预算。与此同时，国防部长在重新规划“联合军事情报项目”时，也必须征询中央情报主任的意见和建议。这几项条款明显扩大了中央情报主任的预算管理权，令其在实施国家情报管理时更有底气和权威。此外，根据该法第815条的规定，国防部长在向总统推荐国家安全局局长、国家侦察办公室主任和国家图像与测绘局局长[②]候选人时，需要得到中央情报主任的同意；[③] 而在向总统推荐国防情报局局长、负责情报和研发的国防部长助理以及能源部防扩散和国家安全办公室主任的候选人时，也需要咨询中央情报主任的意见。[④] 而联邦调查局局长在向上推荐负责国家安全事务的局长助理时也需咨询中央情报主任的意见。[⑤] 总的来看，《情报活动复兴与改革法》大大扩大了中央情报主任手中的实权，令其可以更好地履行国家情报管理职责。而这些法规条款也是阿斯平－布朗委员会所提对策建议的具体体现。

当然，除了上文提到的这些条款外，《情报活动复兴与改革法》中还有不少条款也直接或间接源自阿斯平－布朗委员会的研究报告。如该法第809条改善情报搜集、第810条改善分析与生产以及第811条改善情报活动的行政管理等内容。由此可见，该委员会的调查研究对国家情报管理法规的创设和修正具有十分重要的参考作用。

（五）国家情报管理组织及其运行机制的调适情况

《情报活动复兴与改革法》颁布施行后，美国国家情报管理组织及其运行机制随之也发生了相应变化。其中对外情报分委员会的成

---

① 这两个项目现已合并更名为“军事情报项目”。

② 该局现已更名为“国家地理空间情报局”。

③ 当然，如果中央情报主任不同意，国防部长也可以继续向总统推荐该候选人，但是推荐时必须说明此项人事安排并未取得中央情报主任的首肯。参见104th Congress, *Intelligence Authorization Act for Fiscal Year 1997*, Public Law 104－293, Oct. 11, 1996.

④ 104th Congress, *Intelligence Authorization Act for Fiscal Year 1997*, Public Law 104－293, Oct. 11, 1996.

⑤ Ibid..

立使得国家安全委员会有了分管国家情报的常设机构，便于高层国家情报管理者实施协调和指导工作，也便于对整个美国情报界的发展进行长远规划，有利于保证政策的延续性和连贯性，为美国情报界的后续发展铺平了道路。

而跨国威胁分委员会的成立也令美国情报界在应对非传统威胁时有了一个集体决策、实施指导和开展协调的统一平台。这让美国情报界各成员单位能够和执法机构形成整体合力，共同应对各类非传统威胁。实践证明，该分委员会成立后，美国情报界在应对非传统威胁时，获得的指导更加明确和专业，而协调工作也更加顺畅和有序，整体管理效率有所提高，也更好地维护了美国的国家安全。

当然，这次调适中最重要的一项变化是强化了中央情报主任的国家情报管理权，并辅助其切实履行职责。依据该法，中央情报主任麾下创设了中央情报主任办公室，并配备了 2 名副主任和 3 名主任助理，而且扩大了中央情报主任的预算管理权和人事管理权。这些举措不仅有利于提升中央情报主任在情报界内的权威，强化其情报界首脑地位，同时便于其真正落实国家情报管理权。该法施行后，在一定程度上缓解了中央情报主任职权不相符的内在矛盾，便于理顺国家情报管理的上下级关系，提高了整个国家情报管理组织及其运行机制的工作效率。

综上所述，这次调整改革不仅牵涉国家安全委员会、中央情报主任等国家情报高层管理者，同时也涉及负责搜集、分析等执行情报任务的国家情报机构。而所有这些机构的调整和改革，全部都以《情报活动复兴与改革法》为依据，呈现出了依法调适的显著特点。

四、《第 13355 号行政命令》和《2004 年情报改革与防止恐怖主义法》的创立

2004 年 8 月 27 日，小布什总统接连发布四道行政命令①，对保

① 这四条行政命令分别是：《第 13353 号行政命令》《第 13354 号行政命令》《第 13355 号行政命令》和《第 13356 号行政命令》。

护公民民主权利、创建国家反恐中心、强化国家情报管理和实现情报共享等问题进行了初步调整和规划。其中《第13355号行政命令》是针对《第12333号行政命令》的修正案。也是时隔23年后，美国总统首次修改和完善《第12333号行政命令》。而同年12月，美国国会也通过了《2004年情报改革与防止恐怖主义法》，以更高的法律形式和更强的法律效力强势推动国家情报管理的全面改革，令美国国家情报管理组织及其运行机制面貌一新。这也是自二战以来对国家情报管理组织及其运行机制最大程度地整合与重塑，对国家情报法制管理的发展和完善产生了深远的影响。同时，它也为我们提供了管窥其动态调适规律的难得良机。

（一）国家安全形势和国家情报需求的变化

“9·11”事件不仅对美国上下产生了极大的心理冲击，而且对美国的国家安全形势和国家情报需求产生了深远影响。以“基地”组织为代表的恐怖主义成为美国的头号威胁，而传统国家行为体构成的军事威胁则有所淡化。而随着地区冲突、大规模杀伤性武器的扩散、毒品走私和跨国犯罪等非传统威胁的不断发展，美国的国家安全形势也日趋严峻。在充满不确定性的国家安全环境中，美国的国家情报需求也变得日益复杂和多变。在这一时期，反恐在美国国家情报需求中位于首位，它也成为了美国国家情报事务中的重中之重，而应对地区冲突、防止大规模杀伤性武器扩散等其他情报需求也成为了美国国家情报需求之中的重要议题，需要美国情报界给予特别关注。总的来说，“9·11”事件后，美国的国家安全形势发生了较大变化，恐怖主义成为了美国国家安全的最主要威胁，而反恐情报也自然而然成为了美国最迫切的情报需求。为了有效支援反恐战争，打击恐怖主义，美国国家情报管理组织及其运行机制也需要进行深刻变革，避免“9·11”的悲剧再次重演。

（二）国家情报管理组织及其运行机制的工作效率

虽然自《情报活动复兴与改革法》颁布以来，美国国家情报管理组织及其运行机制已经发生了一系列的变化，管理效率也有所提高，但是由于缺乏外部刺激，美国国家情报管理组织及其运行机制的改革进程仍然较为缓慢，加上官僚体制固有的惯性和既得利益者的阻碍，此次情报改革步履维艰。而且很多美国人仍然固执地认为冷战结束后，和平红利还远没有结束。与此同时，美国的国家安全形势却在不断恶化之中，各类非传统威胁愈演愈烈，尤其是以“基地”组织为代表的恐怖主义势力越来越猖獗，并针对美国发动了一系列的恐怖袭击。[①] 而所有这些恐怖袭击，美国情报界都没有及时发出预警。而 2001 年的“9・11”事件，更是一次巨大的灾难。直到该事件发生后，绝大多数的美国人才从疼痛中惊醒，猛然察觉其过去引以为豪的国家情报管理组织及其运行机制已经运转不畅，效率低下，难以适应新的国家安全形势，也难以满足新的国家情报需求，亟需进行深刻调整和改革。伴随着 2003 年伊拉克战争中的重大情报失误，美国国家情报管理组织及其运行机制中的积弊也越发明显，对国家情报管理组织及其运行机制实施改革的呼声也日益高涨。这些都为美国国家情报管理组织及其运行机制的嬗变铺平了道路。

（三）实施调查评估的情况

当“9・11”事件发生后不久，美国国会迅速对此次恐怖袭击中的情报失误开展全面调查，希望找到此次情报失误的根源并寻求医治良方。而在这些调查评估活动中，影响力最大的调查机构是由前新泽西州州长托马斯・基恩领导的“9・11”委员会。该委员会查阅了 250 多万页的文件和 10 个国家 1200 多人进行了会谈，甚至和历届政府首脑举行了会谈与听证，最终于 2004 年 7 月 22 日公开发布了《9・11 委员会报告》。在该报告中，委员会指出了美国国家情报管理组织及其运行机制中存在诸多漏洞和弊病，如中央情报主任权责不匹配、对外情报与对内情报人为割裂、情报界内“烟囱”林立、国会监督仍有死角和盲区等等。

---

① 例如，1998 年 8 月的美国驻肯尼亚和坦桑尼亚大使馆爆炸案、2000 年 10 月美国驻亚丁湾科尔号战舰爆炸案等等。

针对这些弊病，委员会提出了以下5条主要建议："（1）成立国家反恐中心，统一掌管与反恐相关的对内和对外情报；（2）设立国家情报主任，统领美国情报界；（3）建立以网络为基础的信息共享系统，跨越传统政府机构之间的界限，令参与反恐的各方可以实现信息共享；（4）统一强化国会的监督职能，提高工作质量，明确责任；（5）强化联邦调查局和国土安全部的作用。"①

从报告中我们发现，委员会不仅按照授权法的要求揭示了事件发生的原因，指出了政府各部门的失误，还给出了解决方案和对策建议。而所有这些都配有详实的论证和令人信服的证据。诸多证据最终形成了逻辑严密的证据链，共同指向美国国家情报管理组织及其运行机制中的积弊。总体上看，该调查报告客观公正，不偏不倚，而且分析深刻，见解独到，对于国家情报管理组织及其运行机制的后续调适具有重要的参考价值和推动作用。

（四）创设或修正法规的情况

"9·11"委员会发布最终调查报告1个月后，小布什总统在8月27日连续发布了四道行政命令，采纳了"9·11"委员会绝大部分的建议。例如，《第13354号行政命令》采纳了关于成立国家反恐中心的建议；《第13355号行政命令》部分采纳了关于设立国家情报主任和改善国家情报管理的建议；《第13356号行政命令》则采纳了关于情报共享的建议。而一天之内如此频繁地发布行政命令的做法也是美国情报史上甚为罕见的奇观。这一方面表明总统对委员会建议的认可和首肯，另一方面也表明国家情报管理问题已经非常严峻，已到非变不可的险恶地步。

而半年之后，国会也颁布了《2004年情报改革与防止恐怖主义法》，对小布什总统发布的行政命令进行了认同与强化，并积极吸纳了"9·11"委员会更多建议。例如，该法第1021条组建了国家反

---

① National Commission on Terrorist Attacks Upon the United States, *The 9/11 Commission Report*, Washington, DC: Government Printing Office, 2004, pp. 399 - 400.

恐中心，设立了国家反恐中心主任，规定了国家反恐中心的主要任务和国家反恐中心主任的主要职权，并对其运作模式给予了适当规范，令该中心得以统一管理与反恐有关的所有对外和对内情报。[①] 这一法条就是积极吸纳委员会主要建议的具体体现。而该法第1011条创设了国家情报主任一职，并由其担任美国情报界的主要负责人，同时国家情报主任不再兼任中央情报局局长。[②] 这一规定也是吸纳委员会建议的具体体现。当然，该法第1011条和第1014条还大大强化了国家情报主任的预算管理权和人事管理权，令其能够在情报界内树立较强的权威，切实履行国家情报管理职责。[③] 而所有这些改革条款也几乎全部源自委员会的建议。此外，该法第1016条也对信息共享做出了规范，并设立信息共享环境办公室和信息共享委员会，横向打破以往各情报机构各自为政，“烟囱”林立的局面。[④] 这一法条也源自“9·11”委员会提出的建议。此外，该法中还有不少法条刻意强调了国会在情报监督中的主导地位，并强化了联邦调查局和国土安全部在反恐事务中的重要作用。而所有这一切都源自“9·11”委员会的建议。

由此可见，无论是总统还是国会，其发布的《第13355号行政命令》和《2004年情报改革与防止恐怖主义法》中许多重要条款都源自“9·11”委员会的各类建议。可以说，该委员会提议的绝大部分对策建议都得到了政府和国会的采纳。而这也从侧面反映出调查评估活动与法规创设和修正之间存在着重要关联。

（五）国家情报管理组织及其运行机制的调适情况

《第13355号行政命令》和《2004年情报改革与防止恐怖主义法》颁布施行后，美国国家情报管理组织及其运行机制产生了深刻

---

① Office of General Counsel, *Intelligence Community Legal Reference Book*, Office of the Director of National Intelligence, Winter 2012, p216.

② Ibid., p. 198.

③ Ibid., pp. 198 – 201.

④ Ibid., pp. 202 – 213.

变革。这些变化主要体现在以下几个方面：

首先，国家情报主要负责人的职权发生了重大变化。按照这两部法规的规定，国家情报主任取代中央情报主任成为美国情报界的首脑。而与中央情报主任相比，其国家情报管理权大为扩张。最主要的体现是独自掌握了国家情报项目的预算分配权，并与国防部长一道掌握着军事情报项目的预算分配权。同时，国家情报主任还掌握着中央情报局局长、国家安全局局长、国家侦察办公室主任、国家地理空间情报局局长等关键岗位的人事推荐权和同意权。由此可见，与过去中央情报主任相比，国家情报主任不再扮演一个“监督者”的角色，而是真正掌握了情报界的部分管理权。这种制度上的硬性规定，比过去依靠“软指标”扩大管理权的做法相比，更加科学也更加规范。当然，赋予国家情报主任的权力与其所肩负的职责相比，仍然显得权力小，责任重。现在的国家情报主任充其量也仅仅是一个“协调者”，距离真正的“管理者”还有很长一段路要走。[①] 而这种权责不相符的现象也继续束缚住了国家情报主任的手脚，令其无法完全履行职责。自首任国家情报主任约翰·内格罗蓬特（John Negroponte）上任至第三任国家情报主任丹尼斯·布莱尔（Dennis Blair）辞职，每任国家情报主任都未干满两年，这也从一个侧面反映出该职位所面临的巨大压力及其权责的不匹配。当然，这种权责不相匹配的现象源自美国情报界联邦式的结构方式，在可预见的时间内难以完全消除，只要美国不成立一个统一的国家情报部，不设立一个国家情报部部长，那么这种权责不相匹配的现象就将继续存在下去。而这一结构性矛盾也为美国国家情报管理的继续发展埋下了伏笔。

---

① 第二任国家情报主任迈克·麦康奈尔（Mike McConnell）在2008年2月的一次听证会上曾坦言：“《2004年情报改革与防止恐怖主义法》给予新的国家情报主任作为协调者或整合者的权力，尽管优于原来的监督者，但距一个真正的拥有指导权的主任还有一定的距离。”参见 Office of the Director of National Intelligence, *Reforming Intelligence*: *The Passage of the Intelligence Reform and Terrorism Prevention Act of* 2004, Feb. 2009, p. 25. http://www.fas.org/irp/dni/reform.pdf.

其次，共享和融合成为大势所趋。美国国家情报管理制度初创时，出于制衡和分权的考虑，对内情报和对外情报被人为割裂。从组织机构上看，对外情报搜集主要由中央情报局和国家安全局等机构负责；而对内情报主要由联邦调查局负责，二者泾渭分明。但是“9·11”事件令美国人品尝到了内外割裂的恶果。因此，本次国家情报管理调整改革的重点之一就是破除体制障碍，实现共享和融合。这一思想首先体现在“国家情报”概念的正规化和法理化。《2004年情报改革与防止恐怖主义法》第1012条将“国家情报”定义为国内和国外搜集到的所有情报信息。[①] 而该法第1074条也将“国家对外情报项目”更名为“国家情报项目”。这些名称上的变化也反映出对内与对外情报已经开始走向融合。而依照《2004年情报改革与防止恐怖主义法》的规定，国家情报主任的预算权和人事权也同样适用于联邦调查局的国家安全处（Naitonal Security Branch），这也标志着在高层管理上，内外割裂的局面出现了转变。此外，国家情报中心的建立和任务主管的设置也表明美国国家情报管理进入任务牵引式发展阶段。这有助于从组织结构上打破以往“烟囱”式的管理方式，大大加快了信息共享和情报融合的进度。而信息共享环境办公室和信息共享委员会的创设，更是创设了专职信息共享和情报融合的机构，将“需要知道”的情报保护理念转变为“需要共享”的情报共享理念，大大加快了信息共享和情报融合的脚步。

最后，强化监督职能，维护民主自由和合法权益。按照《2004年情报改革与防止恐怖主义法》的规定，国家情报主任办公室下设公民自由和隐私办公室（Civil Liberties and Privacy Office），在国家情报管理高层中设置了专职维护民主自由和合法权益的监督机构。该办公室可以对情报界的日常工作实施不间断地监督和指导，如审核监控名单、建议搜集活动的尺度、维护网络安全等等。此外，国家

---

① The 108th Congress, *Intelligence Reform and Terrorism Prevention Act of* 2004. Washington, D. C.: Government Printing Office, Sec. 1012.

情报主任办公室还下设法律总顾问办公室和监察长办公室等机构，这些机构也进一步强化了国家情报主任对整个情报界的监督力度。而国会也通过与这些监督机构之间的业务往来，增强了对情报界日常工作的监督和掌控。这也有利于进一步维护公民的民主自由和合法权益。

五、结论

为了进一步便于读者的理解，本书按照指标体系的相关要求，分门别类地将各案例的具体情报汇总如下（见表4—1、表4—2、表4—3、表4—4、表4—5）：

表4—1　《1947年国家安全法》的创立

案例指标	主要内容
国家安全形势和国家情报需求的变化	二战结束，冷战开始，美国的国家安全形势发生了较大变化。不仅威胁的对象由过去的轴心国变成了苏联集团，而且国家安全涉及的领域和范围也越来越宽。在这新的国家安全形势下，美国的国家情报需求也发生了变化，它不仅仅追求军事情报，同时还开始重视政治情报、经济情报、科技情报、外交情报等等
国家情报管理组织及其运行机制的工作效率	安全形势的变化和国家情报需求的转变令美国国家情报管理上暴露出了不少新的漏洞和缺陷。例如，临时性成立的中央情报组规模不大，职权也有限，几乎无法履行职责。原有国家情报管理组织及其运行机制效率低下，亟需创立正式的国家情报管理组织及其运行机制
实施调查评估的情况	为了提高国家情报管理组织及其运行机制的工作效率，洛维特委员会（陆军成立），埃伯斯塔特委员会（海军成立），麦科马克研究小组（国务院成立）相继成立，其中影响力最大的报告为《埃伯斯塔特报告》。该报告主要建议包括：美国必须扩大国家安全机构的规模和数量，并在这些机构之间建立协调统筹机制。在这方面提出的具体建议是设立一些常设性机构，包括作为国家安全体制基石的国家安全委员会，以及国家安全资源委员会、军事装备委员会、参谋长联席会议和中央情报局等

续表

案例指标	主要内容
创设或修正法规的情况	以《埃伯斯塔特报告》所提建议为蓝本，综合各方意见，创立了美国国家情报管理的宪章——《1947 年国家安全法》。该法对国家安全委员会、中央情报主任及中央情报局的职责使命进行了大致规范和界定
国家情报管理组织及其运行机制的调适情况	依据《1947 年国家安全法》，美国设立国家安全委员会，并由总统担任委员会主席，负责统筹协调国家安全事务；设立中央情报主任一职，代表总统统管美国情报界，其下设立中央情报局，作为直属机构开展工作。自此，美国的国家情报管理组织及其运行机制也正式得以确立

表 4—2　《情报监督法》与《第 12333 号行政命令》的创立

案例指标	主要内容
国家安全形势和国家情报需求的变化	美苏冷战进入相持阶段，双方的关系有所缓和。美国的外部安全威胁有所改善，但是美国国内的安全威胁逐渐抬头，使得美国的国内安全形势不容乐观。美国的国家情报需求逐渐转向国内情报领域。其对国内情报的重视程度也节节攀升，并运用国家情报机构推行对内维稳和戡乱行动
国家情报管理组织及其运行机制的工作效率	随着美国国内情报需求的快速增长，美国情报界越来越深度参与国内政治活动，而其也逐渐沦为行政机构推行既定政策和谋求自身利益的工具。这表明国家情报管理中监督力量过于薄弱，甚至是名存实亡，使得行政部门在国家情报管理中缺乏有效的制衡和约束。美国情报界不断践踏本应维护的民主与自由，成为脱缰野马，严重影响了美国国家情报管理组织及其运行机制的工作效率

续表

案例指标	主要内容
实施调查评估的情况	为了提高国家情报管理组织及其运行机制的工作效率，找到国家情报管理中的弊病，墨菲委员会（国会联合授权成立）、洛克菲勒委员会（总统授权成立）、丘奇委员会（参议院授权成立）和派克委员会（众议院授权成立）相继成立，并对美国情报界实施了大规模调查。而各委员会提出的主要意见和建议是：国会成立常设性情报委员会以加强情报监督的力度；加强中央情报主任的职权；提高隐蔽行动的审批层级等
创设或修正法规的情况	参照各类委员会的对策建议，国会制定颁布一系列决议和法律，总统也先后发布各类行政命令。其中《情报监督法》明确规定国会情报特别委员会具有知情权、调查权、质询权和评估权等情报监督权力。而《第12333号行政命令》将中央情报主任定位为总统和国家安全委员会的“首席情报顾问”，赋予中央情报主任管理国家对外情报项目的资金和运行情况的权力等
国家情报管理组织及其运行机制的调适情况	自《情报监督法》生效以来，美国国会组建的两个情报特别委员会正式从法理上拥有了对美国情报界的监督权。其真正开始掌握美国情报界的财政权、立法权、审查权、裁量权和人事权。而《第12333号行政命令》不仅进一步提升了中央情报主任的地位，而且避免了各级情报管理者和管理机构由于职权不清而出现违法滥权的现象。这两部法规使得美国国家情报监督力量得以重新回归并发挥更加重要的作用，并且进一步理顺了国家情报管理的上下级关系，使得整个国家情报管理焕发出新的面貌和盎然生机

表4—3　《情报活动复兴与改革法》的创立

案例指标	主要内容
国家安全形势和国家情报需求的变化	海湾战争和冷战的终结对美国的国家安全形势产生了深远影响。地区矛盾和各类非传统威胁逐渐抬头，美国的国家安全形势也变得更加复杂和多变。而新的国家安全形势也产生了新的国家情报需求，既包括传统领域的情报需求，又包括非传统领域的情报需求

续表

案例指标	主要内容
国家情报管理组织及其运行机制的工作效率	面对新的国家安全形势和新的国家情报需求，美国已有的国家情报管理组织及其运行机制显得有些陈旧和过时，其管理效率逐渐降低，出现了一系列的不适应症状。例如，不断增长的各类恐怖袭击，索马里维和中的情报失误等等
实施调查评估的情况	针对国家情报管理组织及其运行机制的工作效率不断降低，阿斯平－布朗委员会（国会和总统联合成立）于 1994 年宣告成立。该委员会花费了一年多的时间对美国情报界的表现进行了详细审查，并就国家情报管理提出了对策建议：创设国家安全委会对外情报分委员会；实施情报改革并弥补职能漏洞；落实和强化中央情报主任的管理权等
创设或修正法规的情况	美国国会经过反复讨论，最终决定采纳委员会大部分的意见和建议，创设《情报活动复兴与改革法》，并将该法作为国家情报管理组织及其运行机制调整改革的重要依据
国家情报管理组织及其运行机制的调适情况	《情报活动复兴与改革法》颁布施行后，美国国家情报管理组织及其运行机制随之也发生了相应变化。例如，创设了对外情报分委员会；创设了跨国威胁分委员会；为中央情报主任提供了组织资源；扩大了中央情报主任的预算管理权和人事管理权等。总体上看，该法理顺了国家情报管理组织中的上下级关系，缓解了中央情报主任职权不相符的内在矛盾，令整个国家情报管理机制的工作效率有所提升

表 4—4　《第 13355 号行政命令》和《2004 年情报改革与防止恐怖主义法》的创立

案例指标	主要内容
国家安全形势和国家情报需求的变化	“9·11”事件不仅对美国上下产生了极大的心理冲击，而且对美国的国家安全形势和国家情报需求产生了深远影响。以“基地”组织为代表的恐怖主义成为美国的头号威胁，而传统国家行为体构成的军事威胁则有所淡化。总的来看，“9·11”事件后，美国的国家安全形势发生了较大变化，恐怖主义成为了美国国家安全的最主要威胁，而反恐情报也自然而然成为了美国最迫切的情报需求

续表

案例指标	主要内容
国家情报管理组织及其运行机制的工作效率	“9·11”事件以及伊拉克战争中的情报失误令大多数美国人认识到，国家安全形势和国家情报需求都发生了深刻变化，而已有的国家情报管理组织及其运行机制已不再适应新的国家安全形势，也无法满足新的国家情报需求，亟需进行深刻调整和改革
实施调查评估的情况	针对各类情报失误，美国国会和政府成立了许多调查机构，其中“9·11”委员会（国会和总统联合成立）是影响力最大的调查机构，其最终报告指出美国国家情报管理组织及其运行机制中存在诸多漏洞和弊病，如中央情报主任权责不匹配、对外情报与对内情报人为割裂、情报界内“烟囱”林立、国会监督仍有死角和盲区等等。针对这些弊病，委员会相应提出了对策建议
创设或修正法规的情况	“9·11”委员会最终报告发布一个月后，小布什总统一天内连发四道行政命令，采纳了委员会的大部分建议，其中《第13355号行政命令》是20多年来总统首次对《第12333号行政命令》进行修正，对美国国家情报管理的影响较大。而半年之后，国会也颁布了《2004年情报改革与防止恐怖主义法》，对小布什总统发布的行政命令进行了强化和完善，并吸纳了委员会更多意见和建议
国家情报管理组织及其运行机制的调适情况	《第13355号行政命令》和《2004年情报改革与防止恐怖主义法》颁布施行后，美国国家情报管理组织及其运行机制产生了深刻变革：首先，国家情报主要负责人的职权发生了重大变化；其次，共享和融合成为大势所趋；最后，强化了监督职能，更好地维护了公民的民主自由和合法权益

表4—5　各案例国家情报管理发展演变情况汇总表

国家情报管理的发展演变情况	案例一	案例二	案例三	案例四
变化的国家安全形势是否引发国家情报需求的变化	是	是	是	是
变化的国家情报需求是否导致国家情报管理组织及其运行机制低效和不适	是	是	是	是

续表

国家情报管理的发展演变情况	案例一	案例二	案例三	案例四
低效和不适情况是否催生对国家情报管理组织及其运行机制实施调查评估	是	是	是	是
是否依据调查评估的结果创设或修正国家情报管理法规	是	是	是	是
是否以新法规为基础对国家情报管理组织及其运行机制进行调适，并最终有效应对变化后的国家安全形势	是	是	是	是

通过对比以上各表，我们发现在这四个典型案例中，国家情报法制管理的发展完善基本都遵循以下步骤：第一，国家安全形势的变化引发国家情报需求的变化；第二，变化的国家情报需求导致原有国家情报管理组织及其运行机制低效和不适；第三，低效和不适情况催生对国家情报管理组织及其运行机制实施调查评估；第四，依据调查评估的结果创设或修正国家情报管理法规；第五，以新法规为基础对国家情报管理组织及其运行机制进行调适，而调适后的管理组织及其运行机制将提高国家情报生产效率，并最终有效应对变化后的国家安全形势。而这五个环节也构成一个闭合循环，令国家情报法制管理能够以法规为媒介，时刻紧跟国家安全形势的不断变化而动态调适。实践证明，这种动态调适具有普适性和规律性，也是美国国家情报法制管理的基本发展原理和演进规律。

第五章　美国国家情报法制管理的主要特点

立国之初，美国著名政治家托马斯·杰斐逊就曾要求政府和人民严格遵守法律，并说人们的重要义务之一，就是严格遵守成文法。他还指出，热爱秩序和遵守法律是美国国泰民安的可靠保证。[①] 由此可见，美国的建国先驱特别强调法制的力量。这种传统从美国建国开始就一直延续到了今天。在其国家情报管理上，美国人也一如既往地推行法制，并贯彻依法管理的原则。经过长年累月的不断改革和发展后，美国国家情报管理已经实现了较高程度的法制，法规已成为国家情报管理的核心与灵魂，是其国家情报管理不可动摇的重要支柱。当然，以这套法规为基础的美国国家情报法制管理也呈现出了与众不同的显著特点和独到之处，值得我们深入挖掘和参考借鉴。

第一节　国家情报管理法规体系较为科学完备

拥有一套较为科学完备的法规体系是实施国家情报法制管理的前提和基础。因此，美国人也将构建法规体系作为美国国家情报法制管理的重中之重。而这套较为成熟完备的法规体系也成为其实施国家情报法制管理的重要规则和准绳。如果没有这套法规体系，美国国家情报管理就失去了标准和参考，变成无的放矢。这必然导致国家情报管理活动陷入停滞和混乱。而如果其法规体系过于简单或充满疏漏，则将导致其国家情报管理陷入矛盾和冲突，最终也难以

① 王人博、程燎原：《法治论》，广西师范大学出版社，2014 年版，第 61 页。

完成维护国家安全的重责。因此，我们可以断言，没有一套较为科学完备的法规体系，那么国家情报管理也就举步维艰。而一套法规体系是否科学完备，则需要看其是否具备以下三个必要条件：

一、法规体系与管理层级相互映射，层次分明

仔细审视美国国家情报管理活动后我们发现，美国国家情报管理法规体系与管理层级之间存在着特殊的映射关系。即各个管理层都以上一个管理层制定的法规为授权来源实施管理，且通过向下一个管理层发布法规以实现其管理权。例如，国会通过宪法的授权实施国家情报管理，同时，它也通过制定各类国家情报管理法律实现其国家情报管理权。总统也通过宪法和国家情报管理法律的授权实施国家情报管理，同时他也通过发布行政命令等总统令实现其国家情报管理权。[①] 国家安全委员会、国家情报主任和司法部长也是通过国家情报管理法律和行政命令等总统令的授权实施国家情报管理，同时他们也通过发布各类情报指令和政策实现其国家情报管理权。这一规律可用图示表示如下：

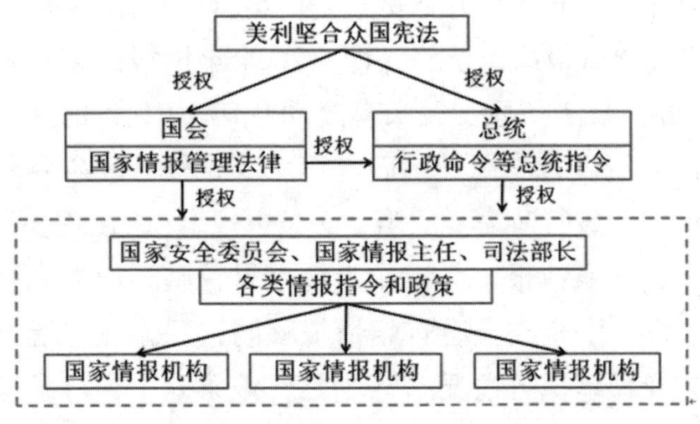

图 5—1　美国国家情报管理法规体系结构示意图

① 原本国会的立法权和总统的行政权都源于宪法，因此国会和总统在国家情报管理上的法律地位不分上下。但是从法律效力上看，国家情报管理法律的法律效力要高于总统令，因此，国家情报管理法律对总统令也具有授权作用。

毋庸置疑，法规本身就是管理权的象征，掌握了制定法规的权力也就掌握了管理权。对于行政首脑和国会来说，法规对他们都具有重要作用和特殊意义。

（一）法规是行政首脑实施领导的赋权工具

如果一个组织要实现有效管理，那么管理者必须具有足够的权威。只有这样，管理者的管理意图才会得到遵照和执行。如果管理者不具备足够的权威，没有掌握足够的管理权力，那么必然带来组织的混乱和效率的低下。在国家情报管理领域也是如此。为了获取管理权力，美国政府的各级行政首脑都需要援引法规的相关条款。这不仅赋予其管理权力，也保证了其管理行为的合法性。

例如，美国总统之所以是美国国家情报管理组织的最高领导，是因为宪法赋予了其最高领导权。而国家情报主任之所以代表总统领导美国情报界，作为美国情报界主要负责人，拥有对美国情报界的管理权，是因为《1947 年国家安全法》和《第 12333 号行政命令》等法规赋予了其实施管理的法定权力。《1947 年国家安全法》第 102 条 b 款规定："国家情报主任应（1）作为情报界首脑；（2）作为总统、国家安全委员会和国土安全委员会首席情报顾问；（3）依据《2004 国家安全情报改革法》（即《2004 年情报改革与防止恐怖主义法》，此处引自法条原文，未有改动）第 1018 条的规定，管理和指导国家情报项目的实施。"[①] 而《第 12333 号行政命令》中也有类似规定，例如，该行政命令的第 1. 3 条也规定："在总统的授权、指导和控制下，国家情报主任应作为情报界首脑；作为总统、国家安全委员会、国土安全委员会首席情报顾问；并管理和指导国家情报项目的实施及预算执行情况。"[②] 当然，该条款中还特意指出，国家情报主任在行使自身职权时，需要考虑情报界成员所在政府部门首

---

① Office of General Counsel, *Intelligence Community Legal Reference Book*, Office of the Director of National Intelligence, Winter 2012, p. 34.

② Ibid. , p. 728.

长的意见和建议，以及中央情报局局长的意见和建议。通过这些法规条文的赋权，国家情报主任拥有了管理美国情报界的合法权力，为其顺利履行使命打下了坚实的基础。

其他国家情报管理者的管理权力也都源自相关法规条文的规定。虽然其赋权的法规条文法律效力不一，地位和层次也有高低之分，但是这种依法获取管理权力的做法却一脉相承。例如，美国国防部内负责情报事务的副国防部长（兼任国家情报副主任）其管理权力也源自国会颁布的国家情报管理法律。《美国法典》第 10 卷“国防部权力”第 137 条 b 款规定：“在国防部长的授权、指导和控制下，负责情报的副国防部长应履行管理情报的职责，并拥有相关权力。”① 美国地理空间情报局局长的管理权力则源自《1996 年国家图像与测绘局法》及其修正案，该法第 441 条规定：“局长为国家地理空间情报局首脑”，“除总统和国家情报主任另有指示外，局长负责审批对国家图像搜集资产提出的搜集需求，并排定搜集优先次序。”② 以该条款为基础，国家地理空间情报局局长拥有了领导该局并管理国家图像情报搜集活动的权力。除此之外，其他国家情报管理者的权力在各类法规中都有详细的规定，由于篇幅所限，不再一一赘述。

综上所述，各级行政首脑的管理权力都源自国家情报管理法规，上至总统，下至国家情报机构首脑莫不如是。这种依法获取国家情报管理权的做法也是国家情报法制管理的突出特点。

（二）法规是国会实施国家情报监督的重要武器

除了各级行政领导需要依靠国家情报管理法规赋予其管理权力外，美国国会也需要依靠相关法规获取监督权力。依照宪法第一条第一款的规定：“本宪法授予的全部立法权，属于由参议院和众议院

---

① Office of General Counsel, *Intelligence Community Legal Reference Book*, Office of the Director of National Intelligence, Winter 2012, p. 309.

② Ibid., p. 319.

组成的合众国国会。”[①] 而宪法第八条特意强调：“国会应为美国政府及政府所属各部门制定恰当的法律，令其得以施行宪法赋予的各项权力。”[②] 因此，美国国家情报管理的各项法律都必须交由国会制定，而美国国会拥有的立法权自然成为其实施国家情报管理的重要武器。由于国会的立法权源自宪法，因此该条款具有最高法律效力。由于总统的行政权与国会的立法权都是宪法中的明文规定，因此二者之间具有相等的法律效力。这也使得总统和国会在对国家情报管理权的争夺上都有各自的法理依据，难分伯仲。尽管存在总统的制衡，宪法赋予国会的立法权仍然是国会能够履行国家情报监督职能的基本保证。

依据宪法赋予的立法权，美国国会不断新设和修正国家情报管理法律，并在这些法律规定中增加和修正国家情报监督的条款，通过步步为营的方法，国会将其国家情报监督权力不断扩大，并逐步落实。随着国家情报管理法规的不断发展和完善，国会对美国情报界的监督权力也能够不断发展和壮大。例如，《1981 财年情报授权法》中关于国会监督事务就有明文规定，该法第 501 条 a 款规定“遵照各类授权和职责规定，包括宪法关于行政和立法权的相关要求，在保护情报来源和方法及相关涉密信息不被违法披露的情况下，中央情报主任、各部门首长以及参与情报活动的各机构领导必须确保国会情报委员会完全、实时了解一切情报活动……”[③] 根据这一规定，国会拥有了对美国情报活动的知情权。而这一条款经过不断修正，国会对美国国家情报活动的知情权也有了进一步的扩大。按照《1947 年国家安全法》最新修正案的规定，该条款已被修正为：“总统应确保国会情报委员会完全、实时知晓美国的情报活动，包括未

---

① Office of General Counsel, *Intelligence Community Legal Reference Book*, Office of the Director of National Intelligence, Winter 2012, p. 1.

② Ibid., p. 6.

③ 96th Congress, *Intelligence Authorization Act for Fiscal Year 1981*, Public Law 96 –450, Oct. 14, 1980.

来即将开展的任何重要情报活动。"[1] 由此看出，国会通过不断修正法律中的各项条款，逐渐扩大了其情报监督的权力。这也令其在国家情报管理领域拥有了更大的发言权。

而宪法除了赋予国会立法权外，还赋予了国会掌握"钱袋子"的权力。宪法第九条规定："没有拨款法律，财政部不得提供任何资金。"[2] 这就令国会在实施国家情报监督时又多了一件有力武器。通过制定授权法和拨款法，国会牢牢控制着美国情报界各机构的预算。这也令美国情报界各机构在实施情报活动时，需要注意倾听国会的声音，更加严格地遵守国会制定的各项法律。

当然，依照《1947 年国家安全法》《2004 年情报改革与防止恐怖主义法》《第 12333 号行政命令》等法规及其修正案的规定，情报界高层领导的人事安排上，国会也拥有同意权。此外，通过法规规定，国会还具有审计、质询、调查评估等权力。总体上看，通过使用法律武器，国会可以较为有效地行使国家情报监督权。这也保证了美国情报界实施国家情报活动时会时刻牢记各类法规规定，尽力避免违法滥权。

综上所述，法规对于行政首脑和国会都具有特殊的意义，是它们发挥自身国家情报管理权的重要工具和必要手段。正是如此，各级行政首脑和国会都不断发布和修正各类法规以落实自己的管理意图，而最终结果就是国家情报管理法规数量的不断扩张和质量的日益完善，并形成了层次分明的法规体系。

二、以核心法规为支柱，法规体系有机统一

国家情报管理法规体系科学完备的第二个必要条件是必须拥有一部核心法规，并令整个法规体系构成一个有机统一的整体。众所

---

① Office of General Counsel, *Intelligence Community Legal Reference Book*, Office of the Director of National Intelligence, Winter 2012, p. 106.

② Ibid. , p. 6.

周知，国家情报管理是一项浩大工程，其中牵涉部门范围之广，工作事务之杂，人员规模之众都较为罕见。为了管理好整个美国情报界，美国人创设了层次不一的法律、法令、指令、规章等管理规则。而所有这些规则不仅名目繁多，数量巨大，而且令出多门，覆盖的工作领域也各不相同。虽然法规的数量和种类不断扩大，有利于覆盖国家情报管理各个领域，但是如果未能有效形成分工合作和集中统一，则容易形成法规之间的相互矛盾和彼此冲突。这样不仅难以保障管理机制的顺利运行，反而成为了实施管理的阻力和障碍。而为了使这些法规制度能够形成整体合力，美国人也有自己的一套方法和措施。

具体来说，就是创立了一部国家情报管理的核心法律，并以该法为支柱，通过层层授权的方式，将管理规则延伸至管理活动的各个方面。而这部核心法律就是《1947 年国家安全法》。而该法之所以成为核心与支柱，主要在于以下几点：第一，从时间上看，该法创立时间最早，是美国第一部国家情报管理法律；第二，从内容上看，该法规定了国家情报管理最基本和最本质的问题；第三，从影响上看，该法影响最大，其标志着美国现代国家情报管理制度的创立；第四，从效用上看，该法效用最显著，其生效后大大改善了国家情报管理的效率。因此，该法自创设以来虽已运行了半个多世纪，其情报条款也进行了大大小小三十多次修正，但是该法却从未被废止，究其原因就在于该法在国家情报管理中的核心地位和支柱作用。哪怕在诸多法规中地位同样较高，影响同样较大的《2004 年情报改革与防止恐怖主义法》和《第 12333 号行政命令》，也不过是对《1947 年国家安全法》的修正与完善，或是细化与落实。它们都没有从根本上取代《1947 年国家安全法》的核心地位。由此可见，《1947 年国家安全法》是名副其实的核心法律和支柱法律，其他法规都只是该法某一部分或某一领域的细化和落实。

除了《1947 年国家安全法》外，美国国会和政府还发布了其他国家情报管理法规，用以规范国家情报管理活动中的各类事务。仅以国会颁布的法律为例，这数量众多的法律中，不仅有改革整个美国国家情报体制的法律，如《2004 年情报改革与防止恐怖主义法》；还有设置国家情报机构职责权限的法律，如《1949 年中央情报局法》《1958 年国防部改组法》《1959 年国家安全局法》《1978 年监察长法》等；还有审批和监督国家情报活动的法律，如《1968 年综合犯罪控制与街道安全法》《1974 年休斯 – 瑞安法》《隐私法》《1978 年对外情报监控法》等；还有规定国家情报保密和信息共享事务的法律，如《信息自由法》《机密信息程序法》《2002 年国土安全信息共享法》；还有管理国家情报其他事宜的法律，如《1996 年战争罪法》《2005 年囚犯待遇法》等。所有这些法律都只负责国家情报管理的某个领域或某个方面，各自规范了自己管辖范围内的管理活动。而《1947 年国家安全法》不啻是众多法律中的旗帜和统帅，负责引领这些法规形成整体合力，共同维护好美国的国家安全。

由此可见，美国人采取分工合作的方式，以《1947 年国家安全法》为主线，以其他各类法规为支线，将法的力量源源不断地贯彻至国家情报管理的各个角落。换句话说，各类法规都是《1947 年国家安全法》的枝叶，而无论枝叶或大或小，或成熟或稚嫩，它们都是一脉相承，彼此不可分割的有机整体，共同统一至《1947 年国家安全法》的主干之中。这种能分能合，似散还聚的状态正是美国国家情报管理法规体系的独特之处，也是其法规能够实现科学完备的重要基础之一。

三、与管理实践频繁互动，推动法规体系成熟完善

众所周知，国家情报管理法规制订完成后，其并非一成不变，保持静止。相反，美国人将根据管理实践的反馈结果，修正、完善，甚至废止该法规及其相关条款。而所有这一切，都是为了令国家情报管理法规能够跟上时代的脚步，防止其成为国家情报管理的阻力和障碍。具体来说，这一过程包括以下两个步骤：

（一）实践检验

实践是检验真理的唯一标准。美国人也深谙此道。以《1947 年国家安全法》为例，该法初创时，由于各情报机构本位主义的影响，和多方利益难以短时间内达成一致，所以该法只是一个妥协后的产物。其中不少关键问题并没有解决，而仅仅是寻求临时应对之法，或者干脆用含混不清的法律条文将其搁置。这就使得该法存在先天不足和制度缺陷。例如，该法第 102 条第 4 款的规定就将对外情报与对内情报进行了人为分离，阻碍了情报共享；既强调中央情报主任有权指导全美情报工作，又强调各部门情报机构应继续履行自己在本行政部门内的职责，而对于中央情报主任具体拥有哪些权力又没有清楚的界定。因此，中央情报主任成了有名无实的虚职。正是由于这种先天性缺陷，导致历任中央情报主任大都致力于发展其直属的中央情报局，而对协调整个国家情报活动缺乏耐心和兴趣。

这种内外情报职能的人为分离和权责不匹配的矛盾导致美国情报管理中出现了不少体制弊病，也间接产生了各类情报失误。例如中央情报主任和国防部长之间对于军事情报机构控制权的争夺几乎从未停止；美国情报界各单位之间恶性竞争、缺乏协调的局面也难以从根本上得到改善；对内与对外情报的长期分裂更是直接导致未能对“9·11”恐怖袭击及时预警。而中央情报局也由最初设计的“裁判员”最终变成了与其他情报机构同台竞争的“运动员”。经过长年累月的实践检验后，美国人发现这些关键问题无法逃避，也必须厘清。因此，美国各界有识之士不断建言献策，并积极推动对该法实施修正。

（二）修正完善

面对各类体制积弊和专家学者的意见建议，美国总统和国会也积极采取立法行动对各类法规进行修正和完善，力图解决争议，弥合分歧，进一步规范美国国家情报管理活动。

例如，《1993 财年情报授权法》中第 701 条至 706 条就对《1947

年国家安全法》进行了较大幅度的修正。[①] 首先，该法对核心概念进行了界定。第 702 条“概念界定”中清楚明白地写明在《1947 年国家安全法》中加入本条款。在该条款中明确提出“情报”包含“对外情报”和“反情报”两部分，并清楚给出了二者的定义。与此同时，该条款还提出“国家情报”的概念。可以说这也反映了美国官方对情报的本质有了更加深刻地认识。此外，该条款还对“美国情报界”的成员进行了明确，并对“国家对外情报项目”也进行了规范和限定。这些核心概念的界定为日后美国情报界正确解读相关条款提供了便利，也防止美国情报界由于概念模糊而曲解和误读法律。[②]

其次，该法明确界定了中央情报主任的地位和职责权限。该法第 703 条规定，中央情报主任有权列席国家安全委员会会议；第 704 条还规定，中央情报主任为美国情报界首脑，并担任总统首席情报顾问。[③] 由此，中央情报主任的法定地位得到了进一步强化和提升。对于中央情报主任的职责和权限，该法第 705 条进行了较为详细的阐述，不仅明确提出中央情报主任有权接触各类涉密信息，同时也有权指导拟制国家对外情报项目的年度预算，还可有限度地调动情报界的人员和资金。[④] 这些细化的规则令中央情报主任的权力得到了进一步的落实，便于其开展协调和管理活动。

最后，该法对国防部长在国家对外情报项目中扮演的角色进行了较为清晰的界定。依据该法，国家对外情报项目中涉及的军事情报机构由国防部长负责管理，确保一线部队、参联会主席等军方高层领导的情报需求能够得到有效满足。但是在国家安全局、国家侦察办公室、国防情报局首脑的人事安排上，国防部长需要咨询中央

① 这些条款由于对《1947 年国家安全法》修正幅度较大，地位和作用也比较突出，因此也被单独命名为《1992 年情报组织法》。

② 102d Congress, *Intelligence Authorization Act for Fiscal Year 1993*, Public Law 102 – 496, Oct. 24, 1992.

③ Ibid..

④ Ibid..

情报主任的意见和建议。①

这些修正条款部分解决了中央情报主任职权不匹配的体制漏洞，同时也通过较为具体的规定划分了国防部长和中央情报主任对于军事情报机构的管理权，有利于缓和二者之间的对立与冲突，是对原《1947 年国家安全法》的有益补充和完善。

无独有偶，“9·11”事件后，美国再次对《1947 年国家安全法》进行大幅度修正，不仅统一整合了对内与对外情报，加强了反恐情报的融合和共享，并且通过设立国家情报主任对美国情报体制进行了深远变革。而除了《1947 年国家安全法》经过反复修正外，其他国家情报管理法律也不断得到修正。例如《1974 年休斯－瑞安法》本身就是《1961 对外援助法》的修正案②，其在美国国家情报管理制度的改革中也具有重要作用。以上这些修正都源于对实践的反复检验，也是专家学者对各类漏洞和不足经过反复研究和论证后的经验总结，体现了美国在国家情报管理法规创设和修正上的科学性和严谨性。而这种管理实践与创法和修法之间的循环和互动也是其国家情报法制管理的鲜明特色。

综上所述，经过实践的不断检验，美国人不断修正和完善国家情报管理法规，令其能够与时俱进，保持生机和活力。而除了在制定国家情报管理法律上美国人奉行这一原则，其在制订与之匹配的法令、指令、指导方针等规范性文件上也奉行类似的原则。这也使得整个美国国家情报管理法规体系能够源于实践，用于实践，具备较强的科学性和合理性，并能够紧跟时代步伐，成为国家情报管理的重要原则和指导方针。

---

① 102d Congress, *Intelligence Authorization Act for Fiscal Year 1993*, Public Law 102－496, Oct. 24, 1992.

② 黄爱武：《战后美国国家安全法律制度研究》，法律出版社，2011 年版，第 34 页。

第二节　法规体系覆盖国家情报管理全程

正如前文所述，自立国以来，美国在国家情报管理上奉行法制有着悠久的历史。而随着时代的发展和国家情报法制管理的不断演进，其国家情报管理的法制程度不断加深。不仅国家情报管理法规的数量越来越多、种类越来越全，而且法规所覆盖的领域和范围也在不断拓宽。当前，美国国家情报管理已经实现了较高程度的法制，在国家情报管理的各个环节都存在法规的身影。从组织机构上看，没有哪个机构和人员是法外机构和法外人员，从管理活动上看，没有哪个管理活动不依法实施。法规成为了国家情报管理中最基本的管理规则、最重要的行动准则和最根本的办事原则。它甚至成为了整个美国情报界的精神支柱。这种严格依法办事的管理方式，也成为了美国国家情报管理中的独特风景。

一、法规覆盖国家情报管理组织建构全程

在国家情报管理组织体系中，上至总统、国会和联邦最高法院，下至国家情报主任及其下属办公室，各管理职位和管理机构都严格依法创设。不仅如此，各管理职位和管理机构的职责使命和人事安排等基本问题也都依法确定。因此，从组织构成的静态视角看，美国国家情报管理的各个管理职位和管理机构都与法规密切相关。而法规覆盖国家情报管理的各个层次，也保证了国家情报管理组织能够顺畅有序地组建起来，并履行好维护国家安全的重责大任。

（一）法规先行，组织后建

依照前文所述，美国国家情报管理的各级管理职位和管理机构并非凭空而来，也不以领导人的主观意志为准则。它们的创建和重组都以法规为基础和前提，是集体智慧的结晶。仔细研究后不难发现，各国家情报管理职位和管理机构的建立，都有其相应的法理依

据和授权来源。这种法理上的依据多种多样，甚至有的机构拥有多重法理依据。但无论是谁授权，其法律效力如何，其共通之处在于，它们都是具有法律效力的规章制度。而美国政府正是严格按照这些规章制度组建其国家情报管理组织。例如，国家安全委员会的设立主要依据是《1947 年国家安全法》；而国家情报主任及其办公室的设立则源于《2004 年情报改革与防止恐怖主义法》；国家反恐中心的成立则源于《第 13354 号行政命令》和《2004 年情报改革与防止恐怖主义法》等。

当然，有些时候由于时间仓促，准备不足，部分国家情报管理机构的法理依据并非国会立法，甚至并非总统发布的各类行政命令，而仅仅是国家安全委员会的情报指令或国家情报主任的指令或备忘录。其法律效力较低，权威性不足。但是即使如此，这些指令也仍然是国家情报机构得以组建的重要原则和依据。虽然有些国家情报管理机构在组建时其法理依据源于较低层次的规章和制度，但是在国家情报管理实践过程中，为了重新规范该机构的情报活动，提升其授权法规的法律效力，扩大其管辖范围，美国总统和国会也会重新制定法规对其进行再度授权。例如，国家情报主任办公室内的国家情报委员会，其前身国家评估办公室就是依据国家安全委员会第 50 号指令（NSC50）和时任中央情报主任的史密斯下达的秘密指令而成立的。而 1980 年，中央情报主任斯坦斯菲尔德·特纳在对中央情报局进行改革时，下达指令于 1980 年 1 月正式成立了国家情报委员会。从今天来看，这几份指令的法律效力远逊于国会颁布的法律，也比不上总统发布的行政命令。但是，无论其法律效力的高低，这也是该组织得以创建的正式法理依据。而随着时间的推移，国家情报评估的重要性越来越得到高层决策者的重视。因此，1992 年，美国国会颁布的《1993 财年情报授权法》第七章“情报组织”的第 705 条明确指出，中央情报主任办公室下设国家情报委员会，专职生产《国家情报评估》。该条款还对国家情报委员会的组织结构、职责使命和人事规则进行了较为详细地规定。这也是国会第一次明确通过法律条文的形式明确对该机构给予授权，提升了其法律地位。从这个例子中我们发现，虽然国会的正式立法时间比国家情报委员会的创立晚了12年，给人事后“补票”的错觉，但追根溯源，每一次组建国家情报管理机构之前，必然有相应的法规制度出台。即使该法规层次较低、法律效力较弱，但其依然是机构组建的重要指导原则。而这种情况在其他国家情报机构的创建上也屡见不鲜。例如，《1959年国家安全局法》就是在1952年杜鲁门总统的绝密备忘录及《国家安全委员会第9号情报指令》的基础上，重新对国家安全局的职责权限和机构设置进行调整和规范。而1996年6月美国国会颁布的《1996年国家图像与测绘局法》也是以同年6月国防部颁布《关于成立国家图像与测绘局的指令》为基础，对新成立的国家图像与测绘局在职责使命、人事安排等事务上进行了重新规范等等。

总体上看，美国国家情报管理职位和管理机构的创设都呈现出较为典型的“法规先行，机构后建”的特征。如果没有法规授权，没有相应的法理依据，那么美国政府则无权组建任何国家情报管理机构。而这种法规出台与机构组建之间的先后关系也是美国国家情报法制管理的显著特征之一。

（二）以法为准，划分职能

在创立国家情报管理职位和管理机构的法理依据中，一般都有相应条款规定该职位或该机构的职能使命。虽然这些条款出于各种原因，有的较为清晰，有的较为含糊，但是从法理上看，这些条款划定了该情报管理职位和管理机构的职责范围，明确了该情报管理职位和管理机构的工作方向。这样，通过法规的强制力可以最大限度地避免各级国家情报管理职位和管理机构由于职责不清、分工不明，而出现职能过度重叠的体制弊病。

例如，除了《1947年国家安全法》对国家安全委员会及其下属的对外情报分委员会、国家情报主任及其下属办公室的职能使命进行了较为详细的规定之外，《第12333号行政命令》在前者的基础上对各级国家情报管理职位和管理机构的职能有了更加详细的界定。

其中最引人注目的是，该法令重申了国家安全委员会在国家情报管理中的职责；详细列出了国家情报主任的24项职能；阐述了各行政部门首脑在国家情报管理事务中的10项职能；规定了美国情报界各成员机构首脑在国家情报管理事务中的8项职能。当然，《第12333号行政命令》甚至还明文规定了各情报机构所属上级政府部门在国家情报管理中的职能使命。而所有这些条款的最终目的都是为了令美国情报界各机构能够清楚明白地了解其使命职责，便与其严格依法履职尽责，共同推动国家情报管理活动的有序施行。

而对于国家情报管理中具体组织落实指令政策的一些重要职位，其职责使命在《第12333号行政命令》中也有专门的条款予以规范。如，该法令对担任人力情报职能主管的中央情报局局长、信号情报职能主管的国家安全局局长、地理空间情报职能主管的地理空间情报局局长等国家级情报机构首脑的职责使命进行了详细的规定：

1. 中央情报局局长的职能使命。《第12333号行政命令》规定：该局局长负责管理搜集、分析、生产和分发对外情报与反情报；开展反情报活动，但不得在美国国内实施治安活动；为各类行动在美国内外提供行政或技术支援；执行总统同意的各类隐蔽行动；在该法令其他条款的规定下与外国情报或安全机构以及国际机构建立情报联系；在本法令第1.3条的指导下，协调情报界内外的情报与反情报事务；履行上级下达的其他职责与使命。[①]

2. 国防情报局局长的职能使命。《第12333号行政命令》规定：该局局长负责管理搜集、分析、生产和分发对外情报与反情报；为国防部长、参联会主席、联合司令部司令及其他政府部门提供国防情报；实施反情报活动；为各类行动在美国内外提供行政或技术支援；在本法令其他条款的规定下与外国国防部门、情报和安全机构以及国际机构建立情报联系、开展情报交换项目；管理和协调武官

① Office of General Counsel, *Intelligence Community Legal Reference Book*, Office of the Director of National Intelligence, Winter 2012, p. 738.

系统；在国防部长的指导下提供对外情报和反情报支援。[①]

3. 国家安全局局长的职能使命。《第12333号行政命令》规定：该局局长负责管理搜集、处理、分析、生产和分发信号情报以满足国家和政府部门对外情报与反情报需求；有效组织和统一实施信号情报活动，但不得实际控制情报界其他机构实施的其他活动[②]；掌管信号情报搜集和处理活动；为各类行动在美国内外提供行政或技术支援；为国家、政府各部门和军方提供信号情报支援；主管国家安全系统；在各类授权行动中确保国家安全局掌管的各下属机构能够遵守法律和条令的相关规定，传输、处理和分发信号情报；在本法令其他条款的规定下与外国建立密码类联络关系。[③]

4. 国家侦察办公室主任的职能使命。《第12333号行政命令》规定：该办公室主任负责管理研发、采购、发射、部署和运作太空系统及其数据处理设施以搜集情报，满足国家和部门情报需求；在本法令其他条款的规定下与外国建立联络关系。[④]

5. 国家地理空间情报局局长的职能使命。《第12333号行政命令》规定：该局局长负责管理搜集、处理、分析、生产和分发地理空间情报用于国家和部门的对外情报与反情报事务；为国家各部门和军方提供地理空间情报支援；为各类行动在美国内外提供行政或技术支援；在本法令其他条款的规定下与外国建立地理空间情报联络关系。[⑤]

6. 联邦调查局局长的职能使命。《第12333号行政命令》规定：该局局长在司法部长的领导下负责搜集、分析、生产和分发对外情

---

① Office of General Counsel, *Intelligence Community Legal Reference Book*, Office of the Director of National Intelligence, Winter 2012, p. 739.

② 经国防部长委派，并征求国家安全局局长同意后，其他机构也可开展信号情报活动，除此之外，任何机构不得实施此情报活动。

③ Office of General Counsel, *Intelligence Community Legal Reference Book*, Office of the Director of National Intelligence, Winter 2012, pp. 739 – 740.

④ Ibid., p. 740.

⑤ Ibid., p. 740.

报和反情报，而且开展工作时还需遵守司法部长的各类指导方针，并征求上级的意见；实施反情报工作；在本法令其他条款的规定下与外国情报、安全或执法部门建立情报与反情报联络关系。[①]

从《第12333号行政命令》对这六家国家级情报机构首脑职能使命的规定上看，中央情报局局长主要负责管理政府文职部门的对外情报、反情报和隐蔽行动；国防情报局局长主要负责管理军方的对外情报与反情报；国家安全局局长主要负责管理信号情报；国家侦察办公室主任主要负责管理研发和运作太空系统；国家地理空间情报局局长主要负责管理地理空间情报；联邦调查局局长主要负责管理美国国内反情报。虽然这六位国家情报机构首脑的工作领域各有侧重，但是也存在一定程度的职能重叠。对于这些重叠的职能，美国人还有其他国家情报管理法规进行严格限定和区分，确保美国情报界的整体管理效率。[②]

当然也有的法规对国家情报管理机构的职能使命规定得较为含糊，为机构领导留下了一定的施展空间。例如，修订后的《1947年国家安全法》第103条就对国家情报主任办公室的职能规定如下："国家情报主任办公室的职能是协助国家情报主任履行国家安全法及其他法律规定的法定职能，并执行总统和法律规定的其他职能。"[③]该条款对于国家情报主任办公室的职能并没有清晰的界定。这客观上增加了国家情报主任的自由裁量权，但该法中对于国家情报主任自身的职能却有长篇累牍的详细规定，并对办公室内各重要下属单

---

① Office of General Counsel, *Intelligence Community Legal Reference Book*, Office of the Director of National Intelligence, Winter 2012, p. 741.

② 例如美国中央情报局和联邦调查局都有权开展人力情报活动和反情报活动，二者工作有一些重叠的领域。为了解决争议，《第12333号行政命令》的第1.3条规定：联邦调查局局长负责协调美国国内的人力情报和反情报工作，而中央情报局局长负责协调美国国外的人力情报和反情报工作。当然，协调美国国内各类秘密搜集活动和反情报活动的政策与规程都需要得到司法部长的批准。参见 Office of General Counsel, *Intelligence Community Legal Reference Book*, Office of the Director of National Intelligence, Winter 2012, pp. 732 – 733.

③ Office of General Counsel, *Intelligence Community Legal Reference Book*, Office of the Director of National Intelligence, Winter 2012, p. 55.

位领导的职能使命进行了清晰地限定。因此，总体上看，该法通过确定国家情报主任的职能和各下属单位领导的职能，进而限定了国家情报主任办公室的职能范围。

在履行职能过程中，如果遇到职能规定仍然不够清晰或者遇到各种阻力难以克服时，美国人也会出台新的法规进而统一思想、消弭争论。当然，这也从客观上加速了其法规体系的成熟与完善。例如，中央情报局成立后，经过两年时间的运转，发现其运转过程中存在诸多法律模糊地带，使得该机构的职能使命和组织机构问题缺乏详细指导和规范，造成其上令难以下达或权威得不到承认的窘况。这严重影响其履行法定职能。有鉴于此，美国国会于 1949 年通过了《1949 年中央情报局法》，对中央情报局的职能使命等问题进行了更加详细的阐述，避免了分歧，也令该机构得以更加清楚地了解其在国家情报管理中的地位与作用。由此可见，严格依法确定职能使命也是美国国家情报管理中的显著特征。

（三）人事安排，于法有据

正如前文所述，美国国家情报管理组织中，各管理职位由何人担任，各管理机构如何构成都有十分明确的规则和制度。无论是《1947 年国家安全法》中的章节，还是《第 12333 号行政命令》中的规定，甚至是宪法中的条款，这些法规都是经过专家学者深思熟虑，并经过各利益集团激烈博弈后的产物。这些法规条款本身不仅反应了国家情报管理中的科学性和严谨性，同时也反映了国家情报管理中的矛盾性和复杂性。

以参议院情报特别委员会为例，其人事规则的法规条款不仅反映了国家情报管理中的科学性和严谨性，而且反映了矛盾性和复杂性。根据《第 400 号参议院决议》的相关规定，参议院情报特别委员会由 15 名委员组成，委员人数两党大致各占一半，且各委员由政党领袖推荐，参议院院长任命。其中，参议院军事、司法、外交和拨款委员会各派 2 名委员兼任情报特别委员会委员，另外 7 名委员则可来自参议院其他委员会。这 7 名委员中的 4 名由参议院多数党领袖推荐，剩下的 3 名由少数党领袖推荐。此外，参议院两党领袖都是情报特别委员会的法定成员，不过这两人都没有投票权，也不能参加情报特别委员会下属的各类分委员会。

从这些规则中我们发现，部分条款反映了国家情报管理中的科学性和严谨性。例如，委员会人数两党各占一半，说明该委员会在人事安排上努力避免政党因素的影响；而军事、司法、外交和拨款委员会各派遣 2 名兼职委员，则说明该委员会需要熟悉军事、司法、外交和财政事务的专业人才，避免情报管理中涉及相关领域而无内行之人；而参议院两党领袖成为委员会的法定成员，则反映了参议院对国家情报管理的高度重视。而这些人事规则都是科学性和严谨性的具体体现。

此外，还有部分条款反映了国家情报管理中的矛盾性和复杂性。例如，委员会委员由政党领袖推荐，参议院院长任命，这体现了委员会具有鲜明的政治导向；而多数党领袖比少数党领袖多推荐 1 名委员，也体现了委员会中存在矛盾和冲突；而参议院两党领袖不具有投票权，也不得参加下属分委员会，也间接反映了两党对委员会管理权争夺的激烈程度。

当然，除了国会两院特别情报委员会的人事规则依法确定之外，整个国会的人事规则都依法确定。而总统、国家安全委员会、国家情报主任及其下属办公室的人事规则也都具有坚实的法理依据。这些相关法规在前文中都梳理的较为详细，此处就不再一一赘述。总的来看，各个管理职位和管理机构，其人事规则都有章可循，有法可依。且这些法规条款中都蕴含着法规创立者的智慧，具备了科学性和严谨性。当然，这些法规条款中还体现着各类矛盾和冲突，充满了斗争和妥协。而科学和妥协的两相结合也是国家情报法制管理的典型特征。

二、法规覆盖国家情报管理机制运行全程

国家情报管理法规不仅覆盖了管理组织建构的全过程，同时，

它们也覆盖了国家情报管理机制运行的全过程。从确定需求到授权审批，从授权审批到组织实施，从组织实施到评估问效，整个国家情报管理流程始终都以法规为基础进行运作。其中没有任何一个环节脱离了法规的掌控。而美国人也通过不同层次的法规规范了不同层次的国家情报管理活动。这也表明，法规是美国国家情报管理机制运行的根本规则。

（一）以法规为基础科学拟定国家情报优先目标

正如前文所述，依照《1947 年国家安全法》和《第 12333 号行政命令》的相关规定，美国总统有权批准国家安全委员会上报的情报主题，宏观把握国家情报优先目标的制订方向。而依照《1947 年国家安全法》和《第 68 号国家安全总统令》的相关规定，国家安全委员会下属的对外情报分委员会具体负责制定情报主题。而这些情报主题经总统批准后，也成为了国家情报主任制订国家情报优先目标的重要参考和依据。

依照《1947 年国家安全法》《第 12333 号行政命令》《第 68 号国家安全总统令》的相关规定，国家情报主任负责遵照总统和国家安全委员会的指示，以情报主题为基础，制订国家情报优先目标。而依照国家情报主任发布的《第 204 号情报界指令》，国家情报主任办公室内诸多成员都应参与国家情报优先目标的制订工作。具体来说，这些成员包括负责分析事务的国家情报副主任；负责搜集事务的国家情报副主任；负责政策、计划与需求的国家情报副主任；国家情报主任首席财政官、负责管理分析任务的国家情报副主任助理；国家情报委员会以及各任务主管等。当然，这些参与人员究竟在制订过程中发挥什么样的作用以及如何发挥作用也都有具体的条款予以明确。

由此可见，国家情报优先目标的制订虽然是一个较为复杂的系统工程，需要上至总统，下至国家情报主任办公室的各位要员群策群力，但是有了各个层次的国家情报管理法规，整个制订过程显得忙而不乱、紧张有序。各责任方以《1947 年国家安全法》《第 12333

号行政命令》《第68号国家安全总统令》和《第204号情报界指令》的相关规定为基础，确保了国家情报优先目标的制订工作能够较为科学顺利地完成。

而最终制订的国家情报优先目标也将以《国家情报战略》和《国家情报优先框架》这些法规政策为载体，下达至美国情报界各成员单位。因此，总体上看，国家情报管理在该环节呈现出了依法管理和以法管理相结合的特点。法的精神始终贯穿该项情报管理活动的始终。这也确保了国家情报管理活动迈出的第一步既坚实又有力。

（二）以年度国家情报授权法为基础，审批和规范国家情报活动

美国国家情报管理的第二个重要环节是投放国家情报资源并规范国家情报活动。在这个环节，国家情报管理法规也发挥着重要作用。依照宪法的相关规定，美国情报界若想获得维持机构运作的必要资源，则必须有拨款法的支持。而拨款法又以授权法为基础和前提，因此制订年度情报授权法成为了授权国家情报项目并提供资源的关键环节。至于年度情报授权法由谁创设和如何创设的问题，国会和政府也都有一整套完整科学的规则。这些规则源于宪法，与国会创设其他法律并没有本质的区别。本文在此就不再赘述。总的看来，创设情报授权法的每个环节都于法有据，体现了科学性和合法性的辩证统一。

而一般情况下，每个财年的情报授权法都将对本年度情报界计划实施的各类国家情报项目进行授权，而除了一些日常工作的授权外，它还对情报界的一些大事和要事进行审批和指导。例如，《2014财年情报授权法》就对情报界建设高性能电脑中心的资金拨付问题进行了规范和限定；对如何评估情报界各职能领域的年度表现进行了规范；对非法披露隐蔽行动的应对方法进行了规范等等。无独有偶，《2013财年情报授权法》也对本财年美国情报界的各类大事要事进行了裁决和指导，例如，该法第304条就规范了“内部威胁自动侦测项目”的施行情况；该法第501条则规范了“国土安全情报项目”的施行情况；该法第503条则对如何保护美国信息技术供应链的情况进行了规范等等。[1] 总体上看，几乎每个财年的情报授权法都会对本财政年度的情报活动进行规范和约束，这也令该财年美国情报界各机构在履行法定职能时有了重要的法理依据和参考标准。

美国人通过宪法和其他法律依法创设年度情报授权法，再以年度情报授权法为基础创设年度情报拨款法，最终依照年度情报拨款法拨付各类情报资源。这种授权法和拨款法相结合的做法，从根本上保证了国家情报项目的合法性和拨付情报资源的正当性。这也是国家情报管理中法制特色的鲜明体现。

（三）依法从行政和业务两方面组织实施国家情报活动

美国国家情报管理的第三个重要环节是组织实施国家情报活动。从美国国家情报管理的实践上看，国家情报活动的组织实施可以划分为国家情报主任和国家情报机构主官两个管理层次。而无论是国家情报主任还是国家情报机构主官，他们在组织实施国家情报活动时，都一般从行政和业务两个领域对国家情报活动实施指导和协调。而无论是实施哪种管理，都必须严格遵守国家情报管理法规的相关规定，不得肆意妄为，以权压法。

例如，依照《1947 年国家安全法》的相关规定，国家情报主任负责管理和安排情报界各成员机构的任务分派。具体来说，包括审批各类搜集任务和分析任务；解决搜集需求之间的冲突以及情报界各单位所属搜集资产在任务分派上的矛盾等等。[2] 一般情况下，国家情报主任需以年度情报授权法为准则，审批各类重大情报任务，并通过各类审批程序解决涉及情报界跨机构的协调问题。他并不负责具体情报任务的管理和实施工作。此外，依照《1947 年国家安全法》的相关规定，国家情报主任还负责为情报界各成员单位调配各类情报资源。而各类情报资源的调配原则和调配程序，也都在

---

① 112th Congress, *Intelligence Authorization Act for Fiscal Year 2013*, Public Law 112 – 277, Jan. 14, 2013.

② Office of General Counsel, *Intelligence Community Legal Reference Book*, Office of the Director of National Intelligence, Winter 2012, pp. 41 – 42.

《1947 年国家安全法》中有详细的规定。总的来看，无论是含金量较高的资源分配权，还是最常用的任务分派权，这些管理权力全部受到各类法规的限制和约束。而美国人通过各类情报管理法规预先限制和规范了国家情报管理者的自由裁量权，防止其手中掌握的权力过大，而导致滥权现象。而这种削弱管理者个人权力，却扩大法规制度管理权力的做法也成为了美国国家情报法制管理的重要特征。

而国家情报机构的主官们在组织实施国家情报项目时，通常扮演职能主管和项目主管的双重身份。而无论其担任何种身份，其在实施管理时都必须遵循国会制定的国家情报法律，如《1947 年国家安全法》；总统下达的各类法令，如《第 12333 号行政命令》；国家安全委员会下达的各类指令，如《国家安全委员会第 3 号情报指令》；以及国家情报主任下达的各类指令，如《第 104 号情报界指令》。除了需要遵循各类法规之外，其本身实施管理时也以指令和政策的形式传达给下属人员。如国家安全局局长有权颁布《美国信号情报指令》，为全美各信号情报机构制订基本准则和工作规范。同时以《美国信号情报指令》为载体，国家安全局局长也可对全美各信号情报机构承担的情报任务发布实施指导，统一管理其情报活动。

总的来看，无论是国家情报主任还是国家情报机构的各主官，其在组织实施国家情报项目时都必须严格依照各类法规开展工作，而其实施管理的主要手段本身也是法规。而这种依法和以法相结合的管理方式也是美国国家情报法制管理的另一个突出特点。

（四）依法开展调查评估活动

评估问效活动是美国国家情报管理的第四个环节。而正如前文所述，在该环节国家情报管理法规也发挥着举足轻重的作用。首先，组建调查机构源自合法授权。一般情况下，实施常态性调查的机构，其法律授权源自《1947 年国家安全法》《第 12333 号行政命令》等法规。而临时成立的调查机构，其法律授权一般来自年度情报授权法或者总统、国会、国家安全委员会、国家情报主任及司法部长下达各类法令、决议或指令等。而无论其法理依据的法律效力如何，至少所有的调查机构都具有合法授权。这也保证了调查评估活动具备合法性。

其次，依法确定调查人员。在各类授权法规中，一般都会指明由哪些人实施调查，或者指明调查机构的人事规则。以阿斯平 - 布朗委员会为例，该委员会的授权源自《1995 财年情报授权法》。根据该法第 902 条的规定，该委员会由 17 人组成，其中总统可任命 9 名委员，而这 9 名委员都必须是没有担任公职的平民，且这些委员中曾在情报界担任高级领导职务者不得超过 4 人，而来自同一党派者也不得超过 5 人。参议院多数党领袖和少数党领袖也可各任命 2 名委员，且这 2 名委员中必须一人为参议员，另一人为未担任公职的平民。众议院议长和众议院少数党领袖也可各任命 2 名委员，且这 2 名委员中必须一人为众议员，另一人为未担任公职的平民。以上任命的所有平民委员都须了解国家安全领域的相关背景知识。[①] 由此可见，调查机构的人员组成都依法确定。

再次，依法设置调查内容和方向。无论是实施例行性还是临时性调查，在其授权法规中一般都会规定调查的重点和方向。这样也便于调查委员会明确其职责使命，找准调查的突破口，避免调查过程中偏离其创设的初衷而误入歧途。还是以阿斯平 - 布朗委员会为例，依据《1995 财年情报授权法》第 903 条的规定，该委员会应审查美国情报界在后冷战环境中实施的各类情报活动，以评估各类行动的效率和适当性。与此同时，该委员会还需回答涉及情报界角色和功能的 19 个基本问题。[②] 而这些问题的答案正是详细了解美国国家情报管理机制运行效率的重要参考。除了阿斯平 - 布朗委员会外，其他调查机构的法规授权中也都有类似的规定。由此可见，调查机构的调查内容和调查方向也全部于法有据。

然后，依法确定调查权力。无论是实施例行性还是临时性调查，

---

① 103d Congress, *Intelligence Authorization Act for Fiscal Year 1995*, Public Law 103 – 359, Oct. 14, 1994.

② Ibid..

在其授权法规中一般也都会规定调查机构所拥有的调查权力。而这些调查权力也是调查机构正常履行使命，完成调查任务的必要职权。还是以阿斯平－布朗委员会为例，依据《1995财年情报授权法》第905条的规定，委员会有权举行听证会，记录证词，搜集证据，并要求证人宣誓保证证词的真实性；委员会也有权获取任何政府部门的全部涉密及敏感材料以实施调查；委员会还有权组建下属分委员会辅助工作等等。[①] 如果没有与之相匹配的调查权力，调查委员会的调查活动必将举步维艰，难以为继。当然，调查机构的各类权力也必须依法赋予。也只有这样，才能保证调查权力的合法性和权威性。

最后，依法明确汇报时间和汇报对象。一般在各类授权法规中，都会清楚地规定调查机构什么时候提交报告，以及向谁提交报告等问题。这也反映了调查活动的正规性和严谨性。例如，《1995财年情报授权法》第904条规定，阿斯平－布朗委员会在首次开会后的两个月内，必须提交初期报告；而在调查活动中，还需提交中期报告；最后在1996年3月1日之前，必须完成调查活动并提交最终报告。[②] 而除了阿斯平－布朗委员会之外，其他调查机构也大体如此。

综上所述，在整个国家情报管理机制运行的全过程中，国家情报管理法规都发挥着不可替代的重要作用。它们不仅是实施国家情报管理的基础和前提，也是实施国家情报管理的依据和保障。而这种时时处处都以法为根本的管理方式正是美国国家情报法制管理的突出特点。

第三节　国家情报法制管理的自主革新与调适

美国国家情报法制管理的第三个重要特点是其存在科学的动态

---

① 103d Congress, *Intelligence Authorization Act for Fiscal Year 1995*, Public Law 103－359, Oct. 14, 1994.

② Ibid..

调适机制，即国家情报管理组织及其运行机制与国家情报管理法规体系之间存在一套互动循环；而国家情报法制管理与国家安全之间也存在一套互动循环。在这整套动态调适机制的共同作用下，令美国国家情报法制管理能够以法规为媒介不断自我调适，实现自我革新，并持续推动自身的法制进程，尽可能及时地应对国家安全形势的变迁，最终完成维护国家安全的根本目标。而这套动态调适机制是美国人多年经验的总结和集体智慧的结晶。它们不仅是美国国家情报法制管理的重大特色，更是其国家情报管理组织及其运行机制能长期保持高效的重要奥秘。

一、国家情报管理组织及其运行机制与法规体系交互助推并自主演进

正如前文所述，国家情报管理组织及其运行机制与国家情报管理法规体系之间存在着一套互动循环。在该循环的作用下，国家情报管理能够不断沿着正确的道路发展和完善，并最终令美国的情报力量日益壮大。而与此同时，国家情报管理法规体系也能够不断成熟和完善，并最终形成层次分明，体系严密，有机统一的科学体系。

（一）国家情报管理组织及其运行机制与法规体系之间交互助推，构成互动循环

正如第四章中图4—1所示，法规是国家情报管理组织建构的基础和前提，也是国家情报管理机制运行的依据和保障。换句话说，法规体系对国家情报管理组织及其运行机制具有决定性作用，即有什么样的法规体系就有什么样的国家情报管理组织及其运行机制。因此，一旦法规发生了变化，相应的国家情报管理组织及其运行机制都会发生或大或小的变化。从美国情报管理制度的发展演变历程中我们也可以印证这一点。大到整个国家情报管理制度的嬗变，小到单个国家情报管理职位或管理机构的创设或改组，其背后都是法规发生了变化。当然，国家情报管理组织及其运行机制也可以反作

用于法规体系。众所周知，每当国家情报管理组织及其运行机制中出现了弊病和缺陷，这些管理问题又会倒逼政府和国会重新创立或修正法规体系。一些严重的管理问题甚至可以推动整个法规体系发生重大改变。

从美国国家情报法制管理的发展历程上看，国家情报管理组织及其运行机制与法规体系之间总是交互助推，共同发展。其中，法规促进管理组织及其运行机制的发展和成熟，而管理又促进法规的科学和完备。二者之间构成了良性互动，二者之间密切相关，不可分割。这也是一种双赢的共生关系。如果没有了法规，管理也就失去了准绳和标准，必将陷入无序和混沌；而如果没有了管理，法规也就失去了意义和价值，必将最终难逃废弛的命运。因此，国家情报管理组织及其运行机制与国家情报管理法规体系互为表里，辩证统一，相互依存，共同发展。这也是美国国家情报法制管理的独特之处。

（二）互动循环无需外界干预，可实现自主演进

国家情报管理组织及其运行机制与国家情报管理法规体系之间的互动循环还存在第二个突出特点，即二者之间的互动循环无需外界干预，就可实现自身的发展演进。例如，从国家情报管理的角度看，总统、国会、国家情报主任等国家情报管理者在实施管理时，如果发现管理组织及其运行机制存在问题，他们将立刻启动法规的创设或修正程序，并以新的法规调整和完善国家情报管理组织及其运行机制。这种做法成为了美国国家情报管理上的行为习惯和条件反射，也已经成为了一种依法管理的规则和制度。由此可见，立法和修法已经成为国家情报管理机制正常运行所不可分割的一部分。其结果是法规体系越来越科学和完备，而国家情报管理组织及其运行机制也得以发展和成熟。从这一行为习惯上我们还可以看出，法规已经成为国家情报管理组织及其运行机制不断发展成熟的重要媒介，而用法规的力量解决国家情报管理中的各类问题也成为了国家情报法制管理的内在逻辑。

此外，如果从法规体系自身发展的角度上看，美国人创建国家情报管理法规的初衷就是规范国家情报管理组织的建构和机制的运行。而法规创设后，经过国家情报管理活动的实践检验，原有法规将获得修正，而新的法规也将得以创立。可以说，法规不断应用于管理实践，也客观上促使法规的数量不断扩大，种类不断增加，质量不断提高。而其结果必然是法规体系不断发展壮大，并一步一步走向科学和完备。由此可见，国家情报管理实践也是法规体系正常运行和发展不可分割的一部分。而伴随着法规体系的不断科学和完备，国家情报管理也必将越来越成熟和高效。

正如上文所述，国家情报管理组织及其运行机制与国家情报管理法规体系之间，无论任何一方的发展和改变都将带动另一方产生同样的变化，而且二者之间的互动循环也早已无需外界干预，内化为了二者自身运行和发展的有机组成部分。这也是美国国家情报法制管理的另一个独特之处。

二、法制管理可及时有效地应对国家安全形势的变化

如前所述，除了国家情报法制管理在自身内部存在一套互动循环外，国家情报法制管理和国家安全之间也存在着一套互动循环。而这套互动循环不仅揭示了国家情报法制管理与国家安全之间的动态调适规律，也体现了国家情报法制管理的根本目标和努力方向。依靠这套互动循环，国家情报法制管理可及时有效地应对国家安全形势的不断变化，最大限度地维护好美国的国家安全。

（一）法制管理与国家安全之间构成互动循环

在国家情报法制管理与国家安全之间的互动关系中，最核心的规律就是国家情报法制管理与国家安全之间的互动循环。正如“国家安全与国家情报法制管理的互动模型图”中所示，国家安全形势的变化可以引发国家情报需求的变化，而国家情报需求的改变又将导致国家情报管理组织及其运行机制的低效与不适，而低效和不适情况又将催生各个层次的调查评估活动，并进而推动国家情报管理

法规发生调整和变化，而变化后的国家情报管理法规将导致国家情报管理组织及其运行机制也发生相应改变，并最终应对变化后的国家安全形势。总的来看，国家情报法制管理依靠这一循环，能够尽可能及时地对国家安全形势做出调整和改变。有了这套循环，无论国家安全形势如何变化，变化的速度多快，国家情报管理的组织和管理机制都能够在最短的时间内调适完毕，并积极、主动地应对新的国家安全形势。

（二）以法规为媒介实现对国家安全的动态调适

仔细考察上述循环后我们发现，国家情报管理法规发挥着承上启下的重要作用。换句话说，它是国家情报管理组织及其运行机制能够不断适应国家安全形势的重要保证，也是确保循环能够正常运转的关键环节。而以法规调整国家情报管理组织及其运行机制的做法正是法制管理思想的具体体现。众所周知，法规是智慧和经验的结晶，是科学与艺术的完美统一。因此，依靠法规调适国家情报管理组织及其运行机制，可以确保调适后的国家情报管理组织及其运行机制不会偏离正确的方向，并使其具备较强的科学性，保持较高的运行效率。虽然其他的调适手段可以在科学性或者效率上单方面超过法制手段，但是从维持二者整体平衡的角度进行综合考虑，则目前为止，尚没有其他管理手段超过法制手段。因此，依靠法规调整国家情报管理组织及其运行机制是当前最佳的选择。而这也是美国国家情报管理的法制程度得以不断深化的重要原因。

结束语

虽然美国情报活动的历史相对短暂，但其平时和战时却取得了较大的成就。如果追根溯源，美国情报工作之所以如此成功和高效，其根本原因不仅在于其无所不能的技术手段，更在于其合理科学的管理方式。而美国国家情报管理的科学性与合理性就源于“法制”二字。凭借法制手段，当今美国已然拥有了世界上较为完备的国家情报管理法规体系，构建了较高效的国家情报管理组织，其法制程度也较高。因此，我们可以积极借鉴美国国家情报法制管理的成功经验和挫折教训，力争少走弯路，加快自身国家情报管理的法制进程。这不仅符合国家情报管理发展的客观规律，更是一国情报力量发展壮大的必由之路。

一、总结与预测

自《1947 年国家安全法》颁布实施以来，美国现代国家情报管理制度已经走过了六十多年的历程。在这六十多年的岁月里，法制管理一直是美国国家情报管理的核心手段和基本方式。美国人依靠层次分明，组织严密，有机统一的法规体系管理着整个美国情报界，并以法规为媒介，实现国家情报管理组织及其运行机制对国家安全形势的动态调适。在深刻研究美国国家情报法制管理问题后，我们总结了以下三点结论：

（一）国家情报管理法规体系是美国国家情报法制管理的基础和根本

当前，美国国家情报管理已经实现了较高程度的法制。这不仅因为其拥有了一套较为科学和完备的法规体系，更因为法规体系在国家情报管理中发挥了极其重要的作用，也具有了崇高的地位。

1. 法规是美国国家情报管理组织建构和发展的基础和前提

从历史上看，《1947 年国家安全法》创立了美国现代国家情报管理组织机构。该法不仅规定了美国国家安全委员会的组织形式、人员构成和基本职能；同时也创设了中央情报主任一职，并在法理上承认其为美国情报界的首脑。而根据该法第 102 条的规定，过去临时性的“中央情报组”也转变为拥有独立自治权的“中央情报局”。[①] 自此，以该法为基础，美国现代国家情报管理制度也初具雏形。之后，在历次国家情报管理组织机构的调整和变革中，美国人也始终以法规为牵引，通过修法和立法的方式改变其国家情报管理组织。[②]

由此可见，美国国家情报管理组织机构的历次发展和变革都有其法理依据，大到整个国家情报管理组织体系的整体嬗变，小到个别机构的组织变迁，其都有较为具体和规范的法规作为授权依据。而在历次国家情报管理组织机构的调整改革中，法律的草拟，行政命令的颁布、国家安全委员会指令等各类指令的出台，其背后都蕴含着各方势力的角力和斗争。而各方之所以选择在各类法规中如此角力，其原因就在于法规是国家情报管理组织建构的基础和前提。国家情报管理法规一经制订后，各项条款就具有法律效力，尤其是国会通过的法律，其法律效力最高，哪怕是总统发布的各类法令也不得与国会法律相抵触，更遑论各情报机构自身发布的内部章程、规定和政策。正是由于拥有了各类法规的授权，国家情报管理组织的调整改革才是合法行为，才能够有条不紊地持续推进。在国家情报管理组织调整改革中遇到的各类阻力和阻挠，都将不得不屈服于法规的强制力。只要法规最终颁布施行，那么任何机构和个人的抵

---

① M. Warner & J. Kenneth McDonald, *US Intelligence Community Reform Studies since* 1947, Center for the Study of Intelligence, Washington D. C., April 2005, p. 5.

② 具体情况参见附录。

制与反对都将被视为违法行为，都将接受处罚与制裁。因此，总体上看，法规是国家情报管理组织建构和发展的基础和前提。

2. 法规是美国国家情报管理机制运行的根本和保证

在美国国家情报管理机制运行过程中，无论是制订目标还是获取资源，无论是给予授权还是调查评估，各级组织机构不仅需要遵守国会制定的各类法律、总统颁布的各类法令，还需要遵守上级管理层发布的种种情报指令、政策、战略等。这些纷繁复杂的法规是美国国家情报管理机制得以正常运转的基本保证。但是在所有法规中，国会制定的法律和总统颁布的法令具有较高的法律效力，而其他指令和政策、战略等规章的法律效力相对较低。不过追根溯源，这些指令、政策、战略等规章也源自国会的法律和总统的法令。换句话说，它们不过是对国会立法和总统法令的细化和落实。而这些层次分明的法规已覆盖国家情报管理机制运行的各个流程，成为国家情报管理活动中不可分割的有机组成部分。因此，从这个角度看，法规是国家情报管理机制运行的根本规则。

自 1947 年美国现代国家情报管理制度建立以来，行政、立法和司法部门对美国情报界的管理权都源自国家情报管理法规体系。正是这套国家情报管理法规体系赋予了各级行政领导、国会参众两院及司法系统以管理权威。而行政、立法和司法部门拥有了法律赋予的权威后，才能保证美国国家情报管理机制顺利运行并得到有力监督。由此可见，法规在国家情报管理机制运行中既是根本规则，也是权力源泉。它保证了国家情报管理机制能够自始至终顺畅有序地运行。换句话说，它既是国家情报管理机制运行的根本，也是国家情报管理机制运行的重要保证。

综上所述，无论从组织建构还是机制运行的角度上看，法规体系都发挥着举足轻重的重要作用，它是美国国家情报管理的基本规则和根本方式，也是美国国家情报管理的核心和灵魂。

（二）美国国家情报法制管理仍然存在不足和短板

虽然美国国家情报管理已经实现了较高程度的法制，但是这并不意味着美国国家情报法制管理已经尽善尽美，没有了进步和提高的空间。相反，美国国家情报管理的诸多法规条款中还存在不少需要厘清的模糊之处，而美国国家情报管理中也存在一些法制灰色地带和漏洞。而这些模糊之处和各种疏漏也充分暴露出了美国国家情报法制管理的真实目的和其虚伪之处。

1. 国家情报法规条款仍有未解难题和模糊之处

为了令美国国家情报管理法规体系日臻完善，美国人不遗余力地修正各类国家情报管理法规。例如，《1947 年国家安全法》自创设以来，经历了大大小小三十多次修正；而《第 12333 号行政命令》也于 2003 年、2004 年和 2008 年经历了三次修正。可以说修改完善法规已经成了美国国家情报法制管理中一个常态性的工作。随着各类法规条款的不断修正和完善，其法规体系也日益成熟。不过即使如此，美国国家情报管理法规条款中还是存在一些尚未解决的棘手难题和需要厘清的模糊之处。

例如，《1947 年国家安全法》第 106 条 b 款关于情报界重要职位的人事任命上，专门指出对于国家安全局局长、国家侦察办公室主任、国家地理空间情报局局长等重要国家情报机构首脑的人事任命需要得到国家情报主任的同意。如果未获得其同意，则不得实施任命或向总统推荐任命。[①] 但是该法之后又规定，如果国家情报主任不同意推荐此人选，那么国家情报主任以及相应机构的举荐人应直接告诉总统拒绝接收或提出推荐的原因。[②] 而对于之后如何解决双方的矛盾和分歧，该法条并没有明确说明。究竟是让总统做出裁决？还是继续寻找双方都可以满意的新人选？无论是哪种方式，这种法条上的缺失必然带来管理上的矛盾和阻力。

此外，《1947 年国家安全法》第 106 条 c 款还规定，对于国防情报局局长、海岸警卫队负责情报的司令助理、司法部负责国家安全

① Office of General Counsel, *Intelligence Community Legal Reference Book*, Office of the Director of National Intelligence, Winter 2012, p. 85.

② Ibid. .

的部长助理其人事任命，相关举荐人应与国家情报主任“协商”。[①]至于如何协商？协商不成功如何处理？该法条也没有给出相应的答案。很显然，这种模糊性处理也与法制所要求的精准精神相违背。

而《1947 年国家安全法》第 105 条 a 款更是对国防部长在国家情报项目中的相关职责进行了模糊处理。该条款指出，国防部长应确保国防部各部门在国家情报项目中“恰当地”执行国家情报主任的各项政策和资源决策。[②]该条款中“恰当地”一词非常模糊，和法制所要求的精准精神也不相匹配。这也令国防部长和国家情报主任对军方情报机构的控制权问题难以解决。

诸如此类的问题还有很多，而究其原因，在于国家情报管理是一个牵涉多方利益的博弈活动。在各方利益博弈中，经常会遇到各类矛盾和冲突，有时候一些矛盾和冲突也难以在短期内得到解决。而为了最大限度地得到各方的支持和拥护，争取法规的成功创设，法规创设部门也不得不接受各种妥协。因此，法规条款中也自然而然存在不少模糊和疏漏之处。当然，这也给法规的日后完善留下了空间和余地。

2. 国家情报法制管理中仍然存在灰色地带和管理漏洞

虽然国家情报管理法规体系已经覆盖国家情报管理全程，但是仔细研究后我们发现，国家情报管理中仍然存在一些法制的灰色地带和管理漏洞。例如，年度情报授权机制中就存在一些灰色地带。按照规定，年度情报授权法应早于拨款法以指导国家情报资源的分配。但是从历史上看，只有 1979 年、1983 年和 1989 年这 3 个财年的年度情报授权法是在财年开始之前就获得通过。而绝大部分时间，拨款法都早于授权法。造成这一现象的原因，在于国家情报管理中的“变相授权”。一般情况下，美国国会可以通过国防拨款法中的“包含”条款（catch-all provision）对情报活动给予特别授权。即将

① Office of General Counsel, *Intelligence Community Legal Reference Book*, Office of the Director of National Intelligence, Winter 2012, pp. 85 – 86.

② Ibid. , p. 80.

资金以国防拨款的名义用于情报活动。这种“变相授权”可以发挥应急救火的作用，防止情报界由于资金链断裂而陷入混乱和停滞。而且这种做法名义上看也符合法律的要求。毕竟宪法要求拨付资金要有拨款法，但没有明确是哪类拨款法，美国政府可以通过国防拨款法先获取资金，然后将资金用于情报活动。这种“挪用公款”的做法虽然并不违法，但是很显然违背了法制精神。

此外，根据《对外情报监控法》的规定，美国情报界不得随意监控美国公民，侵犯公民的个人隐私，但是确有必要时，美国国家安全局可向联邦调查局提出申请，只要获得授权就可以从事各类监听和监控行动。当然，有些时候授权申请不一定获得批准，对此美国国家安全局也有自己的对策。如“棱镜门”主角爱德华·斯诺登爆料称，美国国家安全局与他国采取互相监视对方国家公民的方法绕开法律的限制，以情报交换和情报合作的方式监控本国公民。这个例子也说明国家情报法制管理中仍然存在灰色地带和管理漏洞。

当然对于这些法规的模糊之处以及管理中的灰色地带和管理漏洞，美国人也是心知肚明，而其之所以不急于做出澄清和实施修补是因为其所维护的是美国自身的绝对安全。美国人绝对不会为了机械地守法，而放任自身的国家安全遭到损害。众所周知，情报是维护国家安全的重要工具。美国对于其国家情报机构实施法制管理，根本目的并不是束缚住各情报机构的手脚，而是为了令其更好地维护美国的国家安全而暂时压制其锋芒，实现国家情报力量的合法和可控。因此，为了更好地维护美国的国家安全，美国人在国家情报法制管理上也实施着双重标准和弹性执法。即当国家安全所面临的威胁较小时，其更注意国家情报活动的规范性和合法性；但是当国家安全面临严峻威胁或出现危机甚至战争时，美国总是撕下其法制的面具，将各项法规制度放在一边，而不顾一切地增强其国家情报机构的力量，放开其手脚，令其能够开足马力，全力应对国家安全威胁。这种国家情报法制管理上的双重标准和弹性执法也充分暴露出了美国国家情报法制管理的真实目的和其虚伪的一面。这也是美国国家情报法制管理的先天不足和其永远不可克服的自然缺陷。

（三）美国国家情报法制管理将以动态调适机制为基础不断发展演进

美国国家情报法制管理之所以能够长期保持较高的管理效率，及时有效地应对不断变化的国家安全威胁，维护好美国的国家安全利益，就在于其内外存在动态调适机制。以动态调适机制为基础，美国国家情报法制管理能够沿着正确的道路不断发展演进，同时也确保其能够积极有效地应对各类安全威胁和挑战。

按照动态调适机制的演进规律，未来的美国国家情报管理法规体系必将日益完善，不仅其法规条款的数目将日益增加，而且种类也将不断丰富。各类新组建的国家情报机构也都将拥有与自己配套的管理法规。此外，各类原有的国家情报管理法规也将进一步得到修正，一些重要的国家情报管理机构其授权法规的法律效力也将不断得到提升。总体来说，美国国家情报管理法规体系将日益科学和完备。

而国家情报管理组织及其运行机制也将随着国家情报管理法规的不断发展而日益成熟。如果未来出现重大情报失误或情报丑闻时，美国人还将继续依法启动临时性调查评估，并通过创设和修改法规的方式，推动国家情报管理组织及其运行机制的重组和改革。最终，法规体系必将能够更加全面地覆盖国家情报管理的各个方面，并切实落到实处。国家情报管理中的各种灰色地带和管理漏洞也将不断减少，国家情报管理的法制程度也将上升至新的高度。

但是我们也应该清醒地认识到，无论美国国家情报管理的法制程度如何提升，其绝对不会改变其维护美国自身绝对安全的政治立场和根本目的。因此，美国国家情报法制管理中的各种灰色地带和管理漏洞只可能随着体制机制的完善而日益减少，但绝对不会消失。这与美国国家情报法制管理的先天不足和自然缺陷密切相关。因此，在出现重大安全威胁和危机时，美国人仍然会撕下法制的面具而露出其推行霸权和信奉强权的本性。

二、启示与建议

虽然美国国家情报管理的法制程度已经较高，但是美国人依然没有裹足不前，停下法制建设的脚步。不仅其国家情报管理法规体系仍然在不断扩充和日益完善，而且其依法和以法相结合的法制管理方式更是不断深入国家情报管理的方方面面。执世界牛耳的美国人正在国家情报法制管理之路上不断阔步前行，而我国在吸收借鉴美国人经验和教训的基础上，也可以从以下几个方面提升我国国家情报管理的法制水平。

（一）持之以恒地打造科学完善的国家情报管理法规体系

有一套较为科学和完备的法规体系是国家情报法制管理的必然要求，也是国家情报法制管理的第一步，其重要性不言而喻。一套科学合理、成熟完善的法规体系不仅能够有效统一所有情报从业者的思想，也能够有效规范情报机构的各类活动。当然，如何构建一套科学合理、成熟完善的法规体系则是我国国家情报法制管理必须首先解决的重要议题。

不积跬步，无以至千里；不积小流，无以成江海。建构一套法规体系必然离不开各类法规的逐一创立。而在创立各类法规时，为了保证其科学性和合理性，创立者应积极吸纳多方人员参与立法工作，从善如流，科学拟定各个条款。在国家情报管理法规创立过程中尤其需要倾听一线情报从业者的呼声，积极听取专家学者的意见和建议，并将各类研究成果积极转化，用于指导法规的创设工作。有时候对于重要条款还需要反复斟酌，不断推敲，只有如此才能在创立法规的过程中最大限度地减少法规漏洞，保证其科学性和严谨性。当然，一部科学合理的国家情报管理法规还需要经受实践的检验，并根据国家情报管理实践反馈的结果对各类疏漏之处进行修正和改良。美国人在这方面就有丰富的经验。迄今为止，其国家情报管理的重要宪章——《1947 年国家安全法》已经经历了大大小小三十多次的修正。整部法律的内容与初创时相比已有天壤之别。而仔细研究后我们发现，其每次修正活动都源于国家情报管理实践的反馈。可以说，美国人深刻地认识到实践是检验真理的唯一标准，并且在创立国家情报管理法规时积极贯彻这一原则。这也是其能够保持法规活力，令其能够适应时代的奥秘之所在。

当然，构建科学合理、成熟完善的国家情报管理法规体系除了需要重视单一法规的创设外，还需要厘清整个法规体系的内在逻辑结构，依照各法规之间的授权关系和法律效力划分法规的结构层次。只有厘清了法规与法规之间的结构和层次，才能确保整个法规体系能够形成一个统一整体，共同形成法制合力。当前，我国已经制定了新版《国家安全法》，按照该法第三十七条的规定："国务院根据宪法和法律，制定涉及国家安全的行政法规，规定有关行政措施，发布有关决定和命令；实施国家安全法律法规和政策。"[①] 这一规定也粗略地划分了我国国家情报管理法规体系的层次：第一层是宪法；第二层是涉及国家情报管理的法律；第三层是涉及国家情报管理的各类行政法规。当然，第三层之后还有其他层次，不过这三层法律效力最高，也是其他层次国家情报管理法规的法理依据。目前，我国这三个层次的国家情报管理法规数量较少，而且相互之间不够兼容和配套，尚未全面形成科学化的法规体系。不过《国家安全法》重新修订后，这一局面将出现较大转变。以《国家安全法》为例，该法作为国家情报管理法规的重要宪章，在国家情报管理领域其法律地位仅次于宪法。因此，其天然具备成为核心法律的条件。以其为法规体系的核心和主干，其他国家情报管理法规也将能够以此为参照进行修订，加强相互之间的联系，彼此提供支撑，共同实现国家情报管理的高度法制。

通过审视美国人的法制历程，我们发现其国家情报管理法规体系的建构也绝非一朝一夕之功，而是经历了一个漫长的发展阶段。甚至直至今日，美国人仍然在不断充实和完善其国家情报管理法规

① 《中华人民共和国国家安全法》，法律出版社，2015 年版，第 11 页。

体系。由此可见，国家情报管理法规体系永远没有完美的一天，它必将随着国家情报管理的法制进程而日臻完善。因此，想要构建一套科学合理、成熟完善的法规体系，就需要做好打持久战的心理准备，放弃一蹴而就的思想，通过长年累月的积累，依靠量变引发质变。

当然，在建构各类国家情报管理法规体系时，我们还应该时刻牢记我们建构国家情报管理法规体系的根本目的。这套法规体系需要能够在平时规范我国情报机构的各项活动，同时在危机时刻也可以留下弹性执法和灵活处置的“法律漏洞”。如何统筹兼顾一般状态下的合法性和特殊状态下的灵活性，是我们立法人员必须慎重考虑的重要问题。

（二）依法构建行之有效的国家情报管理组织及其运行机制

众所周知，法制管理与其他管理手段相比，综合具备规范性、全面性、持续性和强制性，是目前为止最有效的管理方式之一。而有了一套科学合理、成熟完善的法规体系只算是迈出了国家情报法制管理的第一步，真正将这套法规落在实处才是法制建设中的最大难关。换句话说，实施法制管理的关键在于依靠法规的力量建构一套行之有效的国家情报管理组织及其运行机制。2015 年 7 月，新版《国家安全法》的出台不啻吹响了国家安全事务法制管理的号角。而情报作为国家安全的重要支柱，其管理问题必将成为法制建设的重点领域。在这历史发展的大势面前，如何顺应滚滚洪流，趁势而进，依法构建一套行之有效，符合我国实际的国家情报管理组织及其运行机制成为了摆在我们眼前的重要课题。

他山之石可以攻玉，美国人在国家情报法制管理上的科学理论和探索实践恰好成为了我们参考和借鉴的宝贵财富，为我们解决眼前的重要课题提供了思路和启示。例如，美国人凭借《1947 年国家安全法》的出台，迅速构建了现代化的国家情报管理组织及其运行机制。之后，美国人不断增加法规的种类，扩充法规的数量，提高法规的质量，令法规能够覆盖国家情报管理组织建构和机制运行的全程，实现了对国家情报管理全程的覆盖。最终，依靠不断发展壮大的法规体系，推动其国家情报管理组织及其运行机制不断走向成熟和完善。因此，我们也可以大胆借鉴美国人的做法，以《国家安全法》的出台为契机，在科学论证，不断探索的基础上初步构建起适合我国实际的现代化国家情报管理组织及其运行机制。在此基础上，结合我国国家情报管理的实际，不断修正和完善已有法规，创设和补充新的法规，令法规的力量能够覆盖国家情报管理组织的各个层次，同时也能够覆盖国家情报管理机制的各个环节。实现国家情报管理中没有法外人员和法外机构，一切活动依法实施的生动局面。最终，以不断成熟和完善的法规推动国家情报管理的不断发展和持续演进。

当然，在依法建构国家情报管理体制机制时，我们也应该充分考虑情报工作的特殊性，对于各项情报管理活动留有一定的“灰色地带”和“管理漏洞”，统筹兼顾国家情报管理的有效性和合法性。

（三）借力改革，建构具有我国特色的动态调适机制

美国人在其国家情报法制管理中构建了内外两套循环，即国家情报管理组织及其运行机制与国家情报管理法规体系之间的互动循环，以及国家情报法制管理与国家安全之间的互动循环。依靠这两套循环形成的动态调适机制，推动其国家情报法制管理能够及时有效地应对国家安全形势的变迁。这一做法的实质是以法规为媒介，实现国家情报管理组织及其运行机制对国家安全形势的动态调适。虽然该动态调适机制具有较强的美式风格，但是并非只能为美国人所独有。它也是一套放之四海而皆准的通用法则。因此，我们也可以结合我国情报管理的实际，在吸收借鉴的基础上建构具有我国特色的动态调适机制。

正如前文所述，国家情报法制管理的核心和关键在于建立动态调适机制。而建立动态调适机制的关键则在于发挥国家情报管理法规体系的关键作用。无论是国家情报法制管理自身的内部循环，还是其与国家安全之间的外部循环，法规体系都发挥着承上启下的衔接作用。因此，为了建构国家情报法制管理的动态调适机制，我们需要将法规体系内化为国家情报管理组织及其运行机制建构和运行的天然组成部分，将国家情报管理机制中的调查评估活动与立法修法行为紧密结合，将国家情报管理体制和管理机制的建构和运行与法规的颁布和施行融合化一。这样一来，国家情报管理与法规体系之间交叉呼应，互为表里，必能大大加快国家情报法制管理的发展和演进，促进国家情报管理法规的成熟和完善。

2015 年 9 月 3 日，习主席在纪念抗战胜利大阅兵之际，宣布我军将实施军队体制编制的调整改革。这是自我军建军以来，组织和机制深度重组和全面改革的一次重大历史事件。值此调整改革之际，我国情报管理组织及其运行机制也必将迎来一次大发展和大跨越。为了实现我国国家情报管理的重大飞跃，我们需要积极利用本次军队改革的东风，参考借鉴美国的先进管理思想和管理理念，丰富创新我国自身的管理方式和管理方法。凭借改革之风，建构国家情报法制管理的动态调适机制。为我国国家情报法制管理的发展演进奠定坚实的基础。最终，依靠法规的科学性、规范性、全面性和持续性提升我国国家情报管理的管理效率，履行好维护国家安全的重责大任。

附　　录

附录1　美国法典中涉及国家情报管理的法律

1926年，国会正式开始制定《美国法典》。《美国法典》是美国除宪法外，全部联邦法律的官方汇编。国会制定的所有法律最终都会分门别类地编撰进入法典的各个条目。① 对国家情报管理法律而言，除了宪法中的各项明文规定外，美国法典中收录的《1947年国家安全法》《2004年情报改革与防止恐怖主义法》等数十部法律还对美国情报界的顶层设计、职能范围、权力分配和活动方式进行了较为清晰的界定和限制。这些法律条文都成为了美国国家情报管理的重要依据和权力来源。

---

① 当前，《美国法典》共划分为51卷，它们依次是总则、国会、总统、国旗、国玺、政府部门和联邦各州、政府组织与雇员、担保债务（现已废除）、农业、外国人与国籍、仲裁、武装力量、破产、银行与金融、人口普查、海岸警卫、商业与贸易、资源保护、版权、犯罪与刑事程序、关税、教育、食品与药品、对外关系、公路、医院与收容所、印第安人、财政收入、麻醉性酒精、司法和司法程序、劳工、矿藏和采矿、货币与财政、国民警卫、航运与可航运水域、海军（现已废除）、专利、宗教习俗、规则行业薪金与津贴、退伍军人救济、邮政事业、公共建筑、公共合同、公共卫生与福利、公共土地、国家印刷品与文献、铁路、航运、电报、电话和无线电报、领土与岛屿所有权、交通、战争与国防。国会制定的每条法律最终都会分门别类得收录进《美国法典》。

美国法典中涉及国家情报管理的法律汇总表①

时间	法律名称
1947 年	1947 年国家安全法（National Security Act Of 1947）
1949 年	1949 年中央情报局法（Central Intelligence Agency Act Of 1949）
1958 年	1958 年国防部改组法（The Department of Defense Reorganization Act of 1958）
1959 年	1959 年国家安全局法（National Security Agency Act Of 1959）
1967 年	信息自由法（Freedom Of Information Act）
1968 年	1968 年综合犯罪控制与街道安全法（Omnibus Crime Control and Safe Streets Act of 1968）
1974 年	1974 年休斯 - 瑞安法（Hughes-Ryan Act of 1974）
1974 年	隐私法（Privacy Act）
1978 年	1978 年对外情报监控法（Foreign Intelligence Surveillance Act Of 1978）
1978 年	1978 年监察长法（Inspector General Act Of 1978）
1978 年	1979 财年情报授权法（Intelligence and Intelligence Related Activities Authorization Act for FY 1979）
1979 年	1980 财年情报授权法（Intelligence and Intelligence Related Activities Authorization Act for FY 1980）
1980 年	机密信息程序法（Classified Information Procedures Act）
1980 年	1981 财年情报授权法（Intelligence Authorization Act for FY 1981）
1981 年	1982 财年情报授权法（Intelligence Authorization Act for FY 1982）
1982 年	1983 财年情报授权法（Intelligence Authorization Act for FY 1983）

① 表中仅列出收录于《美国法典》且当前适用的主要情报管理法律。对表中各类法律的修正案，除具有重大变化，并具有重大作用外，不再另行单列；每年的情报授权法中包含诸多法条，其中部分法条由于内容较为重要，因此也会有自己的名字，如《1993 财年情报授权法》中第 7 章就名为“情报组织法”，《1995 财年情报授权法》中第 8 章也名为“1994 反情报与安全促进法”。这些法律作为年度情报授权法的组成部分也不再单独列出。参见 Office of General Counsel, *Intelligence Community Legal Reference Book*, Office of the Director of National Intelligence, Winter 2012 及 Office of the Director of National Intelligence, *US National Intelligence*: *An Overview* 2013, Office of the Director of National Intelligence, 2013, pp. 86 – 88.

续表

时间	法律名称
1983 年	1984 财年情报授权法（Intelligence Authorization Act for FY 1984）
1984 年	1985 财年情报授权法（Intelligence Authorization Act for FY 1985）
1985 年	1986 财年情报授权法（Intelligence Authorization Act for FY 1986）
1986 年	1987 财年情报授权法（Intelligence Authorization Act for FY 1987）
1987 年	1988 财年情报授权法（Intelligence Authorization Act for FY 1988）
1988 年	1989 财年情报授权法（Intelligence Authorization Act for FY 1989）
1989 年	1990 财年情报授权法（Intelligence Authorization Act for FY 1990）
1991 年	1991 财年情报授权法（Intelligence Authorization Act for FY 1991）
1991 年	1992 财年情报授权法（Intelligence Authorization Act for FY 1992）
1992 年	1993 财年情报授权法（Intelligence Authorization Act for FY 1993）
1993 年	1994 财年情报授权法（Intelligence Authorization Act for FY 1994）
1994 年	1995 财年情报授权法（Intelligence Authorization Act for FY 1995）
1996 年	1996 财年情报授权法（Intelligence Authorization Act for FY 1996）
1996 年	1996 年国家图像与测绘局法（National Imagery And Mapping Agency Act Of 1996）
1996 年	1996 年战争罪法（War Crimes Act Of 1996）
1996 年	1997 财年情报授权法（Intelligence Authorization Act for FY 1997）
1997 年	1998 财年情报授权法（Intelligence Authorization Act for FY 1998）
1998 年	1999 财年情报授权法（Intelligence Authorization Act for FY 1999）
1999 年	2000 财年情报授权法（Intelligence Authorization Act for FY 2000）
2000 年	2001 财年情报授权法（Intelligence Authorization Act for FY 2001）
2001 年	2001 年美国爱国者法（USA Patriot Act Of 2001）
2001 年	2002 财年情报授权法（Intelligence Authorization Act for FY 2002）
2002 年	2002 年国土安全法（Homeland Security Act Of 2002）
2002 年	联邦信息安全管理法（Federal Information Security Management Act）
2002 年	2003 财年情报授权法（Intelligence Authorization Act for FY 2003）
2003 年	2004 财年情报授权法（Intelligence Authorization Act for FY 2004）

续表

时间	法律名称
2004 年	2004 年情报改革与防止恐怖主义法（Intelligence Reform And Terrorism Prevention Act Of 2004）
2004 年	2005 财年情报授权法（Intelligence Authorization Act for FY 2005）
2005 年	2005 年美国爱国者修改和再授权法（USA Patriot Improvement And Reauthorization Act Of 2005）
2006 年	2006 年特别军事法庭法（Military Commissions Act Of 2006）
2006 年	美国法典第 10 卷国防部权力法（Department Of Defense Title 10 Authorities)）
2006 年	2006 年爱国者额外授权增补法（USA PATRIOT Act Additional Reauthorizing Amendments Act of 2006）
2007 年	2007 年执行 9 · 11 委员会建议法（Implcmenting Recommendations Of The 9/11 Commission Act Of 2007）
2007 年	2007 年保护美国法（Protect America Act Of 2007）
2008 年	2008 年对外情报监控法增补法（Foreign Intelligence Surveillance Act of 1978 Amendment Act of 2008）
2010 年	2010 财年情报授权法（Intelligence Authorization Act for FY 2010）
2011 年	2011 财年情报授权法（Intelligence Authorization Act for FY 2011）
2012 年	2012 财年情报授权法（Intelligence Authorization Act for FY 2012）
2013 年	2013 财年情报授权法（Intelligence Authorization Act for FY 2013）
2014 年	2014 财年情报授权法（Intelligence Authorization Act for FY 2014）
不详	无线电、电子和口头通讯截收法（Interception Of Wire, Electronic, And Oral Communications）

依据各法律的功能和作用，上表中的数十部法律大致可分为以下几类：

一、建立和改革整个美国国家情报体制的法律

在这数十部法律中，地位最高，作用最大的两部法律分别是《1947 年国家安全法》和《2004 年情报改革与防止恐怖主义法》。其中《1947 年国家安全法》奠定了战后美国国家情报体制的基础，也是美国现代情报体制得以建立的前提。该法对战后美国众多情报组织和情报机构进行了重新整合和洗牌，并在破除早期情报体制的基础上，重新建构了美国的现代情报体制。[①] 而《2004 年情报改革与防止恐怖主义法》则是法律地位仅次于《1947 年国家安全法》的另一部重要法律。该法将已经建立半个多世纪的情报体制进行了最大幅度的一次改组。该法将过去的中央情报主任与中央情报局局长这两个法定职位进行拆分，新设置了国家情报主任一职，负责过去中央情报主任的全部情报管理工作，统管美国情报界 16 家情报机构。而中央情报局局长不再兼任中央情报主任后，其地位有所下降，中央情报局也随之变为和其他 15 家情报机构一样的情报任务执行机构，不再拥有特殊地位。而为了辅助国家情报主任完成工作，美国政府特别组建了国家情报主任办公室，并建立各类情报管理协调中心综合协调和整合处理相关业务领域的情报，如国家反恐中心、国家防扩散中心等。

二、设置国家情报机构职责权限的法律

该类型的情报法律数量最多，下面仅列举最有代表性的 11 部法律进行阐述：

1. 《1949 年中央情报局法》。该法规定了中央情报局的职责权限和机构设置。现今该法几经修正，共 24 条。该法明确规定了中央情报局的职责权限和法律规范，如第 3 条“采购权力”；第 5 条“中

---

① S. C. Sarkesian, J. Mead Flanagin, R. E. Friedman, *U. S. Domestic and National Security Agendas: Into the Twenty-First Century*, Greenwood Press, 1994, p. 260.

央情报局的一般权限”；第6条“保护中央情报局职能特性的规定”；第7条“接纳外侨入籍的数量限制”；第8条“拨款权”；第13条“禁止滥用中央情报局名称、缩写和印章的规定”；第15条“中央情报局内部场所安保人员的规定”；第17条“关于监察长活动汇报的规定”；第20条“关于中央情报局总顾问的岗位职责”等。

其中该法关于中央情报局财务权力的规定中指出：“申请经费开支可以不用考虑政府财务支出的法律和规章的规定；对于涉密及特别紧急的项目，其经费申请只需局长的授权证明；此外，局长的授权证书应被认定为所需款项的有效法律文件。”[①] 这为中央情报局开展各类情报行动在申请经费支持上大开了绿灯。

为了保护情报来源和手段的安全，《1949年中央情报局法》更是在第6条“保护该局职能特性的规定”中写明：“出于保护美国对外情报活动的利益及美国法典中本卷第403-1（i）条款的规定，国家情报主任应负责保护情报来源和手段不被非法披露。此外，对于1935年8月28日法案中第1条和第2条条款的规定（49 Stat. 956，957；5 U. S. C. §654），该局拥有豁免权，而且对于以后任何其他法律中要求该局发表或披露其组织、职能、名称、官方职位、薪金及该局雇员数量的要求，该局都拥有豁免权。”[②] 这也为中央情报局特工开展情报活动提供了法律保障。

为了吸引和策反国外目标人物，《1949年中央情报局法》第7条更是大开方便之门，指出：“无论何时，只要中央情报局局长、司法部长和移民归化局局长认为赋予某名外国人在美国的永久居留权符合美国安全利益或可以促进美国国家情报任务的完成，那么该人及其近亲将可获得美国的永久居留权，哪怕该人并不具有移民资格或此举违反了其他法律和法规的规定。”[③] 这项规定为美国情报机构

---

① S. D. Breckinridge, *The CIA and US Intelligence System*, Westview Press, 1986, p. 257.

② Office of General Counsel, *Intelligence Community Legal Reference Book*, Office of the Director of National Intelligence, Winter 2012, p. 265.

③ Ibid..

吸收外国代理人提供了很大的便利，也解除了很多情报特工的后顾之忧。

2.《1958年国防部改组法》。该法正式确立了美国行政管理和指挥作战相分离的军事领导体制，其主要内容是关于国防部机构调整和设置的一部法律。但是该法中也有很大一部分内容涉及美国军事情报管理的相关事宜。例如，该法第3条“杂项”就规定了美军情报人员的薪金待遇、身份地位和经费使用等内容；第5条“情报活动的职责”主要规定的是美国国会对美军情报活动的监督权限等问题；第6条“保护情报活动”则专门规定了美国国防部应采取何种方式和方法保护美国特工、线人和秘密情报源；第7条“保护情报文件”则规定了国家地理空间情报局、国家侦察办公室、国家安全局、国防情报局等美国国家级的情报机构在情报生产活动中产生的各类情报产品如何保管和处理；第8条“获取涉密信息”则对所有情报机构接触和使用过的涉密文件如何管控进行了较为详细的规定等。

3.《1959年国家安全局法》。1959年5月，美国参众两院通过了《1959年国家安全局法》，几经修改，该法现在共有15条[①]。这15条法律对国家安全局的职能使命、人事安排、运作模式、财政经费、薪资待遇、教育训练等职责和权限进行了基本的规范。

例如，该法第10条c款对国家安全局预备役机构设置规定如下“在征求国防部长同意后，为了运作军方密码破译预备役单位并保留必要的外语技能和国家安全局的其他相关技能，国家安全局局长可组建密码破译语言预备役单位。”[②] 该法第19条规定：“需组建国家

---

① 该法原本20条，但第2.3.4.6和17条已经被合并或废止。具体修正如下：1）SEC. 2. Repealed. Pub . L. 104－201, SEC. 1633, Sept. 9, 1996, 110 Stat. 2751；2）SEC. 3. Amended section 1581 (a) of Title 10, Armed Forces；3）SEC. 4. Repealed. Pub . L. 104－201, SEC. 1633, Sept. 9, 1996, 110 Stat. 2751；4）SEC. 7. Repealed. Pub. L. 89－554, SEC. 8 (a), Sept. 6, 1966, 80 Stat. 660；5）SEC. 17. Repealed. Pub. L. 103－359, SEC. 806, Oct. 14, 1994, 108 Stat. 3442.

② Office of General Counsel, *Intelligence Community Legal Reference Book*, Office of the Director of National Intelligence, Winter 2012, p. 299.

安全局新兴技术委员会，该委员会为国家安全局常设机构，其成员由国家安全局局长选定，并直接对局长负责。委员会负责探索和评估新兴技术的研发与应用，并定期向局长汇报。”① 该法第 12 条 a 款还对国家安全局人事体制做出如下规定“国防部长及其代表可通过法规依法在国家安全局内为高级文职密码破译人员设置人事体制，该机构名为高级密码破译执行处。”②

对于运作模式问题，该法第 13 条 a 款规定：“国家安全局局长可以允许私人或私企从事密码破译研究工作。但私人或私企申请从事该项研究工作时必须获得国家安全局局长的同意，且该研究工作必须与美国国家安全高度一致。”③

可以说，总体上看，《1959 年国家安全局法》涉及国家安全局工作的方方面面，不仅划定了国家安全局的职责权限，还赋予了美国国家安全局各方面的特权，规范了美国国家安全局的各类活动，是美国国家安全局得以顺利运转的重要法律基础。

4. 《1978 年监察长法》。1978 年，美国国会为加强对各内阁部门的管控，防止各部门的贪腐行为而颁布了《1978 年监察长法》，并在各内阁机构设立了监察长办公室。美国情报界作为政府机构的重要一员，也属于该法管辖的范围之内。该法共 12 条，④ 其第 3 条规定了各机构监察长任命和解职的一般流程，并规定监察长下辖 2 名助理监察长，分别负责审计和调查事务。该法第 4 条和第 5 条也分别规定了监察长的一般职责和权限，及其负责和汇报的对象。该法第 8 条 h 款专门针对美国情报界做出了规定：“国防情报局、国家地理空间情报局、国家侦察办公室和国家安全局的雇员及承包商如果想向国会提出控诉或出于紧急情况而向国会提供信息，那么他们

① Office of General Counsel, *Intelligence Community Legal Reference Book*, Office of the Director of National Intelligence, Winter 2012, p. 307.

② Ibid., p. 303.

③ Ibid., p. 304.

④ 《1978 年监察长法》原本共 13 条，其第 10 条现已被删除，第 8 条 k 款也已被废止。

可以将其情况汇报给国防部监察长；联邦调查局的雇员及承包商如果想向国会提出控诉或出于紧急情况而向国会提供信息，那么他们可以将其情况汇报给司法部监察长；总统依法授权组建并从事对外情报和反情报事务的其他雇员、承包商、执行机构及相关单位如果想向国会提出控诉或出于紧急情况而向国会提供信息，那么他们可以将其情况汇报给相应机构的监察长。”[①] 该款还规定，在接到控诉或信息后，监察长必须在 14 天内确定控诉或信息是否可信，并向该单位领导汇报；单位领导接到汇报后，必须在 7 天内将该控诉或信息上报参众两院的情报特别委员会。

总体上看，该法是美国情报界各机构设置监察长办公室的法律依据，对防止美国情报机构滥用职权具有十分重要的作用，为情报机构雇员维护自己及他人的合法权益也提供了可靠的法律保障。

5.《1992 年情报组织法》。1992 年 10 月，美国国会通过了《1992 年情报组织法》。该法为《1993 财年情报授权法》的第 7 章，但由于其特殊的地位和作用，故单独将其命名为《1992 年情报组织法》。该法对美国国会已颁布施行的《1947 年国家安全法》进行了大幅度的修正，其不仅重新界定了“情报界”“反情报”“对外情报”“国家情报”和“国家对外情报项目”等核心概念，更重新赋予了中央情报主任新的职责和权限，对其在国家安全委员会中的地位和作用也做出了安排和说明，对中央情报主任下属的中央情报副主任及中央情报主任办公室的相关人员和机构的任命和职责也做出了规范。

例如，该法对中央情报主任的职责和权限进行了规范。如该法第 722 条“中央情报主任的职责和权限”就规定“中央情报主任应履行以下职责：(a) 提供情报；(b) 组建国家情报委员会；(c) 担

① Inspector General Act of 1978, http: //www. cornell. edu/uscode/html/uscode05a/usc_ sup_ 05_ 5_ 10_ sq2. html.

任情报界首脑；（d）担任中央情报局局长。”[1] 除了以上职责，其还拥有如下权利：“（a）接触所有情报；（b）审批各类预算；（c）规划国家对外情报项目；（d）在国家对外情报项目内任意调动资金和人员”。[2]

6.《1994 反情报与安全促进法》。1994 年 10 月 14 日，美国国会通过了《1994 反情报与安全促进法》。该法为《1995 财年情报授权法》的第 8 章，但由于其地位特殊，作用独特，故单独命名为《1994 反情报与安全促进法》。该法并不长，经修正后，全文共 1 条（SEC. 811），下列 5 款。a 款规定美国政府内部需建立“国家反情报政策委员会”（National Counterintelligence Policy Board），该机构通过国家安全委员会直接向总统负责；b 款规定了该委员会主席人选如何确定；c 款规定了该委员会的人员组成情况；d 款规定了该机构的职责使命；e 款规定了该机构如何与联邦调查局在反情报事务上开展协调工作。总体上看，该法虽然篇幅简短，但是其在反情报领域的作用却十分重要，为相关反情报机构开展协调工作指明了方向。

7.《1996 年国家图像与测绘局法》。1996 年 6 月，美国国防部颁布《关于成立国家图像与测绘局的指令》，将国防测绘局与中央情报局卫星图像分析中心合并，成立了国家图像与测绘局，专职为国家决策层和战场指挥官提供战略、战术图像情报。同年 9 月，美国国会通过了《1996 年国家图像与测绘局法》，对新成立的国家图像与测绘局职责使命、人事安排和管理权限进行了规范。[3]

该法共四章，分别是“使命和权限”“地图、海图和测量产品”“人事管理”和“概念界定”。在该法“使命和权限”的第 441 条 a 款规定：“国家地理空间情报局（原国家图像与测绘局）是国防部

---

① 102d Congress, *Intelligence Authorization Act for Fiscal Year 1993*, Public Law 102 – 496, Oct. 24, 1992.

② Ibid..

③ 由于国家图像与测绘局（NIMA）已经更名为地理空间情报局（NGA），因此该法具体条目中相关称谓已经发生了变化，统一修正为国家地理空间情报局，但本法名称仍然为《1996 年国家图像与测绘局法》。

的战斗支援机构，同时承担国家情报任务。”[①] 这一规定使得该机构合法成为了美国国家级情报机构之一。该法的其余条款则规定了该局局长人选如何确定，其职责与权限，以及相关图像产品如何生产和分发，人事制度如何建立等内容。

8.《2002 年国土安全法》。2002 年 11 月，美国国会通过了《2002 年国土安全法》，并依法成立了一个新的内阁部门——国土安全部。该机构囊括了过去的 22 个政府机构，成为了美国内阁部门中下属机构最多，职责最繁杂的单位。这一现象同样反映在了《2002 年国土安全法》中。该法共 20 章，各章下辖数量不一的条款，最长的一章下辖 60 多条条款，具体规范了国土安全部如何与非联邦实体协调工作、部内监察长的职权、下属特情局的职能、下属海岸警卫队的作用等内容。

该法中也有部分条款涉及国土安全部下辖情报机构职责权限和情报管理问题。如第 2 章“信息分析与基础设施保护”的第 207 条规定了国土安全部下辖各情报机构需遵循该部部长的“指令”（direction）和国家情报主任的“指导”（guidance）。这种行政和业务上的“双轨领导制”也是美国情报管理领域的一大特色。第 207 条还规定国土安全部下辖情报机构“应在负责情报与分析的副部长的领导下开展情报支援工作”。[②] 这一条也从法理上理顺了国土安全部负责情报与分析的副部长与部内各情报机构领导之间的隶属关系。第 207 条中其余条款还规定了国土安全部下辖情报机构如何实施协调、制定规划和拟制政策等问题。该法第 208 条和第 209 条则规定了部内各情报机构雇员如何接受情报培训的问题。第 8 章“非联邦实体协调、监察长、特情局、海岸警卫队和总则”中第 897 条对涉外情

① Office of General Counsel, *Intelligence Community Legal Reference Book*, Office of the Director of National Intelligence, Winter 2012, p. 319.

② Ibid., p. 359.

报信息在信息共享中做出如下规定："鉴于中央情报主任[①]有责任保护情报来源和方法，司法部长有责任保护敏感执法信息，故将犯罪调查过程中获取的信息披露给联邦、各州及当地政府机构的官员以预防和应对相应威胁应为合法行为。这些信息包括：揭露当前或潜在攻击的信息，揭露外国或其特工实施的严重敌对行动的信息，揭露国内和国际破坏行动的信息，揭露国内和国际恐怖主义的信息，揭露外国情报机构及其特工网络实施的秘密情报搜集活动的信息。"[②]

9.《2002 年反情报促进法》。2002 年 11 月 27 日，美国国会通过了《2002 年反情报促进法》。该法为《2003 财年情报授权法》的第 9 章，由于其地位和作用较为独特，故将其单独命名为《2002 年反情报促进法》。该法现共分为"短标题和立法目的""国家反情报执行官""国家反情报执行办公室"和"国家安全法反情报提案"四部分，分别规范了该法的名称；立法目的；国家反情报相关机构的职责使命、管辖权限和人事安排等内容。该法也成为国家情报主任办公室下设国家反情报执行官的重要法律依据。

例如，该法第 902 条 a 款规定："（1）应设立国家反情报执行官，该职位由国家情报主任任命。（2）国会认为国家情报主任在该职位的人事安排上应征询司法部长、国防部长和中央情报局局长的意见。"[③] 对于国家反情报执行官的职责使命，该法规定国家反情报执行官"应为美国政府在国家反情报领域的首脑"[④]，其应在国家情报主任的领导下履行以下职责：（1）管理国家反情报事务；（2）担任国家反情报政策委员会主席（chairperson of the National Counterintelligence Policy Board）；（3）担任国家反情报执行办公室领导；（4）在国家情报主任的授意下作为观察员参与行政机构的其他委员

① 因该法制定时间为 2002 年，当时还没有设立国家情报主任一职，故原文中仍然使用中央情报主任的称呼。

② Office of General Counsel, *Intelligence Community Legal Reference Book*, Office of the Director of National Intelligence, Winter 2012, p. 389.

③ Ibid., p. 397.

④ Ibid..

会组织。[①]

该法第904条对国家反情报执行办公室的设置和职能也规定如下："国家情报主任办公室下辖国家反情报执行办公室"[②]，其具体职能包括："（1）提供国家威胁识别和优先顺序评估；（2）制订国家反情报战略；（3）执行国家反情报战略；（4）从事国家反情报战略分析；（5）管理国家反情报项目预算；（6）开展国家反情报搜集和目标协调活动；（7）拓展反情报工作、实施反情报监控、提供反情报预警。"[③]

10.《2006年特别军事法庭法》。2006年10月，美国颁布《2006年特别军事法庭法》。该法主要用于授权特别军事法庭审判涉嫌违反战争法和其他法律的犯罪嫌疑人。该法中也有部分条款规定了涉密信息管控和对恐怖分子嫌疑人的讯问和审判的相关事宜。因此，该法对美国国家反情报工作也具有重要的指导意义。该法不仅规定了中央情报局和联邦调查局在反情报调查方面的授权审批程序，也规定了在开展军法审判时，相关涉密情报信息的保护问题。例如，该法允许中央情报局对恐怖分子嫌疑人进行严厉讯问，并批准特别军事法庭对嫌疑人进行军法审判。

11.《美国法典第10卷国防部权力法》。2006年美国国会颁布了《美国法典第10卷国防部权力法》。该法共由两部分构成，第一部分是美国法典第10卷第4章中的第137条——"负责情报的副国防部长"条款，第二部分是美国法典第10卷第21章中的第421至437条共15条条款组成。[④] 该法内容覆盖面广，涉及情报领域的事务较多，因此在美国情报管理法律体系中也具有较重要的地位。

例如，该法第137条对美国国防部负责情报事务的副国防部长这一职位具有如下规定："总统应挑选一名文职人员担任负责情报事

---

① Office of General Counsel, *Intelligence Community Legal Reference Book*, Office of the Director of National Intelligence, Winter 2012, p. 398.

② Ibid..

③ Ibid., pp. 398 – 400.

④ 该章中第427条和430条并未包括在内，因此共15条条款。

务的副国防部长，其任命还需听取参议院的建议，并获得参议院的同意。负责情报事务的副国防部长应听从国防部长的领导、指挥和控制，并代表国防部长在情报领域行使职权。该职位在国防部内地位仅次于负责人事和战备事务的副国防部长。”① 该法第426条“整合国防部情报、监视和侦察能力”中对相关机构的人员组成也有如下规定：“负责情报的副国防部长应组建情报、监视和侦察整合委员会。该委员会应包括武装部队和特种作战司令部的高级情报官、联合参谋部作战部部长、国防部内各情报局局长。负责情报的副国防部长还应邀请国家情报主任或其代表列席会议，各军种部也应派遣各自代表列席会议。”②

三、审批和监督国家情报活动的法律

该类型法律也为数不少，其中年度情报授权法的主要内容都属于该类法律。下面仅列举最有代表性的7部法律进行阐述：

1.《1968年综合犯罪控制与街道安全法》。该法是专门规定窃听行为的一部法律，对窃听的条件、程序、方式和保护当事人权力等问题进行了较为详细的规定。该法规定，为保护无辜民众的合法权利，在未经通信当事人同意的情况下，实施窃听时必须获得具有司法管辖权的法官颁布的判令。该授权行为还需接受法院的其他监督和控制。当然，该法也给予美国总统一定的自由裁量权，即当美国国家安全遭遇威胁，为应对外国情报机构开展的敌对活动，美国总统有权采取必要的措施保护美国。由于该法表述较为模糊，所以导致行政和立法部门对此具有不同的解读。表面上看，美国总统在特殊时期可以在没有得到法院判令的情况下实施监听行为，但是立法部门认为这一点涉嫌违反宪法第四修正案。因此，该法颁布不久

① Office of General Counsel, *Intelligence Community Legal Reference Book*, Office of the Director of National Intelligence, Winter 2012, p. 309.

② Ibid., pp. 311 –312.

就增加了新的修正案。在该修正案中明确规定，在紧急情况下可以先采取监听措施，但必须在48 小时内向法院补交申请，如果申请被否决，那么相关机构必须立即停止监听活动。此外，最高法院也在1972 年通过判例否决了总统的特权条款。在之后的法律修正中，该条款也被删除。由此可见，该法对审批和监督对内情报搜集活动具有重要的指导意义。

2. 《1974 年休斯 - 瑞安法》。1974 年4 月，美国国会参议员哈罗德·休斯（Harold Hughes）和众议员员里奥·瑞安（Leo Ryan）向美国国会提交议案，要求对美国国会于1961 年颁布的《对外援助法》（Foreign Assistance Act）的第622 条进行修正。其目的在于进一步规范美国中央情报局实施隐蔽行动时的审批和监督程序。由于该修正案在规范美国国家情报活动方面具有重要作用，因此也被单独命名为《1974 年休斯 - 瑞安法》。该法规定，中央情报局在实施任何隐蔽行动时必须获得总统的授权，且总统还需在限定的时间内以书面报告的形式上报国会六大委员会。在得到委员会的审批同意后，中央情报局才可获取实施隐蔽行动所必需的经费。这样，除总统外，美国国会在审批隐蔽行动上也具有了发言权。

3. 《隐私法》。1974 年12 月美国国会通过并颁布了《隐私法》。该法是美国法典第5 卷第552 条的修正案。虽然该法只包含一条条款——第552a 条，但是该法对于保护美国公民个人信息安全，防止情报和执法机构滥用权力侵犯个人隐私具有重要作用。该法规定联邦各政府部门有义务保护个人信息的安全。未经个人书面授权，任何人无权披露涉及个人隐私的信息。但是该法同时也规定，除统计机构和档案记录机构外，美国国会和司法机构也可在从事犯罪调查和反情报活动时查阅个人隐私信息。当然，该法也规定这些查阅活动都需经过相应授权和审批。[①] 这些规定成为防止情报机构滥用职权侵犯个人隐私的重要法律武器。

---

① Office of General Counsel, *Intelligence Community Legal Reference Book*, Office of the Director of National Intelligence, Winter 2012, pp. 664 - 666.

4.《1978 年对外情报监控法》。由于“水门事件”的恶劣影响，美国国会于 1978 年 10 月颁布了《1978 年对外情报监控法》，以对美国国家情报机构的对外情报监视行动进行规范和监督。该法共八章，分别规定了美国国家情报机构在搜集对外情报、开展反情报和犯罪调查时所必须遵循的基本规则。例如，使用何种搜集手段、如何选取搜集目标、采取何种审批程序、如何使用搜集到的情报等事宜。除此之外，该法还对特殊情况下的紧急处置和应对进行了梳理和说明，并对如何保护线人进行了规范。

该法对于美国对外情报监视活动最重要的一项监督措施就是建立了“对外情报监控法院”。该法第 103 条 a 款规定：“（1）联邦最高法院首席大法官应公开从 7 个以上的美国司法巡回区中选出 11 名地区法院法官组成一个法院。该法院有权对美国国内经合法程序提出的电子侦察申请举行听证，并依法颁布判令。此外，该法院中至少应有 3 名法官居住在距离哥伦比亚特区 20 英里的范围内。”[①] 该条 b 款还规定：“联邦最高法院首席大法官应公开从美国地区法院或上诉法院中指派 3 名法官组成上诉法院，并从这 3 人中挑选 1 人担任首席法官。该法院将依据本法的相关规定对被拒绝的申请进行复核。”[②] 从这些规定中我们可以看出，美国国会通过司法手段确保了美国国家情报机构在执行情报搜集活动时遵守相关法律规定。而对于违法行为和国会的法律监督问题，该法也做出了相应规定。如该法在“电子侦察”“物理搜查”“关于针对美国境外的特定人员实施情报搜集的额外程序”等章节中都列有“国会监督”“处罚”和“民事责任”等条款，由于篇幅所限，就不一一赘述。

5.《2001 年美国爱国者法》。“9·11 事件”后，美国对恐怖主义异常敏感，对自身的本土安全越来越重视。为了捍卫本土安全和打击恐怖主义，美国国会于 2001 年 10 月颁布了《2001 采取有效措

① Office of General Counsel, *Intelligence Community Legal Reference Book*, Office of the Director of National Intelligence, Winter 2012, pp. 421 – 422.

② Ibid. .

施截断和阻止恐怖主义以联合和加强美国法》即《2001 年美国爱国者法》[①]。该法从提交国会审议到最终总统签字生效只用了短短的 4 天时间，这是所有美国国家情报管理法律中立法效率最高的一部法律。[②] 但是，这部法律也招致了各类反对和争议。该法最大的争议在于其对《1978 年对外情报监控法》进行了大幅修正，为美国国家情报机构搜集与恐怖主义相关情报大开方便之门。在反恐的大旗下，以联邦调查局为代表的美国国家情报机构可以对包括美国公民在内的任何人和美国国境内任何可疑目标实施秘密监视和搜查。甚至在没有得到法院判令许可的情况下，联邦调查局也可调查私人电话、教育记录、电子邮件和银行账户等个人隐私信息。例如，该法第 507 条“披露教育记录”、第 508 条“披露全美教育统计中心调查信息”和第 905 条“在犯罪调查中向中央情报主任披露涉及对外情报的信息”等条款。[③]

6.《2005 年美国爱国者修改和再授权法》。2006 年 3 月，时任美国总统的小布什签署了《2005 年美国爱国者修改和再授权法》。该法对《2001 年美国爱国者法》中的相关条款进行了修改和再度授权，延长了该法案的法律期限。《2001 年美国爱国者法》中对《1978 年对外情报监控法》中 16 条条款进行了临时性修改，以增加国家情报机构的监控力度并赋予情报机构诸多特权。而在反恐大业仍然没有完成的情况下，《2005 年美国爱国者修改和再授权法》将这 16 条条款中的 14 条进行了永久性修改，对于第 206 条（对外情

---

① 该法以其正式法律名称的首字母缩写而被简称为《2001 年美国爱国者法》。

② 2001 年 10 月 23 日，美国众议院议员弗兰克·森森布伦纳（Frank Sensenbrenner）将该法案草案提交美国众议院审议，经国会司法委员会、常设情报特别委员会、财政委员会、国际关系委员会、能源与商务委员会、教育与劳工委员会、技术与基础设施委员会以及武装部队委员会审议，该法案于 10 月 24 日以 357 票对 66 票在众议院获得通过，并提交参议院审议。10 月 25 日，参议院以 98 票对 1 票通过了该法案。10 月 26 日，该法案经美国总统小布什签字后生效。这创造了情报管理法律立法所需时间最短的历史记录。

③ Office of General Counsel, *Intelligence Community Legal Reference Book*, Office of the Director of National Intelligence, Winter 2012, pp. 511 – 547.

报监控法院关于任意窃听的规定）和第 215 条（对外情报监控法院关于获取商业记录命令的规定）则将其法律期限延长至 2009 年底。因此，该法大大增强了情报机构实施监控的力度，并为其开展监控活动扫清了法律障碍。在该法的纵容下，美国国家情报机构滥用权力的风险大大增加，因此，该法也引起了美国国内部分民众的不满。但鉴于反恐仍为美国国家安全的第一要务，这些反对声音并未获得美国政府和国会的重视。

7.《2007 年保护美国法》。2007 年 8 月，美国国会通过了《2007 年保护美国法》。该法作为《1978 年对外情报监控法》的重要修正案对美国国家情报机构实施电子监控活动进行了进一步规范。该法最重要的一条是如果情报机构“有理由相信”目标位于美国境外，那么国家情报机构将可不需要获得法院的许可，就能够任意实施电子监控活动。该法解除了加诸国家情报机构身上的种种限制，大大加强了美国国家情报机构的监控能力，为其实施电子监控大开方便之门。

四、规定国家情报保密和信息共享事务的法律

该类型法律的数量相比前两类更少一些，下面列举最有代表性的 3 部法律进行阐述：

1.《信息自由法》。该法于 1967 年正式生效，主要目的在于强制美国政府全部或部分解密各类政府秘密文献档案以供公众了解和监督。该法详细列举了哪些信息需要公开，其公开的主要方式和方法。依照该法，国家情报机构也应公布其相关政策、文献记录、行事准则和指令规程等内部文献。当然，该法也对哪些信息可以保密进行了规范。依据该法相关规定，先后共有九类信息不得公开，包括涉及国家安全的秘密信息、涉及个人隐私的信息等等。如果有机构或个人申请要求情报机构公开某项涉密信息，那么具有管辖权的地区法院可以依法对该申请进行听证，并最终决定该信息是否可以被公开。

2.《机密信息程序法》。1980 年，美国国会通过了《机密信息程序法》。该法共 16 条，详细规定了在危害国家安全的案件中如何开展预审、审判和上诉工作。通过详细规定各类程序和规程，该法确保了各类机密信息在整个诉讼过程中不会被泄露。当然，该法仅适用于涉及机密信息的刑事案件。由于该法明确禁止在法庭审判中披露各类政府内部的秘密情报，但这并不是说一切秘密信息都不得公布。一般情况下，在开庭前，政府有权知道被告人掌握了什么样的秘密信息，这样就可以有效评估该信息对国家安全有何影响。同时，这也可以有效避免犯罪分子以公布国家秘密要挟政府，与政府讨价还价，开展各类诉讼交易。

3.《2002 年国土安全信息共享法》。该法是《2003 财年情报授权法》的第 7 章，由于该章对国土安全情报的共享具有重要指导意义，因此也单独命名为《2002 年国土安全信息共享法》。该法创立的主要目的是促进联邦政府、州政府以及各基层单位之间实现情报共享，以应对各类恐怖主义威胁。该法指出，联邦政府各机构不应以涉密为由拒绝提供各类信息以帮助其他机构打击恐怖主义。依照该法规定，联邦政府可向相关机构和个人颁发涉密许可证，共享各类涉密信息，以共同应对恐怖主义威胁。该法对于如何实施共享，如何依法授权以及如何开展协调工作都进行了较为详细的阐述。因此，对于规范情报共享具有重要指导意义。

五、管理国家情报其他事宜的法律

该类型的法律数量也不多，主要规范的都是情报领域的其他杂项事务。下面仅列举最有代表性的 2 部法律进行阐述：

1.《1996 年战争罪法》。美国国会于 1996 年通过该法。该法的主要目的是惩治犯有战争罪的罪犯。不过该法中有关条款也对防止国家情报机构滥用职权具有重要指导意义。依据该法，国家情报机构不得刑讯逼供，不得违反人权，不得开展生化试验，不得从事谋杀活动等等。如果国家情报机构或相关人员犯有战争罪，则应依法对其判处罚金及监禁，如果致人死亡，则最高可判处死刑。

2.《2005 年囚犯待遇法》。美国国会于 2005 年 12 月通过该法，主要目的在于防止国家情报机构对各类囚犯实施酷刑和刑讯逼供。该法第 1002 条规定，未获得相应的授权和许可，无人可对国防部管辖下的囚犯实施刑讯逼供。该法第 1003 条还规定，囚犯在囚期间，禁止美国政府内任何人对其实施不人道的体罚和残忍的虐待。但是对于合法的刑讯逼供，该法也特意网开一面，并特意偏袒和保护美国政府及所属人员。该法第 1004 条规定，当美国政府特工或军方情报人员获得合法授权后，可依法对恐怖分子嫌疑人进行刑讯逼供。其刑讯逼供行为可免于被起诉。此外，该法还规定，在实施刑讯逼供时，相关人员应遵循陆军野战手册的相关规定，不应超出该规定的范围实施刑讯逼供。而美国上诉法院也有权接受相关申诉，审查各刑讯逼供行为是否合法合规。

附录2　美国行政命令中涉及国家情报管理的法令汇总表

时间	行政命令编号	行政命令标题
1969. 3. 20	EO11460	总统对外情报顾问委员会
1976. 2. 18	EO11905	美国对外情报活动
1977. 5. 13	EO11985	美国对外情报活动
1977. 6. 1	EO11994	美国对外情报活动
1978. 1. 24	EO12036	美国对外情报活动
1979. 5. 23	EO12139	对外情报电子监视
1981. 12. 4	EO12333	美国情报活动
1981. 12. 4	EO12334	总统情报监督委员会
1985. 10. 28	EO12537	总统对外情报顾问委员会
1990. 2. 14	EO12701	修正 EO12334
1993. 9. 13	EO12863	总统对外情报顾问委员会
1995. 2. 9	EO12949	对外情报物理搜查
1995. 2. 24	EO12951	解密空基国家情报侦察系统所获的图像
2001. 10. 8	EO13228	组建国土安全办公室及国土安全委员会
2002. 3. 19	EO13260	组建总统国土安全顾问委员会及国土安全高级顾问委员会
2003. 5. 14	EO13301	增加情报监督委员会的委员数量
2004. 2. 6	EO13328	美国关于大规模杀伤性武器情报能力委员会
2004. 8. 27	EO13353	组建总统保护美国民权委员会
2004. 8. 27	EO13354	国家反恐中心
2004. 8. 27	EO13355	加强情报界管理
2004. 8. 27	EO13356	加强恐怖主义信息共享以保护美国人

续表

时间	行政命令编号	行政命令标题
2005. 4. 13	EO13376	修正 EO12863，关于总统对外情报顾问委员会
2005. 7. 15	EO13383	组建国家情报主任办公室并修正 EO12139 和 12949
2007. 7. 20	EO13440	解读《日内瓦公约》第三条以适用于中情局拘留及讯问项目
2008. 2. 29	EO13462	总统情报顾问委员会及情报监督委员会
2008. 7. 30	EO13470	进一步修正 EO12333，美国情报活动
2008. 10. 7	EO13475	《2008〈1978 年对外情报监控法〉修正案》引发的对 EO12139 和 12949 的修正
2009. 1. 22	EO13491	确保合法讯问
2009. 10. 28	EO13516	修正 EO13462
2013. 2. 12	EO13636	改善关键基础设施网络安全
2014. 2. 10	EO13657	将国家安全参谋更名为国家安全委员会参谋
2015. 2. 13	EO13691	推动私人机构网络安全信息共享

※因 1969 年 3 月 20 日，美国总统首次公开涉及国家情报管理的行政命令，因此本表以该时间点为统计起点。

附录3　涉及国家情报管理的历届总统指令名称汇总表

时间	总统任期	名称
1947—1961	杜鲁门－艾森豪威尔时期	国家安全委员会文件（NSC）
1961—1969	肯尼迪－约翰逊时期	国家安全行动备忘录（NSAM）
1969—1977	尼克松－福特时期	国家安全研究备忘录（NSSM）
1969—1977	尼克松－福特时期	国家安全决策备忘录（NSDM）
1977—1981	卡特时期	总统审查备忘录（PRM）
1977—1981	卡特时期	总统指令（PD）
1981—1989	里根时期	国家安全研究指令（NSSD）
1981—1989	里根时期	国家安全决策指令（NSDD）
1989—1993	老布什时期	国家安全审查（NSR）
1989—1993	老布什时期	国家安全指令（NSD）
1993—2001	克林顿时期	总统审查指令（PRD）
1993—2001	克林顿时期	总统决策指令（PDD）
2001—2009	小布什时期	国家安全总统指令（NSPD）
2001—至今	小布什—奥巴马时期	国土安全总统指令（HSPD）
2009—至今	奥巴马时期	总统研究指令（PSD）
2009—至今	奥巴马时期	总统政策指令（PPD）

附录4　国家情报主任发布的情报法规范例

第101号情报界指令

ICD 101

INTELLIGENCE COMMUNITY DIRECTIVE
NUMBER 101

INTELLIGENCE COMMUNITY POLICY SYSTEM
(EFFECTIVE: 16 JANUARY 2009)
(AMENDED: 12 JUNE 2009)

A. AUTHORITY: The National Security Act of 1947, as amended; Executive Order (EO) 12333, as amended; and other applicable provisions of law.

B. PURPOSE

1. To effectively and efficiently promulgate Intelligence Community (IC) policy, this Intelligence Community Directive (ICD) establishes the IC Policy System which is comprised of a hierarchy of policy documents; processes for the development, coordination and evaluation of policy; and a governance structure to advise the Director of National Intelligence (DNI) or the DNI's designees regarding policy issues. This ICD also delegates decision authority for the promulgation of certain policies, and delineates the roles and responsibilities of the Office of the DNI (ODNI), IC elements, and Functional Managers, as designated by EO 12333 or the DNI, in the implementation of the IC Policy System.

2. This Directive rescinds Intelligence Community Policy Memorandum 2006-100-1, *The Intelligence Community Policy Process* and supersedes all previous policies, memoranda, or portions thereof, regarding the IC policy process.

C. APPLICABILITY: This Directive applies to the IC, as defined by the National Security Act of 1947, as amended; and such other elements of any other department or agency as may be designated by the President, or designated jointly by the DNI and the head of the department or agency concerned, as an element of the IC.

D. POLICY

1. The DNI shall establish IC policy to achieve a unified, integrated, effective and accountable IC postured to address and advance IC mission objectives to meet United States

第 101.1 号情报界政策指南

ICPG 101.1

INTELLIGENCE COMMUNITY POLICY GUIDANCE NUMBER 101.1

INTELLIGENCE COMMUNITY DIRECTIVES AND POLICY GUIDANCE

(EFFECTIVE 16 JANUARY 2009)

A. AUTHORITY: The National Security Act of 1947, as amended; Executive Order 12333, as amended; and other applicable provisions of law.

B. PURPOSE: To provide guidance for the development, coordination, finalization, and modification of Intelligence Community (IC) Directives (ICD) and IC Policy Guidance (ICPG).

C. APPLICABILITY: This Directive applies to the IC, as defined by the National Security Act of 1947, as amended; and such other elements of any other department or agency as may be designated by the President, or designated jointly by the Director of National Intelligence (DNI) and the head of the department or agency concerned, as an element of the IC.

D. POLICY:

1. As defined in ICD 101, *Intelligence Community Policy System*, ICDs and ICPGs, hereafter referred to as policies, are policy instruments of the IC Policy System. ICDs and ICPGs establish policy and guidance, and provide formal and definitive direction to the IC for the purposes of achieving a unified, integrated and effective IC.

2. The Deputy Director of National Intelligence for Policy, Plans, and Requirements (DDNI/PPR), as the DNI designee, shall use the policy process as described in Section E.1 to achieve the goals as described in Section D.3 of ICD 101. This includes ensuring that policies are developed collaboratively; deconflicted with other applicable policies; written clearly and in the appropriate format; are electronically disseminated and broadly communicated; and are periodically evaluated.

E. PROCESS:

1. The process for developing, coordinating and finalizing policies shall include the following:

第 2005－800－1 号情报界政策备忘录

OFFICE OF THE DIRECTOR OF NATIONAL INTELLIGENCE
INTELLIGENCE COMMUNITY POLICY MEMORANDUM
NUMBER 2005-800-1

Subject: Authorities, Roles, and Responsibilities of the Associate Director of National Intelligence for Science and Technology

Authority: The National Security Act of 1947, as amended; the Intelligence Reform and Terrorism Prevention Act of 2004; Executive Order 12333, as amended; and other applicable provisions of law.

1. The Associate Director of National Intelligence for Science and Technology (ADNI/S&T) as the Director of S&T for the Director of National Intelligence (DNI) shall implement the responsibilities of the DNI relative to S&T.

2. The ADNI/S&T shall, on behalf of the DNI, oversee S&T elements of the Intelligence Community (IC) to ensure a coordinated, responsive S&T effort across the National Intelligence Program (NIP).

3. Responsibilities of the ADNI/S&T include:

a. Developing procedures and processes for IC S&T oversight and management.

b. Assisting in formulating a strategy for scientific advances in the field of intelligence and fostering the development of new technologies to address hard intelligence problems and issues.

c. Advising and assisting in the formulation of planning, programmatic, and performance guidance; the prioritization of funding; and oversight of execution of NIP S&T resources.

d. Working with the Deputy DNI for Management and IC departments and agencies to facilitate the recruitment, retention, and continuing education and training of highly qualified S&T personnel for the IC.

2009 年美国国家情报战略

The National Intelligence Strategy

of the United States of America

AUGUST 2009

附录 5　国家情报管理组织及其运行机制与法规体系的互动模型图

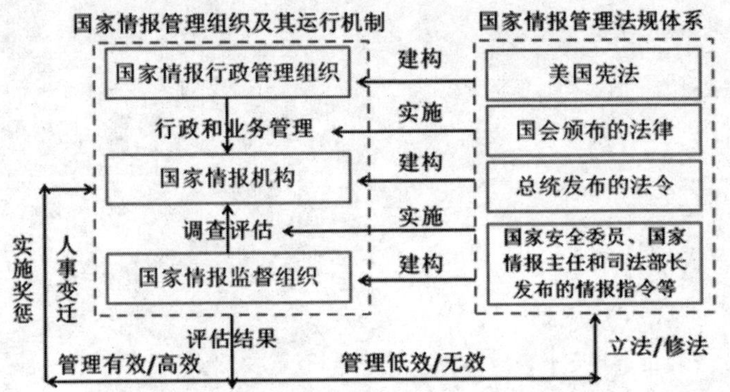

1. 体现法规体系为国家情报管理组织建构和管理机制运行的基础和根本。

2. 体现二者交互助推，形成互动循环运动过程。

3. 在互动循环的运行中，形成对二者的不断发展和完善。

附录6　国家安全与国家情报法制管理的互动模型

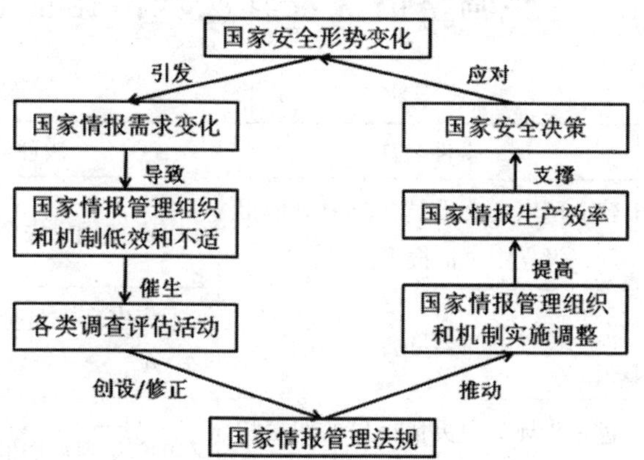

※体现国家情报法制管理以法规为媒介，随着国家安全形式的变化而动态调适。

附录7 美国国家情报管理组织及其运行机制主要调整情况及其法理依据汇总表

年份	总统	事件名称	法理依据
1947	杜鲁门	建立国家安全委员会及中央情报局，设立中央情报主任	《1947年国家安全法》
1947		设立情报顾问委员会	《国家安全委员会第1号情报指令》
1949		进一步规范中央情报局的职责权限和机构设置问题	《1949年中央情报局法》
1950		设立国家评估办公室，任命中央情报副主任	《国家安全委员会第50号情报指令》
1952		改组美国通信情报委员会；建立国家安全局	《总统备忘录》及《国家安全委员会第9号情报指令》
1953	艾森豪威尔	中央情报副主任成为法定职位	《政府公法P. L. 83－15》
1956		设立总统对外情报活动顾问委员会（PBCFIA）	《第10656号行政命令》
1958		成立美国情报委员会（USIB）	《国家安全委员会第1号情报指令》
1958		明确国会对军方情报机构的监督职能	《1958年国防部改组法》
1959		明确国家安全局的组织结构、职能使命的相关事宜	《1959年国家安全局法》
1961		成立国家图像情报中心	《国家安全委员会第8号情报指令》

续表

年份	总统	事件名称	法理依据
1961	肯尼迪	将总统对外情报活动顾问委员会改组为总统对外情报顾问委员会（PFIAB）	《第 10938 号行政命令》
1961		成立国防情报局	《第 5105.21 号国防部长指令》
1964	约翰逊	将反情报特别小组更名为“303 委员会”负责隐蔽行动的审批	《第 303 号国家安全行动备忘录》
1969		取消总统对外情报顾问委员会	《第 11460 号行政命令》
1970	尼克松	成立“40 委员会”取代“303 委员会”，并增列司法部长为该委员会成员	《第 40 号国家安全决议备忘录》
1971		成立制定情报界预算的情报资源顾问委员会（IRAC）；重组国家情报委员会；建立国家安全委员会情报分委员会并设立净评估小组；创立国防地图局，建立情报界参谋	《总统备忘录：美国对外情报界的组织与管理》
1974		标志着国会开始认真履行情报监督职能	《1974 年休斯 – 瑞安法》
1976	福特	成立对外情报委员会；成立“五人行动顾问小组”取代“40 委员会”；成立情报监督委员会	《第 11905 号行政命令》
1976		设立参议院情报特别委员会	《参议院第 400 号决议》
1977	卡特	设立众议院常设情报特别委员会	《众议院第 658 号决议》
1978		成立国家安全委员会政策审查分委员会；成立特别协调委员会取代“五人行动顾问小组”；组建国家对外情报中心	《第 11985. 第 11994. 第 12036 号行政命令》

续表

年份	总统	事件名称	法理依据
1978	卡特	规范情报机构对外实施电子侦察的相关情况，并标志着司法部门第一次直接参与国家情报管理事务	《1978 年对外情报监控法》
1979		进一步规范对外情报电子侦察情况，并设置相应监管机构	《第 12139 号行政命令》
1981	里根	取消卡特的国家安全委员会结构，阐明情报界各成员的角色与责任；确定中央情报主任为总统和国家安全委员会的首席情报顾问；成立总统情报监督委员会	《第 12333. 第 12334 号行政命令》
1985		重新组建总统对外情报顾问委员会	《第 12537 号行政命令》
1990	布什	修正《第 12334 号行政命令》，改革总统情报监督委员会	《第 12701 号行政命令》
1992		建立国家情报委员会，情报界参谋更名为情报界管理参谋	《1992 年情报组织法》
1993	克林顿	将情报监督委员会设置为总统对外情报顾问委员会的常设机构	《第 12863 号行政命令》
1996		建立国家安全委员会对外情报分委员会；明确国家安全局、国家侦察办公室等机构的首脑任命需得到中央情报主任同意	《情报复兴与改革法》
1996		改组成立国家图像与测绘局	《关于成立国家图像与测绘局的国防部长指令》和《1996 年国家图像与测绘局法》

续表

年份	总统	事件名称	法理依据
2001	小布什	组建国土安全办公室及国土安全委员会	《第 13228 号行政命令》
2002		组建总统国土安全顾问委员会及国土安全高级顾问委员会	《第 13260 号行政命令》
2002		成立国土安全部并设置隶属于国土安全部的情报机构	《2002 年国土安全法》
2003		增加情报监督委员会的委员数量	《第 13301 号行政命令》
2004		建立大规模杀伤性武器情报能力委员会	《第 13328 号行政命令》
2004		组建国家反恐中心，任命国家情报主任，进行机构调整加强情报界管理工作	《第 13354 号、第 13355 号行政命令》
2004		明确国家情报主任相关职权，增设各类国家级情报中心	《2004 年情报改革与防止恐怖主义法》
2005		修正《第 12863 号行政命令》，改组总统对外情报顾问委员会	《第 13376 号行政命令》
2005		组建国家情报主任办公室并修正《第 12129 号、第 12949 号行政命令》	《第 13383 号行政命令》《情报界指令》
2006		增加毒品管制局国家安全情报办公室为情报界成员；任命古巴和委内瑞拉任务管理官	《情报界指令》
2007		任命负责情报的国防部副部长为国防情报主任	《情报界指令》
2008		将总统对外情报顾问委员会更名为总统情报顾问委员会	《第 13462 号行政命令》

续表

年份	总统	事件名称	法理依据
2008	小布什	进一步修正《第 12333 号行政命令》，通过改组机构进一步规范美国情报活动	《第 13470 号行政命令》
2009	奥巴马	修正《第 13462 号行政命令》，改组总统情报顾问委员会及其常设机构	《第 13516 号行政命令》
2014		将国家安全参谋更名为国家安全委员会参谋	《第 13657 号行政命令》

※本表中参众两院成立情报特别委员会的决议本身并无法律效力，但是由于该举措影响深远故一并列入表中。

参考文献

一、中文文献

（一）国内著作

1. 陈振明、孟华：《公共组织理论》，上海：上海人民出版社，2006 年版。

2. 房玄龄注：《管子》，上海：上海古籍出版社，1989 年版。

3. 高元新：《美国情报文化研究——从思维行动到决策的透视》，北京：军事谊文出版社，2008 年版。

4. 郭小平、廖志江：《管理学原理》，兰州：兰州大学出版社，2005 年版。

5. 黄爱武：《战后美国国家安全法律制度研究》，北京：法律出版社，2011 年版。

6. 黄顺春、章征文：《管理学教程》，北京：经济日报出版社，2004 年版。

7. 何家弘：《当代美国法律》。北京：社会科学文献出版社，2011 年版。

8. 贺艳青：《情报 · 外交 · 国家战略》，北京：中共党史出版社，2012 年版。

9. 胡昌平：《情报控制论基础》，北京：书目文献出版社，1988 年版。

10. 纪真：《总统与情报：从罗斯福到小布什》，北京：军事科学出版社，2008 年版。

11. 贾谊：《贾谊新书》，上海：上海古籍出版社，1989 年版。

12. 李道揆：《美国政府和美国政治》，北京：商务印书馆，1999 年版。

13. 李伟民：《法学辞海》，北京：蓝天出版社，1998 年版。

14. 刘涛：《美国涉外情报监控法及涉外情报监控法院诉讼规则》，北京：中国人民公安大学出版社，2011 年版。

15. 刘涛：《美国涉外情报监控与通信截取法律制度》，北京：中国政法大学出版社，2014 年版。

16. 刘宗和、高金虎：《外国情报体制研究》，北京：军事科学出版社，2003 年版。

17. 牛仰山：《天演之声：严复文选》，天津：百花文艺出版社，2002 年版。

18. 钮先钟：《战略研究》，桂林：广西师范大学出版社，2003 年版。

19. 祁长松：《美国情报首脑全传》，北京：中国社会科学出版社，2006 年版。

20. 任国军：《美国军事情报文选》，北京：军事科学出版社，2007 年版。

21. 申华：《美国国家情报管理制度研究》，北京：军事科学出版社，2010 年版。

22. 沈维凤、章喜为、周发明：《管理学》，长沙：国防科技大学出版社，2001 年版。

23. 沈志华、杨奎松：《美国对华情报解密档案》，上海：东方出版社，2009 年版。

24. 宋筱元：《国家情报问题之研究》，台北："中央警察大学"出版社，1999 年版。

25. 孙建民、汪明敏、杨传英：《情报战战例选析》，北京：国防大学出版社，2010 年版。

26. 孙儒凌：《战场控制论》，北京：国防大学出版社，1999 年版。

27. 孙哲：《美国国会研究》，上海：复旦大学出版社，2002年版。

28. 谭融：《美国利益集团政治研究》，北京：中国社会科学出版社，2002年版。

29. 汪明敏、谢海星、蒋旭光：《美国情报监督机制研究》，北京：光明日报出版社，2013年版。

30. 汪毓伟：《新安全威胁下之国家情报工作研究》，台北：财团法人两岸交流远景基金会出版，2003年版。

31. 王成俊、刘晓达：《美军指挥控制概论》，北京：国防大学出版社，2002年版。

32. 王京朝、方宁：《军队管理学教程》，北京：军事科学出版社，2000年版。

33. 王人博、程燎原：《法治论》，桂林：广西师范大学出版社，2014年版。

34. 王哲：《西方政治法律思想史》，北京：北京大学出版社，1988年版。

35. 徐维源：《美国中央情报局——从罗斯福到小布什》，上海：学林出版社，2002年版。

36. 阎学通、孙学峰：《国际关系研究实用方法》，北京：人民出版社，2007年版。

37. 杨士奇等：《历代名臣奏议》，北京：中国民艺出版社，1986年版。

38. 张长军：《美国情报失误研究》，北京：军事科学出版社，2006年版。

39. 张闻选：《决策与控制的艺术》，北京：中国青年出版社，1987年版。

40. 张晓军等：《美国军事情报理论著作评介》，北京：时事出版社，2005年版。

41. 张晓军等：《美国军事情报理论研究》，北京：军事科学出版社，2007 年版。

42. 张中勇：《情报与国家安全之研究》，台北：三锋出版社，1993 年版。

43. 周建明、王成至：《美国国家安全战略解密文献选编》，北京：社会科学文献出版社，2010 年版。

44. 《中华人民共和国国家安全法》，北京：法律出版社，2015 年版。

45. 资中筠：《冷眼向洋——百年风云启示录》（上），北京：三联书店，2000 年版。

（二）中译本著作

1. ［美］埃德加·博登海默：《法理学——法哲学及其方法》，邓正来等译，北京：华夏出版社，1987 年版。

2. ［法］保尔·霍尔巴赫：《自然的体系》，管士滨译，北京：商务印书馆，1964 年版。

3. ［美］布鲁斯·D. 伯尔考威茨、阿兰·E. 古德曼：《绝对真实：信息时代的情报工作》，张力等译，北京：时事出版社，2001 年版。

4. ［法］查理·路易·孟德斯鸠：《论法的精神》，曾斌译，北京：京华出版社，2000 年版。

5. ［美］戴维·怀斯、托马斯·罗斯：《无形政府》，北京编译社译，北京：世界知识出版社，1965 年版。

6. ［英］戴雪：《英宪精义》，雷宾南译，北京：中国法制出版社，2001 年版。

7. ［英］弗朗西斯·培根：《人性的探索——培根随笔全集》，何新译，哈尔滨：黑龙江人民出版社，1989 年版。

8. ［德］格奥尔格·黑格尔：《法哲学原理》，范扬等译，北京：商务印书馆，1981 年版。

9. ［美］汉密尔顿、杰伊、麦迪逊：《联邦党人文集》，程逢如等译，北京：商务印书馆，1989 年版。

10. ［美］加里·沃塞曼：《美国政治基础》，陆震纶等译，北京：中国社会科学出版社，1994 年版。

11. ［美］理查德·汉密尔顿等：《联邦党人文集》，程逢如等译，北京：商务印书馆，1980 年版。

12. ［美］罗赛蒂：《美国对外政策的政治学》，周启朋等译，北京：世界知识出版社，1997 年版。

13. ［古罗马］马库斯·西塞罗：《论共和国 论法律》，王焕生译，北京：中国政法大学出版社，1997 年版。

14. ［美］美国“9·11”独立调查委员会：《9·11 委员会报告》，史禺等译，北京：世界知识出版社，2005 年版。

15. ［法］让·雅克·卢梭：《社会契约论》，何兆武译，北京：商务印书馆，2009 年版。

16. ［美］塞缪尔·亨廷顿、劳伦斯·哈里森：《文化的重要作用——价值观如何影响人类进步》，程克雄译，北京：新华出版社，2010 年版。

17. ［美］托马斯·鲍尔斯：《守口如瓶的人——理查德·赫尔姆斯和美国中央情报局》，黄祖辕等译，北京：群众出版社，1985 年版。

18. ［美］托马斯·杰斐逊：《杰斐逊文集》，王华译，北京：商务印书馆，1963 年版。

19. ［美］托马斯·潘恩：《潘恩选集》，马清槐译，北京：商务印书馆，1981 年版。

20. ［美］托马斯·特罗伊：《历史的回顾——美国中央情报局的由来和发展》，迪奋等译，北京：群众出版社，1988 年版。

21. ［美］威廉·科尔比：《情报生涯三十年——美国中央情报局前局长科尔比回忆录》，纪晴译，北京：群众出版社，1982 年版。

22. ［古希腊］亚里士多德：《政治学》，吴寿彭译，北京：商务印书馆，2010 年版。

23. ［美］亚历西斯·托克维尔：《论美国的民主》，董果良译，北京：商务印书馆，1988 年版。

24. ［英］约翰·阿克顿：《自由与权力》，侯健等译，北京：商务印书馆，2002 年版。

25. ［美］兹比格涅夫·布热津斯基：《大失控与大混乱》，潘嘉玢等译，北京：中国社会科学出版社，1994 年版。

（三）中文论文和期刊文章

1. 蔡晶晶：《1947 年国家安全法》，吉林大学图书馆藏，2009 年 1 月。

2. 邓娥荣：《美国〈国家安全法〉情报条款修正研究》，解放军外国语学院图书馆藏，2009 年 1 月。

3. 海玉：《〈2004 年情报改革和预防恐怖主义法〉情报问题研究》，解放军外国语学院图书馆藏，2008 年 1 月。

4. 黄德林：《略论美国〈情报自由法〉之形成与发展》，《法学评论》，2000 年第 1 期。

5. 贾真：《美国国会情报监督的历史演变》，解放军外国语学院图书馆藏，2008 年 1 月。

6. 姜芳，高艳辉：《美国“情报自由法”浅析——兼与中国〈政府信息公开条例〉比较》，《西安电子科技大学学报（社会科学版）》，2008 年第 3 期。

7. 蒋旭光：《冷战时期美国情报控制研究》，解放军外国语学院图书馆藏，2006 年 1 月。

8. 李曙光：《管窥美国情报自由法》，《兰台世界》，2005 年第 6 期。

9. 刘莘，吕艳滨：《情报公开法若干问题研究》，《公法研究》，2002 年第 1 期。

10. 刘杰：《外国情报公开法述评》，《法学家》，2000 年第 2 期。

11. 刘杰：《情报与情报公开法的概念探讨》，《同济大学学报（社会科学版）》，2002 年第 1 期。

12. 宋小卫:《美国〈情报自由法〉的立法历程》,《新闻与传播研究》,1994 年第 2 期。

13. 汪旻皓:《美国国会情报监督体制研究》,外交学院图书馆藏,2005 年 5 月。

14. 杨传东:《简评美国〈情报自由法〉1996 年修正案》,《法学杂志》,2000 年第 1 期。

15. 杨小敏:《反恐背景下美国监视和情报制度的新发展——以〈爱国者法〉标题 II 下的条款为分析对象》,《当代法学》,2009 年第 3 期。

16. 张忠利,胡占祥:《论情报公开法》,《现代情报》,2004 年第 7 期。

二、英文文献

(一) 外文著作

1. Abram N. Shulsky and Gray J. Schmitt, *Silent Warfare: Understanding the World of Intelligence*, New Delhi: Manas Publications, 2006.

2. Allan N. Kornblum, *Intelligence and the law: cases and materials*, Washington: U. S. Government Printing Office, 1987 – 1989.

3. American Protective League, *Counter-espionage laws of the United States: a condensed summary of the amended Espionage and Sedition Act, the Trading-with-Enemy Act, the Sabotage Act, the Selective Service Law, the Passport Act, the Immigration Act, the Alien Enemy Regulations, the Articles of War, relevant sections of the United States Criminal Code and other federal laws restricting personal conduct in time of war*, Washington, D. C. : The League, 1918.

4. Andrew M. Borene, editor. *The U. S. intelligence community law sourcebook: a compendium of national security related laws and policy documents*, Chicago, Ill. : American Bar Association, 2010.

5. Bazan, Elizabeth B. , *The Foreign Intelligence Surveillance Act: o-*

verview and modifications, New York: Nova Science Publishers, Inc., 2008.

6. Bill Gertz, *Breakdown: how America's intelligence failures led to September* 11, Washington, DC: Regnery Pub., Inc.; Lanham, MD: Distributed to the trade by National Book Network, 2002.

7. Bruce D. Berkowitz, *Congressional Oversight of Intelligence*, Summer 1986.

8. Carolyn D. Hines, *National security letters: background and issues*, Hauppauge, N. Y.: Nova Science Publishers, 2010.

9. Colonel John Hughes-Wilson: *Military Intelligence Blunders*, New York: Carroll & Graf Publishers, Inc., 1999.

10. Craig Eisendrath (ed.), *National Insecurity: U. S. Intelligence after the Cold War*, Philadelphia: Temple University Press, 2000.

11. Daniel Baldino, *Democratic oversight of intelligence services*, Annandale, NSW: Federation Press, 2010.

12. Frank J. Smist, *Congress Oversees the United States Intelligence Community* 1947 – 1994, Knoxville: The University of Tennessee Press, 1994.

13. Gary J Schmitt, *Congressional Oversight of Intelligence*, Spring 1985.

14. Glenn P. Hastedt (ed.), *Controlling Intelligence*, London: Frank Cass & Co. Ltd., 1991.

15. Hans Born and Marina Caparini, *Democratic control of intelligence services: containing rogue elephants*, Aldershot, Hants, England; Burlington, VT: Ashgate, 2007.

16. Hans Born, Ian Leigh, and Aidan Wills, I*nternational intelligence cooperation and accountability*, London; New York: Routledge, 2011.

17. Hans Born, Loch K. Johnson, Ian Leigh (ed.), *Who's Watching the Spies?: Establishing Intelligence Service Accountability*, Dulles, Va.:

Potomac Books, 2005.

18. Henry H. Willis, *Analyzing terrorism risk*, Santa Monica, CA: RAND, 2006.

19. Jamie C. Howell, *Congressional oversight: an overview, a manual and select developments*, New York: Nova Science Publishers, 2010.

20. Johanna A. Montgomery, *Intelligence, surveillance and reconnaissance: acquisitions, policies and defense oversight*, Hauppauge, N. Y.: Nova Science Publishers, 2011.

21. John Iseby, *9/11 Commission recommendations*, New York: Nova Science Publishers, 2008.

22. Justin A. Morales, *U. S. intelligence: Congressional role and important issues*, New York: Nova Science Publishers, 2011.

23. K. Jack Riley, *State and local intelligence in the war on terrorism*, Santa Monica, CA: RAND Corporation, 2005.

24. L. Britt Snider, *The Agency and the Hill: CIA's Relationship with Congress*, 1946 - 2004, Washington, D. C.: The Center for the Study of Intelligence, 2008.

25. Len Scott and R. Gerald Hughes (eds.), *Intelligence, Crises and Security: Prospects and Retrospects*, London and New York: Routledge, 2008.

26. Loch K. Johnson (ed.), *Handbook of Intelligence Studies*, New York: Routledge, 2007.

27. Loch K. Johnson and James J. Wirtz, *Strategic Intelligence: Windows into a Secret World*, Los Angeles: Roxbury Publishing Company, 2004.

28. Loch K. Johnson, *A Season of Inquiry: The Senate Intelligence Investigation*, Lexington: University of Kentucky Press, 1985.

29. Loch K. Johnson, *America's Secret Power: The CIA in a Democratic Society*, New York: The University Press of Oxford, 1989.

30. Lucien N. Nedzi, *Oversight or Overlook: Congress and the U. S. Intelligence Agencies*, Summer 1974.

31. L. V. Scott and P. D. Jackson (eds.), *Understanding Intelligence in the Twenty-First Century: Journeys in Shadows*, London and New York: Routledge, 2004.

32. Mark M. Lowenthal, *Intelligence: From Secrets to Policy*, Washington, D. C.: Congressional Quarterly Press, 2000.

33. Marvin M. Lavin. *Intelligence constraints of the* 1970*s and domestic terrorism*, Santa Monica: Rand, 1982.

34. Melvin A. Goodman, *Failure of intelligence: the decline and fall of the CIA*, Lanham, Md.: Rowman & Littlefield, 2008.

35. Michael I. Handel (ed.), *War, Strategy and Intelligence: Studies in Intelligence*, London: Frank Cass, 1989.

36. Michael Warner (ed.), *Central Intelligence: Origin and Evolution*, Langley, Virginia: CIA Center for the Study of Intelligence, 2001.

37. Michelle Louise Atkin, *Balancing Liberty and Security: an Ethical Study of U. S. Foreign Intelligence Surveillance*, 2001 – 2009, Lanham: Rowman & Littlefield Publishers, Inc., 2013.

38. Neal H. Petersen, *American intelligence*, 1775 – 1990: *a bibliographical guide*, Claremont, Calif.: Regina Books, 1992.

39. Office of the Director of National Intelligence, Office of General Counsel, *Intelligence community legal reference book*, Washington, D. C., U. S. Government Printing Office, 2012.

40. Peter Gill and Mark Phythian, *Intelligence in an Insecure World*, Cambridge: Polity Press, 2006.

41. Peter Gill, Stephen Marrin and Mark Phythian (eds.), *Intelligence Theory: Key Questions and Debates*, New York: Routledge, 2009.

42. Philipp R. Haas, *Intelligence oversight and disclosure issues*, Hauppauge, N. Y.: Nova Science Publishers, 2010.

43. Pohlman, H. L., *Terrorism and the Constitution: the Post -9/11 Cases*, Lanham: Rowman & Littlefield Publishers, 2008.

44. R. Gerald Hughes, Peter Jackson and Len Scott (eds.), *Exploring Intelligence Archives: Enquiries into the Secret State*, London and New York: Routledge, 2008.

45. R. L. Chaudhary, *International Encyclopaedia of Intelligence, Terrorism Laws and Security*, New Delhi: Anmol Publications, 2009.

46. Rhodri Jeffreys-Jones, *The CIA and American Democracy*, New Haven: Yale University Press, 2003.

47. Richard K. Betts, *Enemies of Intelligence: Knowledge and Power in American National Security*, New York: Columbia University Press, 2007.

48. Richard L. Russell, *Sharpening Strategic Intelligence: Why the CIA Gets It Wrong, and What Needs to Be Done to Get It Right*, New York: Cambridge University Press, 2007.

49. Richards J. Heuer, Jr., Psychology of Intelligence Analysis, Center for the Study of Intelligence, CIA, 1999.

50. Roy Pateman, *Residual Uncertainty: Trying to Avoid Intelligence and Policy Mistakes in the Modern World*, Lanham, MD: University Press of America, 2003.

51. Russell A. Miller, *US national security, intelligence and democracy: from the Church Committee to the War on Terror*, London: Routledge, 2008.

52. Sorrel Wildhorn, Brian Michael Jenkins, Marvin M. Lavin, *Intelligence Constraints of the* 1970*s and Domestic Terrorism*, Santa Monica, CA: Rand Corp., 1982.

53. Stephen Dycus, Arthur L. Berney, William C. Banks, Peter Raven-Hansen, *National security law*, New York: Wolters Kluwer Law & Business, 2011.

54. Stephen Dycus, William C. Banks, Peter Raven-Hansen, *Counterterrorism Law*, New York: Wolters Kluwer Law & Business, 2012.

55. Steve Tsang, *Intelligence and human rights in the era of global terrorism*, Westport, Conn.: Praeger Security International, 2007.

56. Terry M. O'sullivan, *Department of Homeland Security Intelligence Enterprise: overview and issues*, New York: Nova Science Publisher's, 2010.

57. Thomas C. Bruneau and Steven C. Boraz; *Reforming intelligence: obstacles to democratic control and effectiveness*, Austin: University of Texas Press, 2007.

58. Tim Weiner, *Legacy of Ashes: the History of the Central Intelligence Agency*, New York: Doubleday Broadway Publishing Group, 2007.

59. Tyler Drumheller, *On the Brink: An Insider's Account of How the White House Compromised American Intelligence*, New York: Carroll & Graf Publisher, 2006.

60. Uri Bar-Joseph, *Intelligence Intervention in the Politics of Democratic States: the United States, Israel, and Britain*, University Park, Pa.: Pennsylvania State University Press, 1995.

61. W. Michael Reisman, James E. Baker, *Regulating Covert Action: Practices, Contexts, and Policies of Covert Coercion Abroad in International and American Law*, New Haven: Yale University Press, 1992.

（二）美国国会研究处（CRS）研究报告

1. Alfred Cumming, *Statutory Procedures Under Which Congress Is to Be Informed of U. S. Intelligence Activities, Including Covert Actions*, January 18, 2006.

2. Alfred Cumming, *Congress as a Consumer of Intelligence Information*, January 28, 2010.

3. Andrew Nolan, *Foreign Surveillance and the Future of Standing to Sue Post-Clapper*, July 10, 2013.

4. Brian T. Yeh, *USA PATRIOT Improvement and Reauthorization Act of* 2005 (*H. R.* 3199): *A Brief Look*, December 9, 2005.

5. Brian T. Yeh, *USA PATRIOT Improvement and Reauthorization Act of* 2005 (*H. R.* 3199): *A Side-by-Side Comparison of Existing Law*, *H. R.* 3199 (*Conference*), *and H. R.* 3199 (*Senate Passed*), December 28, 2005.

6. *Brian T. Yeh*, *USA PATRIOT Improvement and Reauthorization Act of* 2005 (*H. R.* 3199): *A Legal Analysis of the Conference Bill*, January 17, 2006.

7. Brian T. Yeh, *USA PATRIOT Act Additional Reauthorizing Amendments Act of* 2006 (*S.* 2271), February 21, 2006.

8. Brian T. Yeh, *USA PATRIOT Improvement and Reauthorization Act of* 2005: *A Legal Analysis*, December 21, 2006.

9. Charles Doyle, *The USA PATRIOT Act*: *A Legal Analysis*, April 15, 2002.

10. Charles Doyle, *The USA PATRIOT Act*: *A Sketch*, April 18, 2002.

11. Charles Doyle, *Security and Freedom Ensured Act* (*SAFE Act*) (*H. R.* 1526) *and Security and Freedom Enhancement Act* (*SAFE Act*) (*S.* 737): *Section By Section Analysis*, May 9, 2005.

12. Charles Doyle, *The SAFE Acts of* 2005: *H. R.* 1526 *and S.* 737—*A Sketch*, May 9, 2005.

13. Charles Doyle, *USA PATRIOT Act Sunset*: *A Sketch*, June 29, 2005.

14. Charles Doyle, *USA PATRIOT Act Sunset*: *Provisions That Expire on December* 31, 2005, June 29, 2005.

15. Charles Doyle, *Libraries and the USA PATRIOT Act*, July 6, 2005.

16. Charles Doyle, *USA PATRIOT Act Reauthorization Proposals and*

Related Matters in Brief, July 15, 2005.

17. Charles Doyle, *USA PATRIOT Act: Background and Comparison of House- and Senate-approved Reauthorization and Related Legislative Action*, August 9, 2005.

18. Charles Doyle, *Probable Cause, Reasonable Suspicion, and Reasonableness Standards in the Context of the Fourth Amendment and the Foreign Intelligence Surveillance Act*, January 30, 2006.

19. Charles Doyle, *National Security Letters in Foreign Intelligence Investigations: A Glimpse of the Legal Background and Recent Amendments*, December 27, 2010.

20. Charles Doyle, *National Security Letters: Proposed Amendments in the 111th Congress*, December 27, 2010.

21. Charles Doyle, *National Security Letters: Proposals in the 112th Congress*, June 30, 2011.

22. Christopher M. Davis, *9/11 Commission Recommendations: Joint Committee on Atomic Energy — A Model for Congressional Oversight?* August 20, 2004.

23. Congressional Research Service, *H. R.* 10 (9/11 *Recommendations Implementation Act) and S.* 2845 (*National Intelligence Reform Act of* 2004): *A Comparative Analysis*, October 21, 2004.

24. Edward C. Liu, *Retroactive Immunity Provided by the FISA Amendments Act of* 2008, July 25, 2008.

25. Edward C. Liu, *Amendments to the Foreign Intelligence Surveillance Act (FISA) Extended Until June* 1, 2015, June 16, 2011.

26. Edward C. Liu, *Reauthorization of the FISA Amendments Act*, April 8, 2013.

27. Edward C. Liu & Charles Doyle, *Government Collection of Private Information: Background and Issues Related to the USA PATRIOT Act Reauthorization*, June 16, 2011.

28. Elizabeth B. Bazan, *Assassination Ban and E. O.* 12333: *A Brief Summary*, January 4, 2002.

29. Elizabeth B. Bazan, *Foreign Intelligence Surveillance Act*: *Selected Legislation from the* 108*th Congress*, January 11, 2005.

30. Elizabeth B. Bazan, *Terrorist Surveillance Act of* 2006: *S.* 3931 *and Title II of S.* 3929, *the Terrorist Tracking*, *Identification*, *and Prosecution Act of* 2006, September 25, 2006.

31. Elizabeth B. Bazan, *Electronic Surveillance Modernization Act*, *as Passed by the House of Representatives*, January 18, 2007.

32. Elizabeth B. Bazan, *National Security Surveillance Act of* 2006: *S.* 3886, *Title II* (*S.* 2453 *as Reported Out of the Senate Judiciary Committee*), January 18, 2007.

33. Elizabeth B. Bazan, *The U. S. Foreign Intelligence Surveillance Court and the U. S. Foreign Intelligence Surveillance Court of Review*: *An Overview*, January 24, 2007.

34. Elizabeth B. Bazan, *The Foreign Intelligence Surveillance Act*: *An Overview of the Statutory Framework and U. S. Foreign Intelligence Surveillance Court and U. S. Foreign Intelligence Surveillance Court of Review Decisions*, February 15, 2007.

35. Elizabeth B. Bazan, *The Foreign Intelligence Surveillance Act*: *Comparison of House-Passed H. R.* 3773, *S.* 2248 *as Reported by the Senate Select Committee on Intelligence*, *and S.* 2248 *as Reported Out of the Senate Judiciary Committee*, February 8, 2008.

36. Elizabeth B. Bazan, *P. L.* 110 – 55, *the Protect America Act of* 2007: *Modifications to the Foreign Intelligence Surveillance Act*, February 14, 2008.

37. Elizabeth B. Bazan, *The Foreign Intelligence Surveillance Act*: *Comparison of the Senate Amendment to H. R.* 3773 *and the House Amendment to the Senate Amendment to H. R.* 3773, June 12, 2008.

38. Elizabeth B. Bazan, *The Foreign Intelligence Surveillance Act*: *An Overview of Selected Issues*, July 7, 2008.

39. Elizabeth B. Bazan, *The Foreign Intelligence Surveillance Act*: *A Sketch of Selected Issues*, July 7, 2008.

40. Elizabeth B. Bazan & Brian T. Yeh, *Intelligence Reform and Terrorism Prevention Act of* 2004: "*Lone Wolf*" *Amendment to the Foreign Intelligence Surveillance Act*, December 19, 2006.

41. Elizabeth B. Bazan, Gina Marie Stevens, & Brian T. Yeh, *Government Access to Phone Calling Activity and Related Records*: *Legal Authorities*, August 20, 2007.

42. Elizabeth B. Bazan & Jennifer K. Elsea, *Presidential Authority to Conduct Warrantless Electronic Surveillance to Gather Foreign Intelligence Information*, January 5, 2006.

43. Estela I. Velez Pollack, *Analysis of S.* 1709, 108*th Congress*: *the Security and Freedom Ensured Act of* 2003, February 19, 2004.

44. Frederick M. Kaiser, *Legislative History of the Senate Select Committee on Intelligence*, August 16, 1978.

45. Gina tevens, *Privacy*: *Total Information Awareness Programs and Related Information Access*, *Collection*, *and Protection Laws*, March 21, 2003.

46. Gina Stevens & Charles Doyle, *Privacy*: *An Abbreviated Outline of Federal Statutes Governing Wiretapping and Electronic Eavesdropping*, October 9, 2012.

47. Gina Stevens & Charles Doyle, *Privacy*: *An Overview of Federal Statutes Governing Wiretapping and Electronic Eavesdropping*, October 9, 2012.

48. Jennifer Elsea, *Proposed Change to the Foreign Intelligence Surveillance Act* (*FISA*) *under S.* 113, May 19, 2003.

49. Jennifer K. Elsea, *U. S. Treatment of Prisoners in Iraq*: *Selected*

Legal Issues, May 24, 2004.

50. Jennifer K. Elsea, *Intelligence Identities Protection Act*, April 10, 2013.

51. Jerome P. Bjelopera, *Terrorism Information Sharing and the Nationwide Suspicious Activity Report Initiative: Background and Issues for Congress*, December 28, 2011.

52. John W. Rollins and Edward C. Liu, *NSA Surveillance Leaks: Background and Issues for Congress*, September 4, 2013.

53. Judy Schneider, *House Select Committee on Intelligence: Leadership and Assignment Limitations*, April 25, 2005.

54. L. Elaine Halchin & Frederick M. Kaiser, *Congressional Oversight of Intelligence: Current Structure and Alternatives*, May 14, 2012.

55. Mark Randol, *Homeland Security Intelligence: Perceptions, Statutory Definitions, and Approaches*, January 14, 2009.

56. Mark Randol, *The Department of Homeland Security Intelligence Enterprise: Operational Overview and Oversight Challenges for Congress*, March 19, 2010.

57. Marshall Curtis Erwin, *Intelligence Authorization Legislation: Status and Challenges*, March 25, 2013.

58. Marshall Curtis Erwin, *Covert Action: Legislative Background and Possible Policy Questions*, April 10, 2013.

59. Marshall Curtis Erwin, *Sensitive Covert Action Notifications: Oversight Options for Congress*, April 10, 2013.

60. Marshall Curtis Erwin, "*Gang of Four*" *Congressional Intelligence Notifications*, April 16, 2013.

61. Marshall Curtis Erwin, *Intelligence, Surveillance, and Reconnaissance (ISR) Acquisition: Issues for Congress*, April 16, 2013.

62. Marshall Curtis Erwin, *Intelligence Issues for Congress*, April 23, 2013.

63. Marshall Curtis Erwin & Amy Belasco, *Intelligence Spending and Appropriations*: *Issues for Congress*, September 18, 2013.

64. Marshall Curtis Erwin & Edward C. Liu, *NSA Surveillance Leaks*: *Background and Issues for Congress*, July 2, 2013.

65. Michael John Garcia, *U. N. Convention Against Torture* (*CAT*): *Overview and Application to Interrogation Techniques*, January 26, 2009.

66. Patricia Moloney Figliola, *Digital Surveillance*: *The Communications Assistance for Law Enforcement Act*, June 8, 2007.

67. Richard A. Best Jr. , *Sharing Law Enforcement and Intelligence Information*: *The Congressional Role*, February 13, 2007.

68. Richard A. Best Jr. , *Intelligence Spending*: *Public Disclosure Issues*, February 15, 2007.

69. Richard A. Best Jr. , *Intelligence Reform After Five Years*: *The Role of the Director of National Intelligence* (*DNI*), June 22, 2010.

70. Richard A. Best Jr. , *Securing America's Borders*: *The Role of the Intelligence Community*, December 7, 2010.

71. Richard A. Best Jr. , *Intelligence Estimates*: *How Useful to Congress*? January 6, 2011.

72. Richard A. Best Jr. , *Intelligence Information*: *Need-to-Know vs. Need-to-Share*, June 6, 2011.

73. Richard A. Best Jr. *Director of National Intelligence Statutory Authorities*: *Status and Proposals*, December 16, 2011.

74. Richard A. Best Jr. , *The National Counterterrorism Center* (*NCTC*) *—Responsibilities and Potential Congressional Concerns*, December 19, 2011.

75. Richard A. Best Jr. , *The National Intelligence Council* (*NIC*): *Issues and Options for Congress*, December 27, 2011.

76. Richard A. Best, Jr. & Alfred Cumming, *Open Source Intelligence* (*OSINT*): *Issues for Congress*, December 5, 2007.

77. Richard A. Best Jr. & Elizabeth B. Bazan, *Intelligence Spending: Public Disclosure Issues*, February 15, 2007.

78. Richard A. Best Jr. & Jennifer K. Elsea, *Satellite Surveillance: Domestic Issues*, January 13, 2011.

79. Richard M. Thompson, *Governmental Tracking of Cell Phones and Vehicles: The Confluence of Privacy, Technology, and Law*, December 1, 2011.

80. Sandy Streeter, *Consolidating Intelligence Appropriation and Authorization in a Single Committee: 9/11 Commission Recommendation and Alternatives*, October 29, 2004.

81. Todd Masse, *Intelligence and Information-Sharing Elements of S. 4 and H. R.* 1, June 26, 2007.

82. Todd Tatelman, *Intelligence Reform and Terrorism Prevention Act of* 2004: *National Standards for Drivers' Licenses, Social Security Cards, and Birth Certificates*, January 6, 2005.

83. William Newby Raiford, *To Create a Senate Select Committee on Intelligence: a Legislative History of Senate Resolution* 400, August 12, 1976.

（三）中央情报局情报研究中心（CSI）学术论文

1. Center for the Study of Intelligence Roundtable Report, *Intelligence and Policy: The Evolving Relationship.*

2. Frederic F. Manget, *Another System of Oversight: Intelligence and the Rise of Judicial Intervention.*

3. Gerald K. Haines, *Looking for a Rogue Elephant: The Pike Committee Investigations and the CIA.*

4. Jack Davis, *Sherman Kent's Final Thoughts on Analyst-Policymaker Relations.*

5. Jack Davis, *Tensions in Analyst-Policymaker Relations: Opinions, Facts, and Evidence.*

6. James Knott, *Secrecy and Intelligence in a Free Society.*

7. James McCullough, *A Commentary*: *Commentary on "Congress as a User of Intelligence"* .

8. James S. Van Wagenen, *Critics and Defenders*: *A Review of Congressional Oversight.*

9. John H. Hedley, *The Intelligence Community*: *Is It Broken? How To Fix It?*

10. John M. Maury, *CIA and the Congress.*

11. L. Britt Snider, *A Unique Vantage Point*: *Creating a Statutory Inspector General at the CIA.*

12. L. Britt Snider, *Sharing Secrets With Lawmakers Congress as a User of Intelligence.*

13. L. Britt Snider, *The Agency and the Hill*: *CIA's Relationship with Congress*, 1946 - 2004.

14. L. Britt Snider, Unlucky SHAMROCK: Recollections from the Church Committee's Investigation of NSA.

15. Lawrence R. Houston, *Executive Privilege in the Field of Intelligence.*

16. Loch K. Johnson, The Aspin-Brown Intelligence Inquiry: Behind the Closed Doors of a Blue Ribbon Commission.

17. Lucien N' Nadzi, *Oversight or Overlook*: *Congress and the U. S. Intelligence Agencies.*

18. Michael Warner & J. Kenneth McDonald, *US Intelligence Community Reform Studies Since* 1947.

19. N. Richard Kinsman, *Protecting CIA's Interests*: *Openness and the Future of the Clandestine Service.*

20. Richard J. Kerr and Peter Dixon Davis, *Mornings in Pacific Palisades*: *Ronald Reagan and the President's Daily Brief.*

21. Timothy S. Hardy, *From the inside Looking out*: *Intelligence Re-*

form in the 1970s.

22. Warren F. Kimball, *Arguing for Accountability*: *Openness and the CIA.*

23. Wilhelm Agrell, *When everything is intelligence – nothing is intelligence.*

（四）情报界指令、政策指南和备忘录

1. ICD101 Intelligence Community Policy System January 16, 2009.

2. ICD102 Process for Developing Intelligence Principles and Proposing Amendments to Attorney General Guidelines Governing the Collection, Retention, and Dissemination of Information Regarding U. S. Persons November 19, 2007.

3. ICD103 Intelligence Enterprise Exercise Program July 14, 2008.

4. ICD104 National Intelligence Program（NIP）Budget Formulation and Justification, Execution, and Performance Evaluation April 30, 2013.

5. ICD107 Civil Liberties and Privacy August 31, 2012.

6. ICD108 Intelligence Community History Programs August 29, 2007.

7. ICD109 Independent Cost Estimates April 26, 2010.

8. ICD110 Intelligence Community Equal Employment Opportunity and Diversity July 1, 2009.

9. ICD 111 Accountability Reviews August 4, 2011.

10. ICD112 Congressional Notification November 16, 2011.

11. ICD113 Functional Managers May 19, 2009

12. ICD114 Comptroller General Access to Intelligence Community Information June 30, 2011.

13. ICD115 Intelligence Community Capability Requirements Process December 21, 2012.

14. ICD116 Intelligence Planning, Processing, Budgeting, and Evaluation System September 14, 2011.

15. ICD117 Outside Employment June 9, 2013.

16. ICD118 IC Continuity Program November 12, 2013.

17. ICD202 National Intelligence Board July 16, 2007.

18. ICD203 Analytic Standards June 21, 2007.

19. ICD204 Roles and Responsibilities for the National Intelligence Priorities Framework September 13, 2007.

20. ICD206 Sourcing Requirements for Disseminated Analytic Products October 17, 2007.

21. ICD207 National Intelligence Council June 9, 2008.

22. ICD208 Write for Maximum Utility December 17, 2008.

23. ICD209 Tearline Production and Dissemination September 6, 2012.

24. ICD302 Document and Media Exploitation July 7, 2007.

25. ICD404 Executive Branch Intelligence Customers July 22, 2013.

26. ICD500 Director of National Intelligence- Chief Information Officer August 7, 2008.

27. ICD501 Discovery and Dissemination or Retrieval of Information within the Intelligence Community January 21, 2009.

28. ICD502 Integrated Defense of the Intelligence Community Information Environment March 11, 2011.

29. ICD503 Intelligence Community Information Technology Systems Security Risk Management, Certification and Accreditation.

30. ICD602 Human Capital Intelligence Community Critical Pay Positions August 16, 2006.

31. ICD610 Competency Directories for the Intelligence Community Workforce October 4, 2010.

32. ICD612 Intelligence Community Core Contract Personnel October 30, 2009.

33. ICD623 Appointment of Highly Qualified Experts October

16, 2008.

34. ICD630 Intelligence Community Foreign Language Capability. May 14, 2012.

35. ICD650 National Intelligence Civilian Compensation Program: Guiding Principles and Framework April 28, 2008.

36. ICD651 Performance Management System Requirements for the Intelligence Community Civilian Workforce November 28, 2007.

37. ICD652 Occupational Structure for the Intelligence Community Civilian Workforce April 28, 2008.

38. ICD653 Pay-Setting and Administration Policies for the Intelligence Community Civilian Workforce May 14, 2008.

39. ICD654 Performance-Based Pay for the Intelligence Community Civilian Workforce April 28, 2008.

40. ICD655 National Intelligence Awards Program May 23, 2007.

41. ICD656 Performance Management System Requirements for Intelligence Community Senior Civilian officers April 28, 2008.

42. ICD660 Intelligence Community Civilian Joint Duty Program February 11, 2013.

43. ICD700 Protection of National Intelligence June 7, 2012.

44. ICD702 Technical Surveillance Countermeasures February 18, 2008.

45. ICD703 Protection of Classified National Intelligence, Including Sensitive Compartmented Information June 21, 2013.

46. ICD704 Personnel Security Standards and Procedures Governing Eligibility for Access to Sensitive Compartmented Information and Other Controlled Access Program Information October 1, 2008.

47. ICD705 Sensitive Compartmented Information Facilities May 26, 2010.

48. ICD707 Center for Security Evaluation October 17, 2008.

49. ICD709 Reciprocity for Intelligence Community Employee Mobility June 10, 2009.

50. ICD710 Classification Management and Control Markings System June 21, 2013.

51. ICD731 Supply Chain Risk Management December 7, 2013.

52. ICD801 Acquisition August 14, 2009.

53. ICD902 Global Maritime and Air Intelligence Integration January 14, 2009.

54. ICPG101. 1 Intelligence Community Directives and Policy Guidance January 16, 2009.

55. ICPG101. 2 Intelligence Community Standards January 16, 2009.

56. ICPG500. 2 Attribute-Based Authorization and Access Management November 23, 2010.

57. ICPG501. 1 Exemption of Information From Discovery May 26, 2009.

58. ICPG501. 2 Sensitive Review Board and Information Sharing Dispute Resolution Process May 26, 2009.

59. ICPG501. 3 Subsequent Use of Information May 20, 2010.

60. ICPG601. 1 Intelligence Community Civilian Joint Duty Program Implementing Instructions September 4, 2009.

61. ICPG704. 1 Personnel Security Investigative Standards and Procedures Governing Eligibility for Access to Sensitive Compartmented Information and Other Controlled Access Program Information October 2, 2008.

62. ICPG704. 2 Personnel Security Adjudicative Guidelines for Determining Eligibility for Access to Sensitive Compartmented Information and Other Controlled Access Program Information October 2, 2008.

63. ICPG704. 3 Denial or Revocation of Access to Sensitive Compartmented Information, Other Controlled Access Program Information, and Appeals Processes October 2, 2008.

64. ICPG704. 4 Reciprocity of Personnel Security Clearance and Access Determinations October 2, 2008.

65. ICPG704. 5 Intelligence Community Personnel Security Database Scattered Castles October 2, 2008.

66. ICPG707. 1 Center for Security Evaluation Construction Security Review Board June 12, 2008.

67. ICPG801. 1 Acquisiton July 12, 2007.

68. ICPG801. 2 Contracting and Procurement Policy September 20, 2008.

69. ICPG801. 3 Acquisiton Workforce October 21, 2011.

70. Intelligence Community Policy Memorandum 2005 - 800 - 1.

71. Intelligence Community Policy Memorandum 2006 - 100 - 1

72. Intelligence Community Policy Memorandum 2006 - 200 - 2.

73. Intelligence Community Policy Memorandum 2006 - 700 - 8.

74. Intelligence Community Policy Memorandum 2006 - 700 - 10.

75. Intelligence Community Policy Memorandum 2007 - 200 - 2.

三、网络资源

（一）Proquest 公司 DNSA 数据库中的解密材料（由于数量庞大，仅列出专辑名）：

1. “中情局家庭珍宝”；

2. “关于国家安全的总统指令，第一部分：从杜鲁门到克林顿”；

3. “关于国家安全的总统指令，第二部分：从杜鲁门到乔治·W. 布什”；

4. “恐怖主义与美国政策，1968—2002 年”；

5. “美国间谍和情报部门”；

6. “美国情报机构：组织、运作和管理，1947 年—1989 年”；

7. “9·11事件后美国情报机构”

(二) 其他网络资源

1. 日内瓦武装力量民主管控中心：http：//www. dcaf. ch.

2. 美国参议院情报特别委员会：http：//www. intelligence. senate. gov/

3. 美国国会图书馆：http：//www. loc. gov/

4. 美国国会THOMAS网站：http：//thomas. loc. gov/

5. 美国国会研究署：http：//www. crs. gov/

6. 美国国家情报主任办公室：http：//www. odni. gov/

7. 美国科学家联合会：http：//www. fas. org/

8. 美国中央情报局：http：//www. cia. gov/

9. 美国战略与国际问题研究中心：http：//www. csis. org

10. 卡耐基国际和平基金会：http：//www. carnegieendowment. org

11. 乔治·华盛顿大学国家安全电子档案馆：http：//www. gwu. edu/ ~ nsarchiv

12. 全球安全网：http：//www. globalsecurity. org